**权威·前沿·原创**

皮书系列为
"十二五""十三五"国家重点图书出版规划项目

# B

## BLUE BOOK

智库成果出版与传播平台

 中国社会科学院创新工程学术出版资助项目

法治蓝皮书

**BLUE BOOK** OF
RULE OF LAW

# 中国地方法治发展报告 *No.6*
# （2020）

ANNUAL REPORT ON RULE OF LAW IN LOCAL CHINA
No.6 (2020)

中国社会科学院法学研究所

主　　编／李　林　田　禾

执行主编／吕艳滨

副 主 编／栗燕杰

社会科学文献出版社
SOCIAL SCIENCES ACADEMIC PRESS (CHINA)

图书在版编目（CIP）数据

中国地方法治发展报告. No.6，2020 ／ 李林，田禾
主编. －－ 北京：社会科学文献出版社，2020.11
（法治蓝皮书）
ISBN 978 - 7 - 5201 - 7560 - 9

Ⅰ. ①中… Ⅱ. ①李… ②田… Ⅲ. ①地方法规 - 研
究报告 - 中国 - 2020 Ⅳ. ①D927

中国版本图书馆 CIP 数据核字（2020）第 215256 号

法治蓝皮书
中国地方法治发展报告 No.6（2020）

主　　编／李　林　田　禾
执行主编／吕艳滨
副 主 编／栗燕杰

出 版 人／王利民
责任编辑／曹长香

出　　版／社会科学文献出版社（010）59367162
　　　　　地址：北京市北三环中路甲 29 号院华龙大厦　邮编：100029
　　　　　网址：www.ssap.com.cn
发　　行／市场营销中心（010）59367081　59367083
印　　装／天津千鹤文化传播有限公司

规　　格／开 本：787mm×1092mm　1/16
　　　　　印 张：19.75　字 数：293 千字
版　　次／2020 年 11 月第 1 版　2020 年 11 月第 1 次印刷
书　　号／ISBN 978 - 7 - 5201 - 7560 - 9
定　　价／128.00 元

本书如有印装质量问题，请与读者服务中心（010 - 59367028）联系

# 法治蓝皮书·地方法治
# 编委会

# 主要编撰者简介

**主编　李林**

中国社会科学院学部委员、法学研究所研究员、博士生导师，兼任中国法学会常务理事、学术委员会副主任，中国法学会法理学研究会会长、网络与信息法学研究会会长、海峡两岸关系法学研究会副会长，最高人民法院特邀咨询专家，中央宣传部、司法部中高级领导干部学法讲师团成员，2009年1月至2019年3月兼任中国法学会副会长。享受国务院政府特殊津贴。主要研究领域：法理学、宪法学、立法学、依法治国与法治问题。

**主编　田禾**

中国社会科学院国家法治指数研究中心主任、法学研究所研究员、法治指数创新工程项目组首席研究员。兼任最高人民法院网络安全与信息化专家咨询委员会委员、最高人民法院执行特约咨询专家，全国先进工作者，享受国务院政府特殊津贴。主要研究领域：刑事法治、实证法学、司法制度、亚洲法。

**执行主编　吕艳滨**

中国社会科学院国家法治指数研究中心副主任、法学研究所研究员、法治国情调研室主任。主要研究领域：行政法、信息法、实证法学、司法制度。

**副主编　栗燕杰**

中国社会科学院法学研究所副研究员。主要研究领域：行政法、社会法、实证法学与法治评估。

# 摘　要

　　《中国地方法治发展报告 No.6（2020）》在全面依法治国纵深迈进和国内外形势空前严峻复杂的背景下，从地方人大、法治政府、司法建设、法治社会等方面，梳理了地方法治建设的做法与经验。

　　总报告立足全国，对各地法治改革的探索与实践进行系统梳理，聚焦法治热点问题，剖析存在的问题，并对今后发展前景进行展望。

　　本卷蓝皮书重磅推出立法透明度指数报告、"法治政府建设年度报告"发布情况评估报告和贵州省纪检监察信息公开评估报告，以及北京规范性文件公平竞争审查、江苏检务公开、漳州涉黑涉恶相对集中管辖等调研报告，并就行政决策合法性审查、审批服务改革、行政复议规范化等地方法治发展中的热点问题进行深入分析和研究。职业放贷人、诉源共治、判决执行等议题既关乎普通群众的合法权益及其保障，也是衡量地方治理能力的关键指标。蓝皮书立足一线实际，对各地在上述领域的典型样本实践进行了研讨、总结。

　　**关键词：**地方法治　全面依法治国　司法体制改革　法治政府

# 目 录

## Ⅰ 总报告

## Ⅱ 法治指数

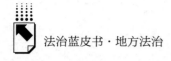

# Ⅴ　高峰对话

皮书数据库阅读**使用指南**

# 总 报 告

## General Report

## B.1
# 中国地方法治发展与展望
## （2020）

中国社会科学院法学研究所法治指数创新工程项目组 *

**摘　要：** 2019 年以来，地方法治虽面临诸多挑战和冲击，仍继续稳步前进。人大建设、政务服务、司法服务、民生保障、法治化营商环境与基层治理均明显加强，地方立法、执法监管、司法建设、法治社会均取得显著成效，疫情与各类自然灾害、突发事件的依法防控处置成为重要内容，秩序恢复与权利保障得以较好兼顾。今后，应当在总结经验和明确问题的

---

＊ 项目组负责人：田禾，中国社会科学院国家法治指数研究中心主任、法学研究所研究员；吕艳滨，中国社会科学院法学研究所法治国情调研室主任、研究员。项目组成员：王小梅、王祎茗、车文博、冯迎迎、刘雁鹏、米晓敏、胡昌明、洪梅、栗燕杰等（按姓氏笔画排序）。执笔人：栗燕杰，中国社会科学院法学研究所副研究员；刘雁鹏、胡昌明，中国社会科学院法学研究所助理研究员；田禾、吕艳滨。

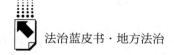

基础上，加强顶层设计并完善配套制度，促进地方法治更加完善。

**关键词：** 地方法治　地方立法　法治政府　司法建设　社会治理

2020 年是全面建成小康社会和"十三五"规划的收官之年，对法治建设的要求空前提高。2020 年肆虐全球的新冠肺炎疫情对经济社会发展造成前所未有的冲击。在这样不平凡的时代，法治建设在曲折中前行，法治理念进一步深入人心，地方立法更加回应现实需求，法治政府建设亮点纷呈，司法建设继续推进，法治社会成效突出。

# 一　人大建设

地方各级人大及其常委会作为地方国家权力机关，在全面依法治国中负有重要职责。地方各级人大及其常委会一直将法治建设、维护法治权威作为重要任务，取得突出成效。

## （一）立法回应现实需求

地方立法是社会主义法治体系的重要组成部分，妥当行使地方立法权可以兼顾地方具体情况，发挥地方的积极性能动性，为中央立法和顶层设计积累经验。近年来，地方立法越来越注重回应现实需求，通过立法的方式改善城市营商环境，推动终身教育、促进科技成果转化、推进垃圾分类和生态环境保护等。

优化营商环境相关立法密集出台。2019 年 10 月，全国层面的国务院行政法规《优化营商环境条例》出台。2020 年，围绕市场主体遇到的痛点、难点和堵点问题，山西省、北京市、上海市、河南省商丘市、广西壮族自治区先后制定出台营商环境优化的地方性法规。2020 年 4 月 1 日，北京市人大常委会通过《北京市优化营商环境条例》，要求推行信用分级分类监管，对市场主体采取差异化的监管措施。2020年4月10日，《上海市优化营商环境条例》出台，要求打造企业全生命周期服务体系。

促进中小企业发展是优化营商环境的重要组成部分。2019年以来，相关立法快速推进。继安徽省、内蒙古自治区、广东省及深圳市于2019年出台或修订促进中小企业发展的地方性法规之后，《上海市促进中小企业发展条例》于2020年6月第二次修订，将促进中小企业发展作为长期发展战略，并要求明确本行政区域促进中小企业发展工作的第一责任人，明确经济信息化委员会牵头协调解决中小企业发展中面临的问题和困难，设立中小企业服务专员，建立首接负责制和应急援助机制等。

近年来，家庭暴力受到社会各界越来越多的关注。山东省、湖北省、贵州省、新疆维吾尔自治区、内蒙古自治区、吉林省和湖南省先后出台了反家庭暴力的地方性法规。例如，2020年6月，《吉林省反家庭暴力条例》通过并于2020年8月1日起施行，将威胁、骚扰、冷淡、漠视等方式对身体、精神等侵害行为均视为家庭暴力；要求依法排查家庭暴力隐患，明确第一个接到家庭暴力报案、举报、投诉、反映、求助的单位为首问单位；要求公安机关健全家暴案件处置机制，家暴警情纳入接处警平台，接到报告后公安机关应当立即出警；要求注重发挥民政部门、居（村）民委员、用人单位、法律援助机构、人民调解组织、医疗机构等的作用。

科学技术是第一生产力。全国各地部分地区积极制定科技成果转化条例，克服科技成果转化的障碍，通过立法疏通了科技成果转化中的"堵点"，赋予创新者更多自主权，为科技成果落地打通"最后一公里"。2019年11月，《山西省促进科技成果转化条例》修订完成，《北京市促进科技成果转化条例》出台；2020年以来，制定或修改类似地方性法规的还有重庆市、云南省和青海省。

土壤污染问题已成为继大气污染、水污染之后引起全社会高度关注的重大环境问题。总体上土壤污染防治工作基础较为薄弱，缺乏直接明确的执法监管依据和举措，亟待结合实际开展地方立法。2019年11月以来，山西省、山东省、湖北省、天津市、湖南省多地出台土壤污染防治方面的地方性法规，在不与上位法抵触、不照搬的前提下，立足地方实际，进行了补充和细化。2019 年 12 月《天津市土壤污染防治条例》通过，2020 年 3 月《湖南省实施〈中华人民共和国土壤污染防治法〉办法》出台。"净土保卫战"正式纳入法治轨道，与大气污染防治条例、水污染防治条例、生态环境保护条例等法规一起，构建起立体管控的生态环保法治网。

纠纷化解机制的现代化、国际化，系法治建设的重要内容。对此，深圳市积极推进立法，于 2020 年 8 月通过《深圳国际仲裁院条例》，为打造国际仲裁高地提供法治保障。

## （二）助力依法科学抗疫

新型冠状病毒感染肺炎是近百年来人类遭遇的影响范围最广的全球性大流行病，对全世界是一次严重危机和严峻考验。中国坚持依法、科学、精准防控，成效举世瞩目。在此过程中，地方各级人大及其常委会发挥了重要作用。2020 年 2 月 7 日，《北京市人民代表大会常务委员会关于依法防控新型冠状病毒感染肺炎疫情　坚决打赢疫情防控阻击战的决定》《浙江省人民代表大会常务委员会关于依法全力做好当前新型冠状病毒感染肺炎疫情防控工作的决定》《江苏省人民代表大会常务委员会关于依法防控新型冠状病毒感染肺炎疫情　切实保障人民群众生命健康安全的决定》同日发布，之后数日内，安徽省、吉林省、河北省、江西省等省级人大常委会密集出台类似文件。截至 2020 年 4 月初，全国已有 26 个省级人大常委会、60 多个设区的市人大常委会发布疫情防控的决定或决议。

在抗击疫情中，各地人大常委会深入基层，考察抗疫物资生产情况，查看社区疫情防控情况。例如，浙江省人大常委会组织人大代表和常委会机关干部深入开展服务企业、服务群众、服务基层活动；福建省人大常委会动员人大代表积极助力复工复产，企业界、生产一线的人大代表积极响应，统筹做好疫情防控和复工复产；辽宁省人大常委会领导班子组成 7 个调研组，走企业、下社区、入工地、问项目、进市场、访农家，详细了解企业和重大项目复工复产、社区疫情防控、市场供应、春耕备耕等情况，并就遇到的问题提出对策建议。

### （三）回应人大代表建议

办理人大代表建议是坚持和完善人民代表大会制度的内在要求，是监督和促进政府、法院、检察院工作的重要途径，是强化代表纽带桥梁作用的重要手段，是充分发挥代表作用的重要方式。各地人大常委会积极回应人大代表的各项建议。比如，河北省十三届人大二次会议以来，人大代表围绕全省中心工作和人民群众关心的热点问题，共提出建议 1065 件，其中会议期间 1052 件，闭会期间 13 件，建议数量为历次会议最多。截至 2020 年 1 月，所有建议均在规定时限答复完毕。代表建议全部或部分采纳解决的占 59.3%，列入计划解决的占 33.2%，因法律法规和政策限制未解决而作出解释说明的占 7.5%；从代表满意度看，代表表示满意和基本满意比例为 100%。再如，上海市十五届人大二次会议期间和闭会期间，共 433 位市人大代表提出代表建议 971 件。其中大会期间 906 件，闭会期间 65 件。截至 2019 年 12 月 10 日，971 件代表建议有 967 件已经办复，其中答复代表为"解决采纳"的 685 件，占总数的 70.8%；"正在解决"的 59 件，占 6.1%；"计划解决"的 42 件，占 4.4%；"留作参考"的 181 件，占 18.7%①。

### （四）人大联络站点承上启下

加强人大代表联络站建设，既是发挥人民代表大会制度优越性的创新举措，也是夯实基层人大工作、充分发挥代表作用的有效抓手。为贯彻落实党中央、全国人大重要决策部署精神，各地人大加快推进人大联络站建设，将人大联络站作为代表履职的重要平台。例如，湖南省人大常委会着力加强代表履职载体建设，让代表履职的形式更加多样、内容更加丰富、

---

① 本部分数据来自全国人民代表大会官方网站，http://www.npc.gov.cn/，最后访问日期：2020 年 7 月 9 日。

空间更加广阔。截至 2019 年底，湖南建成代表联系群众工作平台 13477 个，6 个市州超过 1000 个，其中建在村、社区的有11278 个①。人大联络站还是联系广大群众的重要渠道，上传下达的重要路径。例如，截至 2019 年 12 月中旬山西省已建成代表联络站 1456 个，五级人大代表编组进站 85000 多人，基本构建形成了覆盖全省所有乡镇（街道）和五级代表的统一、规范的代表履职平台网，打通了山西省各级人大代表联系群众的"最后一公里"。

### （五）"互联网＋"推进监督履职

网络化、信息化正在逐步改变传统人大监督模式，提升监督效能。各地人大积极推动"互联网＋人大"建设。例如，上海市推进"互联网＋代表履职"开发上海代表履职 App，可以随时随地接收通知、跟踪议案建议办理进度、了解人大工作动态、与其他代表交流联系。再如，辽宁省积极推动线上监督，其人大代表履职信息平台投入运行后，实现了人大预算审查监督信息化和网络化，在审查 2020 年省本级部门预算草案时，利用预算联网监督系统平台，对项目支出预算安排进行核查比对，提高了预算审查监督工作的针对性和有效性②。

## 二　法治政府

法治政府既是现代政府的基本特征，也是全面依法治国的重中之重。中共中央、国务院印发的《法治政府建设实施纲要（2015～2020 年）》要求，到 2020 年，基本建成职能科学、权责法定、执法严明、公开公正、廉洁高效、守法诚信的法治政府。在疫情防控的巨大压力下，法治政府建设有序推进。各地党政主要负责人，认真履行推进法治政府建设第一责任人职责。各

---

① http：//www.npc.gov.cn/npc/c30834/201912/09702e9b52a043a98ee1d66a445196fb.shtml.
② 本部分数据来自全国人民代表大会官方网站，http：//www.npc.gov.cn/，最后访问日期：2020 年 7 月 12 日。

地的 2019 年度法治政府建设情况报告和 2020 年的法治政府建设工作要点，大部分按期编制完成并向社会公开。

## （一）重大决策程序更加健全

2019 年国务院行政法规《重大行政决策程序暂行条例》出台实施后，地方关于重大行政决策的制度建设势头不减。已有河北、广西、云南、江苏、贵州、重庆等地出台或修改了重大行政决策程序的地方政府规章。以 2020 年 5 月出台的《江苏省重大行政决策程序实施办法》为例，在立足地方实际情况和地方特色需求基础上，着力推进重大行政决策民主公开透明，增强其可行性、稳定性。其做法包括：细化公众参与的程序规定，将合法性审查作为提交决策机关讨论的必经程序；对于尚无明确规定的探索性改革决策事项，要求"可以明示法律风险，提交决策机关讨论"。吉林市推进规范性文件制定主体的法定化和公开化，对规范性文件制定主体进行全面梳理，最终确认市政府部门（机构）行政规范性文件制定主体目录并向社会公示。

湖南着力完善公众参与平台，对社会关注度高的决策事项，及时公开信息、解释说明，及时反馈意见采纳情况和理由。在省政府门户网站推出《我有"金点子"——2020 政府工作报告意见建议征集》专栏，2020 年湖南省政府工作报告采纳 49 条网友"金点子"①。在决策内容和方式上，凸显尊重民意从善如流。比如，禁养犬的种类一直是各地市民关注的话题。合肥市公安局、农村农业局就《合肥市禁养犬名录（征求意见稿）》向社会征求意见，争议较大的中华田园犬（土狗）最终从名录中删除。

## （二）执法体制机制不断优化

一是综合执法改革稳步迈进。多地积极推进新型综合行政执法体制机制改革。山东省烟台市在市级层面推进领域内综合执法，组建完善市场监管综合执法支队、环境执法支队、文化市场综合执法支队等 8 支队伍，实现一个

---

① 参见《湖南省人民政府关于 2019 年度法治政府建设情况的报告》。

领域一支队伍管执法；在区县层面，则实行跨领域、跨部门更大范围的综合执法，组建县级综合行政执法局，作为政府工作部门，将发生频率高、与群众生产生活关系密切、多头重复执法较为突出的城市管理、城乡规划、住房城乡建设、农业、畜牧兽医、水利、文化市场、旅游等领域的全部或部分行政执法事项纳入，统一以综合行政执法局名义开展执法。

二是执法资源配置不断优化。厦门市将基层综合执法改革与镇街机构改革同步推进，整合镇街现有执法资源和站所，设立镇街综合执法队，实现在镇街层面的一支队伍管执法；按照依法下放、宜放则放的原则，推动区级政府部门将点多面广、基层管理迫切需要又能有效承接的执法权限下放给镇街综合执法队，并同步制订镇街执法事项目录。建立联动执法机制，对未纳入镇街执法体系的其他执法领域建立移送、协调、协作机制，解决了以往"区级部门管得到但看不到，镇街看得到但管不到"的问题。

三是执法衔接联动更加畅通。2020年，上海市公布了修改后的《上海市城市管理行政执法条例实施办法》，专业管理与集中执法得以有序衔接。在城管执法范围上，将物业管理、房产市场管理、住房保障、优秀历史建筑保护、国有土地上房屋征收与补偿等全部房屋管理类事项，以及文明施工领域行政执法事项，均纳入城管执法范围；该办法完善了责令改正的执法程序。有关部门移送案件线索前，已责令当事人改正或限期改正的，应将责令改正通知书、改正情况等材料一并移送城管执法部门或乡镇政府；城管执法部门或乡镇政府经调查认定违法事实后，可依法作出行政处罚决定。江阴市公安部门打造公安网格化防控管理平台，与智慧城市综合管理平台对接，两个平台信息互通互换互融，数据共建共享共用；公安部门与政府其他职能部门之间，派出所与镇街综合执法机构之间，建立起联席会议制度，形成齐抓共管的新格局。

### （三）政务服务改革再出发

政务服务是政府职能转变和人民群众获得感的重要晴雨表，系法治政府和公共管理改革的重点所在，经过改革在便利群众、提升效率等方面取得显著成效，"门难进、脸难看"的问题得以克服，"事难办"的问题明显缓解。

一是围绕高效办成事进行流程再造。多个地方以高频事项为抓手，以"高效办成一件事"为目标，推进流程再造、业务协同、一体化办理。比如，湖南省出台《湖南省优化经济发展环境规定》，聚焦企业、群众"最烦、最痛、最怕、最盼"的事项，推进营商环境优化。推进跨部门、跨地区、跨层级的政务数据联通和资源共享，推进"一件事一次办"改革；实行市场准入负面清单和公平竞争审查制度，严格兑现招商引资优惠政策和承诺，不得非法干预市场主体的投资自主权；为鼓励创新，对于新产业、新业态、新产品采取审慎监管措施；要求以降低企业成本为重点，对政府收费、电子政务平台收费、公用企业收费、政府性融资担保机构收费等进行规范；明确县级以上政府主要负责人为本行政区域优化经济发展环境工作的第一责任人。再如，江苏省出台持续压缩企业开办时间的专门文件，线下推行"企业开办"一站式受理窗口，线上开办企业"全链通"一站式服务平台。又如，陕西省本着问题导向从规范审批事项、优化流程、上线体系等方面扎实推进，并按照"只减不增、只少不多"的原则对相关审批服务事项进行全面清理规范，逐一优化编制审批流程图，不同阶段、不同部门共享申报材料等举措有序推进；安徽省亳州市结合"服务企业年"活动，设立工程建设项目审批综合服务窗口，充分利用"一张图"成果，开展"一张图"项目策划生成，简化审批手续，完善代办机制和评价机制，实现了"零纸质、不见面"审批，营业执照、资质信息、人员信息、信用信息等在线实时获取无须提交纸质资料，不到现场即可以发起办事申请，实现全程不见面审批。

二是依托信息化推出秒批、跨区办理、智能知识库等创新。深圳等地推行的"秒批"，系利用互联网技术与部门信息共享，优化流程、精简材料、数据共享、系统自动比对，实现在线申请、自动审批、即时出具结果、在线签发证照的全程智能化、自动化审批模式。以往各地的人才引进，涉及人社、公安、发展改革、政务服务等多个部门，需要多次给不同部门递交纸质材料、反复跑动。2018年6月，深圳市开展应届毕业生接收的"秒批"改革，2019 年 2 月扩展到在职人才引进、博士后和留学归国人才引进，实现全程网上办理，仅落户环节需前往公安户籍窗口现场采集指纹。青岛市提出"网上办理、受理零窗口""信息共享、审核过程零材料""自动比对、审批（核）零人工""主动送达、领证零跑腿""全程留痕、纸质材料零提交"的"五个零"标准，开展"秒批"清单梳理、流程优化和系统建设，要求至少 80 个政务服务事项在 2020 年底之前实现"秒批"。

随着现代社会人员、资本等要素流动的加速，传统地域管辖机制对创业创新的制约日渐凸显。对此，各地探索跨区域的办理机制，并从"全城通办"迈向数个省市的通办，其典型为长三角地区的"一网通办"，通过三地协同与信息共享，推进长三角政务一体化。比如，苏州开通市县两级长三角"一网通办"综合服务窗口，首批试点 30 项企业服务事项和 21 项个人服务事项开始运行。虽然还面临法规制度、事项标准、数据格式、平台对接等方面障碍，但已迈出宝贵一步。

上海市黄浦区完善"店小二"政务智能终端 3.0，打造"店小二"主题式服务机器人等各类"AI + 政务服务"应用。黄浦区借助 5G 网络技术，实现畅通的远程视频、高效的数据交互；依托主题式服务智库，为办事企业群众提供办事引导、核验材料等智能服务；在 291 项审批服务的基础上，归集街道、社区、事务中心的 191 项自然人服务事项，业务受办能力大幅提升；配备智能文件证照柜，提供文件材料、证照的 EMS 免费往返寄递等服务。由此，为楼宇企业、周边群众提供楼内办理、就近办理服务；提供前置性咨询和帮办的视频服务，为"只跑一次改革"提供支撑。

三是清单制改革不断深化。北京市继续落实市场准入负面清单制度，并清理 45 项"零办件"事项，全部取消市、区两级政府设定的证明事项和办事所需"其他"兜底条款[①]。浙江省要求不得自行发布市场准入性质的负面清单，不得违规另设市场准入审批，确保"一单尽列，单外无单"[②]。

---

[①] 参见《北京市人民政府关于 2019 年法治政府建设情况的报告》。
[②] 参见《省发展改革委 省商务厅关于贯彻落实〈市场准入负面清单（2019 年版）〉的通知》（浙发改体改〔2020〕64 号）。

### （四）政府公开水平继续提升

《政府信息公开条例》修改后，地方政务公开的推进，迎来新高潮。

制度建设进一步加强。2020年4月，上海市出台《上海市政府信息公开规定》，并废止了2004年颁布的旧规定，新规定扩大了政府信息公开的范围和途径，细化依申请公开流程，强化便民服务原则。为最大限度压缩不予公开条款的适用，在程序上要求行政机关适用"三安全一稳定"条款、滥用申请等条款时，应书面报告市政府办公厅；在公开时限上，对于法律法规规章有明确规定，以及行政机关承诺少于20个工作日的，应当按照规定或承诺时限公开。2019年12月，杭州市出台《杭州市行政执法公示办法》《杭州市行政执法全过程记录办法》。值得一提的是，在中央层面政府信息公开制度快速完善、可操作性不断增强的背景下，江苏省苏州市、南京市，辽宁省葫芦岛市等地废除了当地政府信息公开的专门规章，客观上有利于促进法制统一。

标准化建设全面推进。2020年以来，河北省、四川省、河南省、北京市、宁夏回族自治区、浙江省、江西省、重庆市、内蒙古自治区、辽宁省、山东省、广东省、云南省、江苏省、安徽省等二十多家省级政府出台了全面推进基层政务公开标准化规范化的规范性文件，使得基层政务公开标准化成为各地的共识和规定动作。其典型如北京市，要求进一步完善政务公开全清单标准，规范全制度流程，追求贴近基层、简洁易行；加强政务公开和融媒体的协同联动，实现广泛发布和精准推送，建立政策公开答疑机制，强化政府信息传播力、到达率和易懂性；实施按季度向社会公开政府工作报告重点任务、重要民生实事项目、政府绩效任务的执行情况。

### （五）行政复议改革纵深推进

2019年是《行政复议法》实施20周年，行政复议制度改革迈入深水区。2020年2月中央全面依法治国委员会第三次会议通过《行政复议体制改革方案》，各地在方案指引下积极探索创新。

一是复议规范化得到加强。2019 年 8 月，《通州区全面推进行政复议规范化建设工作方案》出台，对行政复议的受理、审理、决定作出全方位规范，并实行行政复议的请示报告制度，重大复议决定的备案制度，将行政复议决定、行政复议年度工作报告和行政复议典型案例予以公开①。通州区还将行政复议工作作为法治政府建设重点，纳入政绩考核指标；对于行政复议案件中的工作失误，不履行复议决定书、意见书和建议书的，作为依法行政考核扣分项。

二是线上线下融合更加便民。广东省各级复议机关在政务服务中心、信访大厅设置行政复议案件受理窗口或受理点，并利用各级公共法律服务实体平台，接收行政复议申请，群众在"家门口"即可申请行政复议；在网上办事日渐普及的当下，广州、珠海、中山多地还建立行政复议网上申请平台，浙江省还探索通过微信公众号、小程序受理复议申请，行政复议的网上申请、网上办理日渐成熟。

三是行政体制改革逐步定型。2008 年国务院法制办确定在 8 个省市开展行政复议委员会试点工作。佛山作为行政复议改革的先行地区，2019 年 9 月将原来的"三统一、一分别"调整为"四统一"，即统一复议人员、统一接受申请、统一审查案件、统一作出决定。通过一级政府只设立一个复议机构，复议机构统一管辖本辖区内复议案件，将矛盾纠纷化解在当地。顺德区还按照"矛盾发生在哪里，庭审调查就开在哪里"的思路，将农村股权争议案件的复议庭审现场设在属地村委会，对于查清事实、畅通交流、法治宣传均起到良好效果。

浙江省在全省推行行政复议改革，2016 年以来行政复议直接纠错率保持在 10% 以上的较高水平；年均协调化解率 24% 左右，近七成行政争议在复议环节被消化，实现"案结事了"。2020 年 5 月，浙江成立省行政复议咨询委员会，为办理重大、疑难、复杂的行政复议案件提供咨询意见。新成立的行政复议咨询委员会由政府主导，委员中立而专业，提升行政复议的公信

---

① 参见《2019 年度通州区行政复议诉讼工作报告》。

力和公正性。

四是配套考核责任机制不断健全。台州市对于诉讼败诉或复议纠错达到一定数量或比例的，由政府负责人约见谈话，约谈单位要在 1 个月内将整改报告上交行政复议局，并及时反馈整改落实情况。辽宁省司法厅还对全省 14 个市"行政复议化解矛盾纠纷的重要作用未得到有效发挥"问题整改情况进行专项督查，从提升行政复议办案能力、贴近群众需求的行政复议便民措施、行政复议办事流程、办案效果等宣传力度共三大方面 9 项具体指标进行考核。

## 三　司法建设

司法建设一直受到各地的广泛关注，通过司法体制改革加强纠纷化解能力，参与社会治理，优化营商环境并加强民生保障，成为改革的重要内容。

### （一）纠纷化解能力进一步提升

近年来，各地法院把非诉讼纠纷解决机制挺在前面，加强非诉讼和诉讼对接，人民调解、行政调解、司法调解联动，充分发挥人民法院调解平台在线化解纠纷功能，让人民内部矛盾能够更快更有效地化解。

一是将矛盾纠纷化解与诉源治理相结合。例如，福建省高级人民法院出台《关于进一步深化诉源治理减量工程建设的实施意见》，要求全省法院开展诉源治理，形成外部多元解纷和内部高效协同"两个合力"，实现案件数量往下走和办案质效向上升"两个拐点"。

二是推行繁简分流。北京法院通过创新举措不断完善"多元调解 + 速裁"工作，实现了 60% 的民商事案件化解在诉讼前端的目标。新疆法院通过"繁简案件快速分流系统"实现了繁简案件快速分流①。河南濮阳推行民

---

① 王书林：《新疆实现全区法院繁简案件快速分流》，《人民法院报》2020 年 6 月 22 日，第 1 版。

事案件分调裁审机制改革以来，速裁法官以不到 1/4 的人员，分流案件近 60%，既提高了效率，也有利于集中精力办好疑难案件。

三是加强行政机关负责人应诉。虽然修改后的《行政诉讼法》和司法解释有明确要求，但不少地方行政机关负责人出庭应诉比例仍然偏低，特别是较高层次的政府及部门负责人出庭应诉总体上依然偏少。2020 年 6 月，最高人民法院公布《关于行政机关负责人出庭应诉若干问题的规定》（法释〔2020〕3 号）。各地采取措施推动行政机关负责人出庭应诉。例如，2019 年，杭州市两级法院开庭审理的全市行政机关为被告的一审案件行政机关负责人出庭率为 86.36%。2020 年上半年，杭州市行政机关负责人出庭率已达到 90%。行政机关负责人出庭应诉，既增强了行政机关对法治政府建设的重视程度，也起到良好的法治宣传效果，特别是对于行政纠纷的实质化解更是效果显著。

四是将解决纠纷与营造良好的营商环境相结合。四川省法院与省工商联会签《关于构建依法服务保障民营经济健康发展协作机制的意见》，共同确立了常态化、制度化服务保障四川省民营经济发展协作机制，旨在推动涉民营经济领域治理体系和治理能力现代化及民营经济纠纷多元化解，进而促进四川省法治化营商环境持续优化。

### （二）加大公益诉讼力度

近年来，全国法院、检察院办理民事公益诉讼、行政公益诉讼案件逐年上升，既完善了诉讼制度，也推进了法治政府建设。

一是各地密集出台了决定、文件支持公益诉讼。河北、内蒙古、辽宁、浙江、湖北、广西等十余个省级地方人大及其常委会出台了关于加强检察公益诉讼工作的决定或加强新时代检察机关法律监督工作的决议，推进公益诉讼制度建设。比如，2020 年 5 月出台的《浙江省人民代表大会常务委员会关于加强检察公益诉讼工作的决定》，明确了检察机关办理行政和民事公益诉讼的案件范围，提起公益诉讼的程序、方式，公安、法院、司法行政机关、监察机关与检察机关加强配合协作的方式，要求县级以上人民政府采取措施支持检察公益诉讼工作。

二是公布公益诉讼典型案例。2020 年以来，浙江、青海、广东、宁夏、山东济南、贵州黔南州等地检察机关先后向社会公布涉及环境污染、非法采矿、生态保护、国有资产流失等的典型公益诉讼案件，彰显了检察机关保护公共利益的决心。

三是完善工作机制强化协作配合。例如，四川省南充市健全行政执法与检察监督长效协作机制，与国土、环保、市场监管、农牧业、水务等行政部门联合会签 11 个关于公益诉讼工作的文件。广东省珠海市人民检察院与市监察委员会共同签署了《珠海市监察委员会、珠海市人民检察院加强公益诉讼协作配合实施办法（试行）》，通过建立案件线索互相移送机制，增强了法律监督刚性。

### （三）扫黑除恶成效显著

全国扫黑除恶专项斗争是党中央作出的重大决策，事关社会大局稳定和国家长治久安，事关人心向背和基层政权巩固。2020 年，全国司法机关围绕"建立健全遏制黑恶势力滋生蔓延的长效机制，取得扫黑除恶专项斗争压倒性胜利"的目标任务，增强综合治理效能，加大对重点行业领域专项整治力度，最大限度挤压黑恶势力滋生空间。

全国各地司法机关依法公正处理一大批具有重大影响的、典型的涉黑案件。云南省检察机关对孙小果出狱后涉嫌黑社会性质组织犯罪提起公诉，监察机关、检察机关依法对孙小果案 19 名涉嫌职务犯罪的公职人员及重要关系人移送审查起诉。2019 年 12 月"操场埋尸案"一审宣判，多名涉案公职人员被依纪依法严肃处理。安徽针对蚌埠"刘氏兄弟"长期盘踞一方、官黑勾结，省纪委监委主要负责同志直接领办，以纪检的威力破除办案的阻力，推动查处涉黑涉恶腐败及"保护伞"60 人，其中厅级干部 1 人，县处级干部 19 人。总体上，实现了以打伞促扫黑、黑恶势力与"保护伞"一窝端的良好效果。

## （四）源头治理"执行难"

各地司法机关认真贯彻落实中央全面依法治国委员会《关于加强综合治理　从源头切实解决执行难问题的意见》，将源头治理作为解决执行难的切入点，加强社会诚信建设和执行规范化建设，推动执行工作从"基本解决执行难"向"切实解决执行难"迈进。

一是加强执行联动机制建设，将解决执行难纳入综治考评体系。2020年3月，浙江出台了《关于加强综合治理　从源头切实解决执行难问题的实施意见》，将执行工作纳入平安浙江、法治浙江建设考评体系，将"万人失信率"纳入营商环境和信用城市考评体系。2020年6月，《合肥市人民代表大会常务委员会关于加强人民法院执行联动工作的决定》出台，要求各级政府将执行联动工作纳入平安建设考评体系，建立执行联动工作联席会议制度，建立基层协助执行网络。

二是借助现代科技手段加大执行力度。例如，在疫情期间，广州中院在全国率先采用网络直播方式进行司法评估鉴定拍卖机构摇珠选定。目前，网络直播方式进行司法评估鉴定拍卖机构摇珠选定已经在全市4家法院实现常态化，14次摇珠共有超过33000人次观看。北京互联网法院通过电子诉讼平台与"天平链"，构建"公证机构＋区块链"现场调查机制，使得委托调查全过程及调查结果反馈及时上链，做到调查过程真实可靠、不可篡改、可追溯，也监督了公证人员从事司法辅助活动，保障公证参与执行工作程序规范化①。

三是推进执行管理体制改革。近年来，一些地方法院对执行管理体制改革进行探索。例如，湖南省高级人民法院所辖的益阳市、郴州市、湘潭市、张家界市、永州市中级人民法院开展了全市两级法院执行工作一体化运行模式。江苏省苏州市开展"基层法院执行局接受本院及中级法院执行

---

① 中国社会科学院法学研究所法治指数创新工程项目组：《中国法院"智慧执行"第三方评估报告（2019）》，陈甦、田禾主编《中国法院信息化发展报告No.4》（2020），社会科学文献出版社，2020。

局双重领导、业务上以中级法院执行局领导为主"的执行管理体制改革试点，破除两级法院执行上下贯通的体制机制障碍，形成横向到边、纵向到底的信息互联互通体系，全市法院之间的指定执行、提级执行、交叉执行等事项，通过"三统一"案管系统发起、处理和反馈，大幅提升了执行效率。

## （五）智慧司法威力彰显

各地司法机关之所以能够在疫情防控期间正常履职，积极发挥各自职能，做到抗疫、办案两不误，与"智慧司法"的建设密不可分。

智慧法院全面实现了审判执行智能化、办案管理科学化、司法服务精准化。例如，在区块链技术方面，杭州、北京、广州三家互联网法院走在全国前列。有的法院敏锐捕捉到5G"大带宽、低时延、大连接"特性的广阔应用前景，将5G技术与法院业务深度融合，广东省广州中级人民法院建设5G智慧法院实验室，率先开展5G远程庭审。有的法院则着力打造一站式多元解纷机制、一站式诉讼服务中心，将智慧法院与服务当事人结合起来。例如，北京市西城区、江苏省苏州市相城区等地法院整合系统内信息化资源，搭建智慧送达平台，借助社会化运作，建立专业送达团队，进行集约化管理，重塑送达工作流程，大幅提升了审判效率。

各地检察机关坚持以科技为引擎，加强智慧检务建设，努力实现检察机关的信息化转型升级，全面推进新时代基层检察工作创新发展。上海市人民检察院第二分院通过建设检察工作数据分析和可视化项目，实现了检察数据的集成处理、可视化分析。安徽省阜阳市人民检察院率先在全省建设智慧公益诉讼取证云平台。在新冠肺炎疫情期间，山东省胶州市人民检察院积极探索，创新利用信息化手段助力疫情防控，通过制定信息化保障机制、强化信息化教育培训、助推信息化办公办案，为各项工作的有序推进提供信息技术支持，确保办公办案与防疫防控两不误。

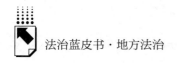

# 四 疫情防控

2020 年，突如其来的新冠肺炎疫情让全世界猝不及防。疫情暴发后，依法防控、依法治理得到了空前重视和加强，依法审慎决策、因地制宜、因时制宜差异化、动态化防控措施，成为许多地方的共识。

## （一）应急法治不断健全

各地对于违反疫情防控措施、哄抬物价、囤积居奇等扰乱社会秩序和市场秩序的违法行为，依法予以处置。上海市法治政府建设工作领导小组办公室印发了《关于本市推动严格规范公正文明执法 为疫情防控和复工复产复市工作提供有力法治保障的意见》（沪法治政府办〔2020〕1 号）。四川省成都市司法局成立合法性审查小组，建立规范性文件合法性审查立接立审、快审快结机制，办理《成都市复工复产快速反应机制》《关于有效应对疫情稳定经济运行 20 条政策措施的通知》《关于加强商品批发市场复工复市疫情防控工作的通知》等 120 多件规范性文件的合法性审查，为依法抗疫提供规范保障。

## （二）民生帮扶编密织牢

疫情特殊时期，许多地方出台社会救助的专门文件、政策和方案，将与新冠肺炎疫情相关的民生需求纳入保障范围，并落实救助标准与物价上涨挂钩联动机制，阶段性加大价格临时补贴力度，编密织牢基本民生兜底保障网络。

主动多渠道发现救助对象。主动发现机制的建立完善，对于疫情防控、基本生存权利保障起到支撑作用。成都市等多地民政局下发困难群众主动发现机制的专门文件，通过网格化分片包干、加大巡查频率、建立重点人员台账、部门信息共享、加强社会救助政策宣传等方式，主动全面掌握救助需求信息。从以往的群众遇到困难找政府、找社区，转化为登门入户找群众，主动发现主动帮助解决难题，做到了早发现、早介入、早救助。

特事特办简化办理程序。按照中央和上级要求，全面推行最低生活保障、特困供养等救助审批权下放至乡镇、街道改革。广西对于农村建档立卡贫困人口、城镇困难群众脱贫脱困对象中的新冠肺炎患者，县级民政部门、乡镇街道根据需要直接给予临时救助。对于因探亲、旅游、务工等原因在非户籍地感染新冠肺炎，导致基本生活出现严重困难的流动人口，广西明确急难发生地的乡镇街道、县级民政部门直接实施临时救助。新疆明确取消民主评议、入户调查环节，做到当月审批当月发放，对于申请救助的困难家庭中有疫情感染患者的，实施先行救助、后补办相关手续①。

落实照料看护服务、满足特殊需求。比如，要求儿童督导员、儿童主任全面了解孤儿、事实无人抚养儿童和农村留守儿童、困境儿童的疫情防控、家庭监护、生活保障等情况；根据疫情防控需要，许多地方将对低保对象、特困人员、困难残疾人、困难党员等特殊困难群体的口罩、消毒液等防护用品发放，纳入社会救助物资保障。

### （三）企业纾困政策创新

在疫情背景下，各地政府、司法机关密集出台促进企业健康发展、促投资扩消费的政策文件。其典型如，黑龙江省人民政府办公厅印发《关于应对新冠肺炎疫情　进一步帮扶服务业中小微企业和个体工商户缓解房屋租金压力具体措施的通知》（黑政办规〔2020〕11号），云南省人民政府办公厅出台《关于应对新冠肺炎疫情影响　进一步做好稳就业工作的若干意见》（云政办发〔2020〕36号）等。2020年3月，湖北省人民检察院制定出台《关于充分发挥检察职能　依法保障复工复产促进经济社会加快发展的意见》，贵州省人民检察院出台《贵州省检察机关关于充分发挥检察职能　服务保障民营企业改革发展的措施》。四川省成都市政府办公厅出台专门文

---

① 参见新疆维吾尔自治区民政厅、财政厅《关于做好疫情防控期间困难群众救助和帮扶关爱工作的意见》。

件，以群众需求为导向，坚持便民不扰民、放开不放任，分批分期、分系统分领域推进，合理设定无固定场所经营摊贩管理模式，推广城市管理"五允许一坚持"①。

### （四）司法保障与时俱进

受新冠肺炎疫情影响，大量司法活动受到阻碍，不管是律师会见当事人，侦查批捕，还是法院庭审执行都受到极大影响。在疫情防控期间，全国各地司法机关一方面依法惩治妨害疫情的违法犯罪，另一方面利用科技手段积极开展网上诉讼、远程办公。

疫情防控期间，各级法院统筹做好疫情防控和维护稳定等工作，审结各类涉疫案件 2736 件，促进涉疫矛盾纠纷源头预防化解②。辽宁、湖北、广东、青海等地高级人民法院先后公布多批妨害新冠肺炎疫情防控犯罪典型案例，涉及抗拒疫情防控措施、制假售假、编造或故意传播虚假信息等犯罪。各地检察机关积极行动，2020 年 1~6 月，全国检察机关受理审查逮捕妨害新冠肺炎疫情防控犯罪 6624 人，经审查批准和决定逮捕 5370 人；受理审查起诉 8991 人，经审查决定起诉 5565 人。司法机关在疫情期间重拳出击，为切实维护社会稳定、打赢疫情防控阻击战提供有力司法保障。

在纠纷解决中，各地法院运用远程立案、在线庭审、在线调解、在线执行等一系列诉讼服务措施，依法保障社会公平正义和人民群众合法权益。各地法院纷纷加强在线诉讼指导。天津、重庆、广东等地法院先后出台了在线诉讼规程。一些地方疫情期间线上诉讼成为主流。例如，深圳市两级法院疫情期间通过网上立案 26609 件，实现电子送达 40629 次，在线庭审 2553 次，

---

① 即允许设置临时占道摊点摊区，允许临街店铺临时越门经营，允许大型商场开展占道促销，允许流动商贩贩卖经营，允许互联网租赁自行车企业扩大停放区域，坚持柔性执法和审慎包容监管。

② 参见《最高人民法院工作报告——二〇二〇年五月二十五日在第十三届全国人民代表大会第三次会议上》。

微法院申请阅卷 3033 件，深圳市龙华区人民法院速裁庭运用"深圳移动微法院"开庭数占全院的 81%①。

此外，为贯彻落实党中央决策部署，在新冠肺炎疫情防控期间强化稳就业举措，司法行政部门采取了一系列措施。2020 年 4 月 21 日，司法部发布通知，对尚未取得法律职业资格证书的高校毕业生，凡符合有关条件的，可先申请实习登记，在律师事务所实习。实习期满经律师协会考核合格并取得法律职业资格证书的，或者自收到考核合格通知之日起一年内取得法律职业资格证书的，可以按规定申请律师执业。此外，各地律协结合防疫工作形势和要求，对实习人员面试、实习证办理等采取灵活方式，上海等地律师协会采用网络远程方式对实习人员进行面试考核，郑州市律师协会开通网上申请实习证办理工作。

## 五　法治社会

法治社会是法治中国建设的重要一环。通过加强基层治理、营造法治氛围、提升公共法律服务、促进平安建设，提升社会治理的社会化、法治化、智能化和专业化水平，构成地方法治推进的重要支点。

一是网格模式探索创新。2020 年 1 月，地方性法规《衢州市城乡网格化服务管理条例》开始施行，开创了网格化服务法治化的先河，规定了城乡网格化服务管理工作的基本原则、职责分工、人员选任、保障措施等制度，并将组团联村、周二无会日、红色网格联队、红色物业联盟等行之有效的探索明确纳入。江苏省江阴市在网格化治理体系中融入公安警务力量，调整社区警务网格和巡防网格，实现警务专业网格与政府综治全要素网格无缝对接，让社区民警、属地交警、巡防辅警、户口协管员等警力资源向网格流动，要素在网格集中，服务在网格进行，问题在网格解决。

---

① 肖波、徐全盛：《深圳"智慧引擎"启动在线诉讼》，《人民法院报》2020 年 4 月 21 日，第 8 版。

二是信用法治建设继续推进。2019 年 8 月修订后的《杭州市生活垃圾管理条例》规定，违反该条例受到行政处罚构成不良信息的，计入单位、个人的信用档案。上海市市场监督管理局出台《关于推进失信联合惩戒　加强信用监管的实施意见》，要求制定市场监管领域联合惩戒事项目录并向社会公示；明确重点监管领域联合惩戒对象，建立相对统一的认定标准，列入程序、惩戒措施、公示方式等，并探索试点信用等级评定和分类监管制度。

三是纠纷化解能力显著提升。一方面，公平高效地化解纠纷，对于法治建设和营商环境优化，都具有举足轻重的意义。另一方面，因疫情的全面深刻影响，各类纠纷的高发、多发，给疫情防控带来不利影响，给经济社会秩序带来不稳定因素甚至严重隐患。对此，中央予以高度重视。司法部印发《关于加强疫情防控后期和疫情后社会矛盾纠纷化解工作的意见》，对矛盾排查、纠纷化解提出一系列要求和制度安排。各地积极响应。安徽省亳州市组织各级司法行政工作人员及调解员参与网格化摸排，宣传疫情相关法规政策，加强心理疏导，从源头上减少纠纷发生，同时采取深入村组、逐个摸排、全面了解、突出重点的方式，做好排查化解。浙江着力建设县级社会矛盾调处化解中心，作为省域治理现代化中具有开创意义的重大改革。浙江省平湖市组建法律服务团，推动人民调解全流程入驻社会治理综合指挥服务中心，应用"无讼五步工作法"，各乡镇街道、行业性专业性调解委员会第一时间受理并调处各类纠纷。由此，越级访、重复访和部门推诿扯皮等问题大幅减少。北京市推行"法官 + 司法助理员 + 人民调解员"三联动调解新模式。广东省珠海市为进城务工人员提供服务，在"珠海公共法律服务"小程序设置"农民工法律服务专区"，为农民工提供法律咨询、法律援助、政策案例解读、纠纷调解等服务。

四是公共法律服务质效提升。推进新时代公共法律服务各项工作，不断满足人民群众多层次、多领域的法律服务需求，成为各地共识。成都市重点推动全市 66 个产业功能区设立公共法律服务分中心，并探索设置"24 小时"公共法律服务分中心，为企业和群众提供全时空、全周期、全业务的法律服务，为企业和群众提供免费的线上法律咨询，积极开展线上法治体检。针对疫情影响，协助企业获取"不可抗力"事实证明，帮助企业解决对外贸易、国际商事纠纷、履行合同涉"情势变更"等难点问题，为涉外企业提供优质高端服务。天津市司法局编制《新冠肺炎期间法律服务机构疫情防控措施指南》，以做好法律服务机构疫情防控，规范复工程序，确保场所安全。

五是汇聚慈善磅礴力量。2019 年以来，地方慈善法律制度继续完善。广东省中山市出台了《中山市慈善事业促进办法》，北京市修改了《北京市促进慈善事业若干规定》。疫情发生后，慈善组织、广大志愿者积极响应，汇聚群众爱心投入防控并发挥积极作用。民政部发出《关于动员慈善力量依法有序参与新型冠状病毒感染的肺炎疫情防控工作的公告》（民政部公告第 476 号）。许多地方民政部门和相关部门出台动员慈善力量参与疫情防控、慈善捐赠款物管理、慈善捐赠活动监督举报等方面的通知文件。虽然一些地方也出现了若干问题，并引发社会各界关注、争论，但整体上瑕不掩瑜，相关部门及时改进优化，群众捐赠热情持续高涨、参与渠道不断畅通，成为疫情防控的重要力量。

## 六　问题与挑战

面对新形势，地方法治仍有诸多不适应，体现在法治意识、服务保障、执法效能等方面。

首先，认识存在偏差、不到位。面对国内外空前复杂严峻的形势，一些地方缺乏足够认识，法治思维尚未全面树立。对于法治，一些地方存在重视不够或存在偏差的问题。口头上法治讲得多，行动上落实得少；平时较为重视法治，但面临重大事项需要应急处置时则将法治置于一边；上级较为重视，但重视程度、投入力度逐级递减；对于中央和上级的要求部署，"你有部署、我有对付；上有政策、下有对策"等。此类问题，尚未得到根本解决。

其次，服务保障效果有待提升。近年来，无论是政务服务还是司法服务都取得了显著进步，但在更好地服务党和国家大局、服务保障供给侧结构性

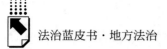

改革、服务人民群众需求等方面，仍有较大提升空间。一些重大改革举措和探索，尚有待全面落地。特别是面对社会各界的高预期值，应当本着人民中心和需求本位，再接再厉攻坚克难。

再次，执法效能仍较薄弱。"放管服"改革中，简政放权轰轰烈烈、优化服务有声有色，而加强监管则是薄弱环节。行政不作为、乱作为、选择性执法还不同程度存在，监管效能提升还有很大空间。2020年以来，重大交通事故、安全生产事故、建筑物坍塌、火灾爆炸时有发生。这从一个侧面表明，执法监管的能力和精准性还有待进一步提升。

最后，应急法制建设需加强。2020年以来，新冠肺炎疫情、洪水灾害、各类安全生产事故各地时有发生，其应对处置的法治化和专业性水平仍有待进一步提升。风险隐患和薄弱环节存在底数不清、情况不明，应急管理信息平台有待整合统筹，应急管理精细化不够、操作性不强，一些地方的应急举措过于一刀切、粗暴执法、生硬执法时有发生；应急指挥机制不够完善；应急资源各部门自成体系，缺乏整合统筹；公众、慈善组织参与热情高昂但渠道不够畅通；应急相关的社会救助缺乏制度化；等等。

## 七　展望与建议

面对复杂多变的国际国内环境，今后沿着党的十九大和十九届二中、三中、四中全会精神确定的方向，以人民为中心，不断提升法治水平，运用好法治思维和法治手段，主动迎接各种挑战，推动地方经济社会向好发展，提高地方治理能力和治理水平。

### （一）加强顶层设计，提高制度质量

在未来相当长一段时间，中央层面法律修改和地方层面配套立法修法的任务将异常繁重。一方面，《行政处罚法》《行政复议法》等法律，以及与突发事件和公共卫生保障相关的《突发事件应对法》《传染病防治法》《突发公共卫生事件应急条例》等面临联动修改，要做好衔接、确保内在一致

性。另一方面，地方立法的制定修改工作应当加速，及时修订地方性法规、地方政府规章和规范性文件，为地方的监管、服务、应急、纠纷化解提供更为直接、更具操作性的规范依据。对于前述国家法律法规，要根据地方需求制定实施办法，加强配套制度建设。在此，立法还应加强合法性审查和上级监督，防止部门利益和地方保护主义入法。发挥好法治在地方常态化治理和疫情防控及其他各类突发事件应对中的规范作用、保障作用和引领作用，在突发事件的应对、处置中推进地方法治建设。

地方立法质量的高低直接关乎地方群众生产生活，地方性法规的出台关乎当地企业群众。各级人大及其常委会应多管齐下，不断提高立法质量。首先，完善立法规划与立法计划。立法规划和立法计划是地方未来一段时间内的立法重点，也是区分立法轻重缓急的重要参照。地方立法规划和立法计划缺失、公开时间过晚、完成度不高的问题仍广泛存在。为此，应秉持科学立法原则制定立法规划和立法计划，并予以认真履行落实。其次，完善立法征求意见机制。广泛征求公众意见能够将合理观点吸收进法规文本，并有利于提高公众认可度，节约后续普法和执法成本。地方人大应将征求意见贯穿立法过程始终。既要听取实践部门专家的意见，也要听取相关学者的建议，还要征求普通大众的看法，确保征求意见的广泛性和代表性。最后，完善立法评估制度。完善立法预评估、后评估机制，将评估结果作为法规立改废的重要依据。

## （二）法治政府建设纵深迈进

《法治政府建设实施纲要（2015~2020年)》即将收官，未来法治政府建设，需要在中央即将出台新纲要的基础上，立足地方实际加强统筹谋划。其一，各级行政机关应积极应用指导、合同等各类柔性执法方式，探索行政执法和解、完善政务热线与接诉即办等制度机制，为构建服务型政府、回应型政府、创新型政府提供地方经验；其二，进一步推进执法依据、权限、过程和结果的公开公示；其三，健全部门之间、地区之间的协同配合机制，打通不同部门之间的数据壁垒，完善不同部门、地区、层级之间的常态化联动协作机制。

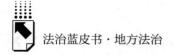

### （三）推进配套制度机制精细化

地方法治在大框架搭建基本告一段落之后，重点任务即为配套制度机制的跟进，进而提升精细化水平，增强可操作性。

完善法治化营商环境配套机制。营商环境的改进优化，绝非可一蹴而就。通过政务服务、司法服务等一系列制度机制改革，建设服务效率高、管理规范、企业运营成本低、纠纷化解能力强、最有利于发展的法治化营商环境。比如，在企业登记便利化日渐普及深入的当下，市场主体"退出难"的问题凸显。对此，各地应完善企业注销"一网服务"。

完善信用体系配套机制。随着"民事强制执行法"被正式列入全国人大常委会 2020 年立法工作计划，随着执行相关法律制度建设的日益完善，各地司法机关势必更加注重长效机制建设，并将联合其他部门推进国家信用体系的建立完善。

完善民生保障配套机制。在疫情防控和突发事件应对处置中，医疗机构要先检测先救治后结算后收费，避免患者、疑似感染者因费用问题影响就医，确保医疗机构不因支付政策影响救治；建立公共卫生服务、医疗救助、基本医疗保险的有效衔接，既消除了困难群体就医的后顾之忧，又有利于切断疫情的传播链条。

### （四）不断提升依法治理水平

地方法治的推进作为一项长期而艰巨的任务，不是公权力机构的"独角戏"，而需要全社会的共同关注、共同参与和共同努力。应当在法治框架下，全面开展区域社会治理现代化试点。发挥法治在推进社会治理现代化中的重要作用。加强基层组织建设，尤其是培育、鼓励社会力量参与基层治理活动，提高基层治理能力和治理水平，加强基层组织的培训、考核和奖励，合理运用信用奖惩机制，推动基层治理法治化水平再创新高。在国内国际形势空前严峻的背景下，社会矛盾纠纷势必高发、多发、频发，有必要将纠纷化解作为地方治理体系的重要组成部分，进一步完善纠纷化解综合平台。

### （五）依托信息化赋能增智

通过信息化智慧化提升决策、管理、服务和司法的效率，更加便利群众，成为许多地方不约而同的选择，也将成为地方法治的关键动力来源。比如，在政务服务领域，依托信息化推进行政审批制度纵深改革，推动"全生命周期办成一件事"创新逐步落地，"无感式审批"将企业、群众办事、创业创新的阻力最小化。再如，在司法领域，推进智慧司法建设已经成为全国各地司法机关的共识，有必要在巩固拓展疫情期间智慧司法建设应用成果基础上，完善互联网司法模式，推动科技更好地服务司法工作，更好地满足企业群众的司法诉求。

# 法 治 指 数

## Law Index

# B.2

# 中国地方立法透明度评估报告（2019）

## ——基于省级人大常委会网站的考察

中国社会科学院法学研究所法治指数创新工程项目组 *

摘　要：　为准确评价地方人大立法透明度情况，推进地方科学立法、
　　　　　民主立法以及依法立法，促进地方立法体制机制不断完善，本
　　　　　文对31个省、自治区、直辖市人大常委会门户网站进行了评
　　　　　估。评估发现，地方人大在法规数据库建设、法规解读、立法
　　　　　评估、立法计划完成度等方面进步明显，但在法规公开、民主
　　　　　立法、立法总结等方面依然存在问题。本文建议地方人大常委
　　　　　会进一步提高公开意识、转变公开理念，进一步加强学习借

　*　项目组负责人：田禾，中国社会科学院国家法治指数中心主任、法学研究所研究员；吕艳滨，
　　中国社会科学院法学研究所法治国情调研室主任、研究员。项目组成员：王小梅、王祎茗、
　　胡昌明、栗燕杰等（按姓氏笔画排序）。执笔人：刘雁鹏，中国社会科学院法学研究所助理
　　研究员。

鉴、提高公开水平，进一步开展公开检查、统一公开标准。

**关键词：** 地方人大　立法公开　透明度

中国正在经历百年未有之大变局，国内外形势风云变幻，既有全球大流行的疫情影响国内经济，又有单边主义盛行影响对外贸易。在此情况下，地方经济社会发展面临着极大的风险与挑战。因此，地方立法更应当主动作为，一方面应当发挥好地方立法的引领和推动作用，另一方面应当善于将各种改革举措和经验通过地方立法的方式纳入法治框架。为进一步分析地方立法的实际情况，掌握地方人大常委会在推动科学立法、民主立法和依法立法方面的经验、亮点、成绩，并及时发现存在的问题、障碍和面临的困境，进而持续推动地方立法不断完善，加强地方人大常委会立法建设，项目组于2020年通过31个省级人大常委会门户网站对地方立法透明度情况进行了评估①。

## 一　评估指标与方法

地方立法透明度评估对象是31家省级人大常委会立法公开情况，指标设置依据的是《宪法》《立法法》《地方各级人民代表大会和地方各级人民政府组织法》以及其他相关法律法规。评估过程中不涉及任何价值判断，不会将"好""坏"等价值判断带入评价体系，仅以网站为依托就"有""无"进行评价。尽管立法水平的高低无法通过网站建设情况全方位体现，但是若网站中公开的信息数量较少、公开的信息质量不佳，那么立法质量也没有保障。

---

① 评估仅涉及地方人大常委会在网站公开的情况，其他工作内容均不涉及，所体现的得分排名及反映的问题也仅是公开方面的内容，特此说明。

本次评估设置立法工作信息（20%）、科学立法信息（30%）、民主立法信息（30%）、立法优化信息（20%）四个一级指标（见表1）①。

表1 地方立法透明度指标体系

| 一级指标及权重 | 二级指标及权重 |
|---|---|
| 立法工作信息(20%) | 领导信息(10%) |
| | 常委会信息(30%) |
| | 法规数据库(30%) |
| | 立法工作总结(30%) |
| 科学立法信息(30%) | 立法计划(60%) |
| | 立法规划(20%) |
| | 立法论证(20%) |
| 民主立法信息(30%) | 立法草案公开(40%) |
| | 立法征求意见(40%) |
| | 征求意见反馈(20%) |
| 立法优化信息(20%) | 规范性文件审查(40%) |
| | 立法评估(40%) |
| | 执法检查(10%) |
| | 法规备案(10%) |

对上述指标的评估主要依据是各省级人大常委会通过本机关门户网站及其他媒体渠道公开的信息。项目组通过在各省级人大常委会门户网站及相关媒体查询信息的方式获取测评数据。测评时间为2020年3月10日至8月31日。

## 二 评估结果

根据4个板块的测评结果和权重分配，项目组核算并形成了31家省级人大常委会的总体测评结果（见表2）。

---

① 本次评估指标体系与上年大体相同，增加了部分细节指标，如法规数据库中增加了对法规数据库建设情况的考察，评估研判的严格程度有所增加，如法规公开延期10天就算法规公开不及时。

## 表2　地方立法指数测评结果（满分100分）

单位：分

| 排名 | 省份 | 立法工作信息（20%） | 科学立法信息（30%） | 民主立法信息（30%） | 立法优化信息（20%） | 总分 |
|---|---|---|---|---|---|---|
| 1 | 江　苏 | 88.60 | 95.20 | 80.00 | 64.00 | 83.08 |
| 2 | 上　海 | 82.60 | 95.20 | 64.00 | 70.00 | 78.28 |
| 3 | 贵　州 | 85.00 | 97.60 | 62.00 | 52.00 | 75.28 |
| 4 | 北　京 | 70.60 | 95.20 | 60.00 | 64.00 | 73.48 |
| 5 | 广　西 | 71.60 | 75.20 | 80.00 | 62.00 | 73.28 |
| 6 | 甘　肃 | 72.40 | 77.60 | 64.00 | 72.00 | 71.36 |
| 7 | 湖　北 | 72.40 | 97.60 | 44.00 | 52.00 | 67.36 |
| 8 | 内蒙古 | 71.20 | 72.80 | 64.00 | 52.00 | 65.68 |
| 9 | 安　徽 | 63.20 | 90.40 | 44.00 | 62.00 | 65.36 |
| 10 | 四　川 | 70.60 | 95.20 | 28.00 | 62.00 | 63.48 |
| 11 | 浙　江 | 67.60 | 68.00 | 60.00 | 52.00 | 62.32 |
| 12 | 广　东 | 67.60 | 90.40 | 44.00 | 42.00 | 62.24 |
| 13 | 重　庆 | 68.20 | 65.60 | 60.00 | 52.00 | 61.72 |
| 14 | 云　南 | 67.40 | 83.20 | 48.00 | 42.00 | 61.24 |
| 15 | 山　东 | 56.60 | 65.60 | 64.00 | 42.00 | 58.60 |
| 16 | 辽　宁 | 77.20 | 77.60 | 28.00 | 42.00 | 55.52 |
| 17 | 河　北 | 74.20 | 20.00 | 64.00 | 62.00 | 52.44 |
| 18 | 海　南 | 55.00 | 51.20 | 44.00 | 42.00 | 47.96 |
| 19 | 江　西 | 68.20 | 20.00 | 64.00 | 42.00 | 47.24 |
| 20 | 天　津 | 79.60 | 20.00 | 44.00 | 42.00 | 43.52 |
| 21 | 湖　南 | 55.60 | 20.00 | 48.00 | 52.00 | 41.92 |
| 22 | 山　西 | 63.40 | 40.00 | 28.00 | 42.00 | 41.48 |
| 23 | 宁　夏 | 47.20 | 58.40 | 20.00 | 42.00 | 41.36 |
| 24 | 黑龙江 | 65.20 | 20.00 | 44.00 | 42.00 | 40.64 |
| 25 | 吉　林 | 77.20 | 20.00 | 28.00 | 42.00 | 38.24 |
| 26 | 西　藏 | 33.60 | 56.00 | 20.00 | 42.00 | 37.92 |
| 27 | 青　海 | 64.00 | 40.00 | 8.00 | 52.00 | 37.60 |
| 28 | 陕　西 | 64.60 | 20.00 | 28.00 | 42.00 | 35.72 |
| 29 | 福　建 | 50.60 | 20.00 | 28.00 | 42.00 | 32.92 |
| 30 | 河　南 | 49.00 | 20.00 | 20.00 | 42.00 | 30.20 |
| 31 | 新　疆 | 28.60 | 20.00 | 16.00 | 42.00 | 24.92 |

　　根据最终测评结果，本年度总分超过60分的省级人大常委会有14家，即江苏省人大常委会、上海市人大常委会、贵州省人大常委会、北京市人大

常委会、广西壮族自治区人大常委会、甘肃省人大常委会、湖北省人大常委会、内蒙古自治区人大常委会、安徽省人大常委会、四川省人大常委会、浙江省人大常委会、广东省人大常委会、重庆市人大常委会、云南省人大常委会。其中江苏省人大常委会以83.08分位居榜首。

本年度立法透明度评估分数略有降低，一方面是因为本年度评估标准有所提升，对部分指标细节要求更加严格。例如，对地方性法规公开及时性的考察，凡是已经通过的地方性法规未能10日内在人大常委会网站中公开都算超时。另一方面，部分地方人大未能在关键领域继续保持公开力度，部分领域信息没有持续更新。例如，吉林省人大常委会2019年公开了2018年立法工作总结，但是2020年却没有公开2019年的立法工作报告。上述公开工作没有形成常态化机制，相关领域的负责人重视，则及时公开了相关内容，如相关领域的负责人关注不够，则未能公开部分内容，导致一些地方得分下滑。

## 三 评估中发现的亮点

### （一）公开地方性法规库

地方性法规数据库的建立一方面有利于整理汇总地方性法规，及时发现应当修改、废止的地方性法规；另一方面则方便公众查询翻阅地方立法，了解地方现行有效的地方性法规、修改的地方性法规以及已经失效的地方性法规。由于地方立法数量巨大，现行有效的地方性法规平均数量都维持在100~200部。若缺少运行有效的地方性法规数据库，则在百余部地方性法规中寻找关键信息实属不易。在31家被评估对象中，除了河南省人大常委会之外，有30家建立了地方法规数据库，占96.77%；有26家被评估对象的地方性法规数据库可用，占83.87%①。

---

① 包括广东省人大常委会、湖南省人大常委会、西藏自治区人大常委会、陕西省人大常委会在内的4家网站虽然建立了法规数据库，但由于系统维护、升级等原因，无法正常使用。

## （二）普遍开展立法论证

立法论证对提升立法工作水平、保障立法质量关系重大：一方面，通过立法论证，彻底弄清地方立法的必要性、可行性、紧迫性等重要内容，保障立法项目不会因为缺乏论证而难产；另一方面，开展立法论证能够明晰立法中的难点，梳理各方观点，解决面临的痛点，节约立法的时间成本，提高立法文本通过率。评估发现，31 家评估对象全部建立了立法咨询专家库，达100%。地方人大常委会充分运用专家库的力量，开展立法论证，提高立法质量。例如，2019 年 9 月，重庆市人大常委会邀请来自高校、科研院所的专家就《重庆市促进科技成果转化条例（修订草案）》进行了论证，保障条例切实有效促进科技成果转化。

## （三）部分公开法规解读

地方性法规中很多条款与企业、个人、组织息息相关，但对于大多数人而言，如何理解法规内容、如何解读法规条文是一个不小的难题。为强化对地方性法规的理解，提高立法质效，江苏省人大常委会、江西省人大常委会、天津市人大常委会等公开了对地方性法规的解读。例如，2019 年江苏省人大常委会公开了《江苏省市辖区、不设区的市人大常委会街道工作委员会工作条例》《江苏省职业教育校企合作促进条例》《江苏省不动产登记条例》等地方性法规的解读，方便公众更好地理解地方性法规的立法背景、适用范围、权责配置等问题。

## （四）关联内容集中公开

立法公开不仅仅是信息的堆砌，不是把所有法律、法规规定应当公开的内容放置在网络上就完成了公开任务。地方人大立法公开要站在公众的角度来审视公开工作，不仅要求应公开的内容尽公开，而且还要以方便公众的视角公开。评估发现，部分地方人大常委会能够对信息进行整理分类，极大地减少了公众找寻信息的时间成本。例如，广东省人大常委会从群众视角出

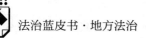

发，而不是从人大职能部门出发，将人大常委会报告、地方立法计划、法规草案意见征集等内容打包公开。

### （五）扩大公开受众群体

即便是通过门户网站公开，依然会有不少群体被排挤在公开范围之外。例如，视力不佳或者年龄较大的人群无法正常浏览网页，自然也就无法了解最新的地方性法规，无法参与地方立法意见征求活动。评估发现，部分地方人大常委会开通了无障碍模式，极大地扩大了公开的受众面。例如，上海市人大常委会网站设有无障碍模式，可以为盲人朗读法规。

### （六）普遍建立评估制度

立法评估能够不断提高地方立法的科学化、民主化、法治化水平。一方面，立法评估为专家、学者、公众参与立法活动开辟了另一条路径，是进一步推进民主立法的重要手段；另一方面，立法评估在一定程度上能够发现法规的漏洞，填补法规空白和缺陷，同时也为进一步修改地方立法提供了方向和指引，是不断提高立法科学性的重要方法。评估发现，31个省、自治区、直辖市均建立起了立法评估制度。例如，《北京市制定地方性法规条例》规定："市人民代表大会有关专门委员会、常务委员会有关工作机构可以组织对有关地方性法规或者法规中有关规定进行立法后评估，对改进立法工作提出意见、建议；需要修改法规的，适时启动修改程序。"

### （七）计划完成度有提高

立法计划完成度是衡量立法计划制定是否科学合理的重要依据之一，若年初公开的立法计划在年底大部分都没有完成，则制定立法计划之初可能高估了立法能力，低估了立法本身的难度。若年初立法计划完成度较为良好，说明立法计划制定得符合客观现实，切合地方立法实践，立法资源利用较为合理。本次评估中，依然没有将立法计划完成度纳入最终的得分核算。评估发现有以下亮点值得关注。一方面，立法计划完成度整体有所提高。评估发现，共有 11 家被评估对象立法计划完成度较上年有所提高，占被评估对象的 35.48%。另一方面，满分数量有所增加。有 7 家被评估对象立法计划完成度为 100%，比上年增加了 5 家，提高了 250%（见表3）。

### 表3　立法计划完成情况

单位：%

| 省份 | 2018 年立法计划完成率 | 2019 年立法计划完成率 | 省份 | 2018 年立法计划完成率 | 2019 年立法计划完成率 |
|---|---|---|---|---|---|
| 上海 | 77.78 | 50 | 安徽 | 67.86 | 100 |
| 贵州 | 10 | 90 | 天津 | — | — |
| 广东 | 57.14 | 100 | 湖北 | 77.78 | 63.64 |
| 吉林 | 40 | — | 西藏 | — | 0 |
| 浙江 | 33.30 | 50 | 广西 | 66.67 | 100 |
| 江苏 | 33.30 | 100 | 青海 | 60 | — |
| 新疆 | — | — | 宁夏 | 66.67 | 90 |
| 重庆 | 50 | 100 | 甘肃 | 30.43 | 72.2 |
| 陕西 | — | — | 黑龙江 | | |
| 四川 | 71.42 | 100 | 河南 | — | — |
| 河北 | — | — | 山西 | | |
| 内蒙古 | 53.85 | 78.57 | 北京 | 80 | 66.7 |
| 辽宁 | 100 | 69.23 | 福建 | — | — |
| 江西 | — | — | 云南 | 100 | 100 |
| 山东 | 80 | 55.56 | 海南 | — | 72.2 |
| 湖南 | — | — | | | |

# 四　评估发现的问题

## （一）法规公开仍存缺陷

地方性法规颁行后，应当尽快在门户网站公开权威版本，让辖区内的政府、公民、企业、组织充分了解各自的权力、责任、权利、义务。评估发现，地方性法规公开存在以下问题。一方面，部分人大常委会法规未能公开。广东省人大常委会、陕西省人大常委会、湖南省人大常委会、西藏自治区人大常委会、福建省人大常委会虽然建有法规数据库，但无法正常使用，法规未能有效公开①。另一方面，法规公开不及时。若地方性法规公开不及时，则会出现法规已经生效但公众却不了解，极有可能导致被迫违法现象。评估发现，8家被评估对象地方性法规公开不及时，占25.81%（见表4）。

表4　地方立法延期公开一览

| 对象 | 法规 | 实施日期 | 公开日期 | 间隔(天) |
|---|---|---|---|---|
| 贵州 | 贵州省林地管理条例 | 2019年3月30日 | 2019年4月24日 | 25 |
| 吉林 | 吉林省地方志工作条例 | 2019年5月30日 | 2019年6月12日 | 13 |
| 内蒙古 | 内蒙古自治区预算审查监督条例 | 2018年12月6日 | 2019年1月8日 | 34 |
| 新疆 | 新疆维吾尔自治区人民代表大会议事规则 | 2018年11月30日 | 2019年5月9日 | 160 |
| 辽宁 | 辽宁省职工劳动权益保障条例 | 2019年9月27日 | 2019年10月14日 | 18 |
| 青海 | 青海省鼠疫交通检疫条例 | 2019年7月31日 | 2019年9月10日 | 42 |
| 宁夏 | 宁夏回族自治区乡镇政府工作条例 | 2019年3月26日 | 2019年5月9日 | 45 |
| 黑龙江 | 黑龙江省河道管理条例 | 2018年6月28日 | 2019年3月15日 | 261 |

## （二）检索应用有待加强

立法内容纷繁复杂，不仅包括法规文本本身，还包括立法前的准备、立法过程中的论证、立法后的评估以及执法检查等多方面。如此复杂多样的信息，势必造成找寻困难。评估发现，新疆维吾尔自治区人大常委会、江西省人大常委会、宁夏回族自治区人大常委会3家被评估对象没有设置检索专栏。评估发现，虽然部分人大常委会设置了检索专栏，但是无法检索到网站内的地方法规以及站内其他信息。例如，广东省人大常委会、西藏自治区人大常委会无法通过搜索栏目检索到关键立法信息，山东省人大常委会、陕西

---

① 值得注意的是，河南省人大常委会既没有法规数据库，也没有对法规进行集中公开，已经生效的地方性法规无法通过其门户网站获得。

省人大常委会、青海省人大常委会等被评估对象搜索得到的内容与关键词并不相关。

### （三）立法总结有待普及

善用地方立法，能够极大地推动地方治理体系现代化和法治化进程，能够有效发挥地方立法的引领和推动作用。作为地方人大重要职权之一的立法权，其应用情况究竟如何，过去的一年取得了哪些成绩，遇到了哪些困难，未来需要如何改进都需要专门总结，而不仅仅是将信息汇总在年度人大常委会报告中。立法总结有待进一步普及。坚持发布年度立法总结，不仅能够回顾一年的立法工作，对立法计划中涉及的任务进行梳理，而且还能充分展示立法取得的成绩和经验，强化立法宣传。评估发现，仅有湖北省人大常委会、甘肃省人大常委会等 4 家人大常委会单独公开了 2019 年的立法总结，未能单独公开立法总结的占被评估对象的87.1%。

### （四）立法计划公开依然不足

评估发现，2019 年度被评估的 31 家人大常委会立法计划公开有如下特点。首先，公开立法计划的对象数量保持稳定。2018 年、2019 年度都有 19 家公开了年度立法计划，占 61.29%。其次，立法计划公开时间有所提前。2018 年在第一季度公开立法计划的有 9 家，2019 年在第一季度公开立法计划的有 12 家，相比上一年度提高了 33.33%。再次，立法计划缺少连贯性。吉林省人大常委会、青海省人大常委会公开了 2018 年立法计划，却没有公开 2019 年的立法计划；海南省人大常委会、西藏自治区人大常委会公开了 2019 年立法计划，却没有公开 2018 年立法计划。最后，立法计划公开时间依然比较靠后。部分人大常委会在 5 月份甚至 8 月份才公开年度立法计划，可见立法计划公开依然值得地方人大常委会进一步关注（见表5）。

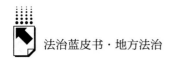

方性法规的民主性和合规性，而且进一步降低了公众参与立法活动的热情。

### （六）执法检查报告公开不理想

执法检查是地方人大重要的监督手段，公开执法检查报告则是各级人大常委会应当履行的责任。《各级人民代表大会常务委员会监督法》第 27 条第 2 款规定："常务委员会的执法检查报告及审议意见，人民政府、人民法院或者人民检察院对其研究处理情况的报告，向本级人民代表大会代表通报并向社会公布。"部分地方人大常委会通过地方立法的形式对公开执法检查报告予以确认。例如，《天津市人民代表大会常务委员会执法检查办法》第 36 条规定："执法检查报告由市人大常委会办公厅向市人大代表通报，并向社会公布。"评估发现，31 家人大常委会均开展了执法检查活动，不少人大常委会门户网站公开了大量执法检查的图片新闻和宣传材料，但上述新闻和材料没有执法检查的基本情况、法律法规实施情况的总体评价、执法检查发现的主要问题和原因分析、改进工作的建议等内容，不能认定为公开了执法检查报告。2019 年度仅有 5 家人大常委会公开了执法检查报告，占16.13%，而 2018 年有 11 家公开了执法检查报告。公开执法检查报告数量下降，说明地方人大常委会并没有认真对待此项工作，没有区分清楚执法检查报告和新闻报道，认为只要公开了新闻报道，就算完成了报告公开，只要公开了宣传材料，就算履行了法定职责。

## 五　完善建议

新时代的新形势、新任务、新常态，无疑对地方人大立法工作提出了更高的要求。地方人大及其常委会要充分发挥好科学立法、民主立法和依法立法的作用，以立法透明度为抓手，结合地方实际，创造性地做好立法工作，切实提升立法质量。

首先，提高公开意识，转变公开理念。对于人大常委会网站而言，平台建设的意义不仅仅是宣传，还应当作为人大公开的数据库而存在。若仅仅是宣传平台，那么公开的方式就会有一些宣传法规通过的新闻，但是没有法规本身；有少许立法专业知识的普及，但没有立法成果展示；有部分执法检查的报道，但没有执法检查的报告。若将人大常委会网站作为数据集散中心，以建设立法大数据平台的心态对待立法公开，则人大网站会规划好每一个板块，充实好每一处内容，不会出现延迟公开、遗漏数据、板块不合理、内容混乱等问题。事实上，一旦地方人大常委会门户网站汇聚足够多数据，便会吸引各领域专家开展相关研究，以实践为基础弥补理论的不足，从而反馈到地方立法实践，形成良性互动。

其次，开展公开检查，统一公开标准。地方人大常委会门户网站是公众能够全面获得立法相关信息的重要平台，定期开展公开检查，能够及时发现人大立法公开工作中存在的漏洞和缺陷。有的人大常委会网站信息一应俱全，但逻辑混乱、内容庞杂、信息整理归类不当，导致无法在短时间内有效查询到关键信息。故在检查地方人大立法公开工作过程中，不仅要考察关键信息是否公开，还要站在普通公众的视角切实审视公开效果。此外，由于地方人大立法公开的内容、标准、时间节点等关键信息全国尚不统一，有必要加强立法公开的理论研究，由全国人大常委会公布年度公开要点，统一全国立法公开标准，推动立法公开走向常态化、标准化、法治化。

最后，加强学习借鉴，提高公开水平。同样是公开工作信息，如今政府信息公开、司法公开、检务公开已经远远走在人大立法公开之前。政府信息公开已经不存在大规模遗漏信息、延迟公开信息、大范围公开无效信息等问题；司法公开则走向专业化、集约化道路，设置审判流程公开平台、执行信息公开平台、裁判文书公开平台提供不同的司法信息；检务公开则全国层面统一规范、统一推进，平台集约化一步到位，数据公开稳步展开。作为国家权力机关，其公开水平不应落后于行政机关、司法机关和检察机关，而应当充分学习并借鉴相关经验，建立人大立法公开反馈机制，分享人大立法公开经验，提高人大立法公开水平。

# B.3

# "法治政府建设年度报告"发布情况
# 第三方评估报告（2020）

中国社会科学院法学研究所法治指数创新工程项目组*

**摘　要：** 为系统全面评估法治政府建设年度报告编写及发布情况，中国社会科学院国家法治指数研究中心、法学研究所法治指数创新工程项目组自 2017 年以来连续第四年对法治政府建设年度报告开展第三方评估。2020 年度的评估发现了较多亮点：评估对象普遍发布年度报告，且按时发布的比例较上一年度有所提升，部分评估对象设置了年报专栏，部分指标的评估对象达标率和部分评估对象的总体指标达标率较高。但是，本年度评估中发现的一些问题仍需政府机关重视，如不能按时发布、发布主体渠道和名称不统一、内容欠缺或雷同等，需引起高度重视并尽快整改。今后，法治政府建设年度报告的编写应沿着制度化、规范化的道路，严格落实发布责任，明确具体标准。

**关键词：** 法治指数　法治政府　法治政府建设年度报告

---

\* 项目组负责人：田禾，中国社会科学院国家法治指数研究中心主任、法学研究所研究员；吕艳滨，中国社会科学院法学研究所法治国情调研室主任、研究员。项目组成员：王小梅、王祎茗、车文博、冯迎迎、刘鹏鹏、米晓敏、胡昌明、洪梅、栗燕杰（按姓氏笔画排序）。执笔人：吕艳滨；王祎茗，中国社会科学院法学研究所助理研究员；田禾。

　　为加强对法治政府建设的监督，中共中央、国务院印发的《法治政府建设实施纲要（2015~2020年）》提出，县级以上地方各级政府每年第一季度要向同级党委、人大常委会和上一级政府报告上一年度法治政府建设情况，政府部门每年第一季度要向本级政府和上一级政府有关部门报告上一年度法治政府建设情况，报告要通过报刊、政府网站等向社会公开。为落实纲要要求，中共中央办公厅、国务院办公厅印发了《法治政府建设与责任落实督察工作规定》，要求除涉及党和国家秘密的外，地方各级政府和县级以上政府部门应于每年4月1日前通过报刊、网站等新闻媒体向社会公开本机关法治政府建设年度报告，接受人民群众监督。可以说，法治政府建设年度报告已经成为各级政府展示其落实法治政府建设成效的重要渠道和载体，发布报告也是评价和监督法治政府建设的重要路径。

　　为系统全面评估法治政府建设年度报告编写及发布情况，中国社会科学院国家法治指数研究中心及法学研究所法治指数创新工程项目组（以下简称"项目组"）自2017年以来连续第四年对法治政府建设年度报告开展第三方评估，本报告对2020年各评估对象发布2019年年度报告的情况进行分析。

# 一　评估概况

## （一）评估原则

　　本次评估依据"中国政府透明度指数报告"及"政府信息公开工作年度报告发布情况第三方评估"所确立的原则，即依法评估，客观评价，突出重点，反映现状并引导发展①。

---

① 参见田禾、吕艳滨《中国政府透明度2009~2016》，社会科学文献出版社，2017，第14~15页。

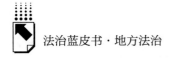

## （二）评估对象

2020 年度评估涉及 34 家对外有行政管理职能的国务院部门（含 22 家国务院组成部门、1 家国务院直属特设机构、8 家国务院直属机构、3 家国务院直属事业单位）①、31 家省级政府和 49 家较大的市政府。

## （三）评估内容

依据《法治政府建设实施纲要（2015～2020 年)》《法治政府建设与责任落实督察工作规定》，项目组从年度报告发布与年度报告内容两个方面对各评估对象发布 2019 年法治政府建设年度报告的方式方法、报告内容进行分析。

其中，发布方式侧重于评价评估对象是否发布年度报告、发布方式是否便于公众查询，包括报告发布、发布时间、发布渠道、发布栏目、发布形式。发布内容指标根据《法治政府建设实施纲要（2015～2020 年)》《法治政府建设与责任落实督察工作规定》的要求，选择了法治政府建设中较为重要的内容作为本次评估的指标②。

## （四）评估方法

项目组通过各国务院部门、各地方政府门户网站及其司法行政部门门户网站，采集年度报告发布情况的数据，并依据指标对报告内容的完备程度进行分析。项目组自 2020 年 3 月开始对上述评估对象发布年度报告的情况进行跟踪，评估保留了所有截图，并对截至 2020 年 4 月 3 日尚未按时发布的政府机关进行了电话询问确认。最终数据核验截至 2020 年 7 月 31 日。

---

① 项目组开展的中国政府透明度第三方评估的评估对象包括 49 家国务院部门，其中国务院部门管理的国家局无须单独对外发布法治政府建设年度报告，因此，本评估仅涉及 34 家国务院部门。

② 详细内容可参见法治蓝皮书《中国地方法治发展报告 No. 5（2019)》，社会科学文献出版社，2020，第 57～78 页。

## 二　发现的亮点

### （一）评估对象普遍发布年度报告

截至 2020 年 7 月 31 日，34 家国务院部门中，有 33 家发布了上一年度的法治政府建设年度报告，对比 2019 年，项目组仅在上述部门中检索到 21 家发布了 2018 年的年度报告。较大的市中，有 47 家发布了上一年度的年度报告，比 2019 年检索到的 43 家增加了 4 家。省级政府则同 2019 年一样，全部公开了上一年的年度报告。

### （二）按时发布报告的比例大幅提升

相比 2019 年仅 5 家国务院部门、4 家省级政府和 28 家较大的市政府于 4 月 1 日前发布了 2018 年法治政府建设年度报告，2020 年按时发布报告的比例明显提升。2020 年评估发现，有 17 家国务院部门、25 家省级政府和 37 家较大的市政府于 2020 年 4 月 1 日前发布了本机关上一年度的年度报告，增幅分别为 240%、525% 和 32.14%。

### （三）部分设有年度报告专栏

每年发布上一年度的法治政府建设年度报告是检验和展示自身法治政府建设成效的重要渠道。作为需要持续发布的信息，报告理应置于政府网站的固定位置，以便于公众查询获取。因此，法治政府建设年度报告应同政府信息公开工作年度报告一样，发布于政府门户网站固定且专门栏目内。评估发现，3 类评估对象中均有少数在门户网站设置了专门栏目，集中发布历年的法治政府建设年度报告，如国家发展和改革委员会、教育部、国家税务总局以及北京市、吉林省、浙江省、湖北省、广东省、无锡市、杭州市、厦门市、武汉市、深圳市、昆明市、西安市、银川市等省市政府（具体的发布位置见表 1）。

表1　法治政府建设年度报告发布专门栏目设置情况

| 评估对象 | 法治政府建设年度报告发布栏目 |
|---|---|
| 国家发展和改革委员会 | 门户网站:政务公开 > 法治政府建设年度报告 |
| 教育部 | 门户网站:公开 > 教育部主动公开事项目录 > 法治政府建设年度工作情况报告 |
| 国家税务总局 | 门户网站:信息公开 > 年度法治报告 |
| 北京市 | 市政府门户网站:政务公开 > 计划 > 法治政府建设 |
| 吉林省 | 省政府门户网站:政务 > 专题 > 法治政府建设情况年度报告公开专栏 |
| 浙江省 | 省政府门户网站:测试 > 浙江省人民政府办公厅 > 法制政府工作报告 |
| 湖北省 | 省政府门户网站:法定主动公开内容 > 法治政府建设 |
| 广东省 | 省政府门户网站:政务公开 > 法治政府建设 |
| 无锡市 | 市政府门户网站:专题专栏 > 法治政府建设工作情况报告 |
| 杭州市 | 市政府门户网站:政府信息公开 > 关于杭州市法治政府建设情况的报告 |
| 厦门市 | 市司法局门户网站"司法行政网":专题专栏 > 法治政府建设 > 年度报告 |
| 武汉市 | 市政府门户网站:信息公开 > 法治政府建设报告 |
| 深圳市 | 市司法局网站:专题专栏 > 法治政府建设 > 法治政府建设考评 |
| 昆明市 | 市政府门户网站:政务公开 > 政府信息公开目录 > 法定主动公开内容 > 重点领域信息公开 > 法治政府建设 |
| 西安市 | 市政府门户网站:公开 > 规划计划 > 法治政府建设 |
| 银川市 | 市司法局门户网站:法治政府建设 > 法治政府建设年报 |

## （四）部分指标的总体达标率较好

评估发现，部分指标的总体达标率较好，即评估对象中达到某些指标要求的比例较高，如国务院部门发布报告情况、在报告中披露政府规章立改废数据、披露参与普法宣传情况的比例分别为97.06%、97.06%、91.18%（见表2）。省级政府中，发布报告情况以及在报告中披露深化行政审批制度改革情况、加强执法体制改革情况的比例均为100.00%；在报告中披露地方立法立改废数据、化解矛盾纠纷情况、完善执法程序情况、完善重大行政决策机制的占比分别为96.77%、96.77%、93.55%、90.32%（见表3）。较大的市中，达标率比较高的依次为：发布报告情况（95.92%），披露地方立法立改废数据（95.92%），披露深化行政审批制度改革情况（95.92%），披露加强执法体制改革情况（95.92%），披露完善执法程序情况（95.92%），披露化解矛盾纠纷情况（95.92%），披露完善重大行政决策机制情况（91.84%）（见表4）。这在一定程度上表明，上述内容在日常法治政府建设中受到的重视程度较高。

### 表2　国务院部门年度报告部分核心指标达标率[①]

单位：%

| 报告内容 | 达标率 | 报告内容 | 达标率 |
|---|---|---|---|
| 发布报告情况 | 97.06 | 加强市场监管情况 | 64.71 |
| 政府规章立改废数据 | 97.06 | 法治政府建设责任制落实情况 | 58.82 |
| 普法宣传情况 | 91.18 | 行政复议机制建设情况 | 55.88 |
| 下一年规划情况 | 88.24 | 法治政府建设存在的问题 | 52.94 |
| 加强执法体制改革情况 | 85.29 | 按时发布情况 | 50.00 |
| 完善执法程序情况 | 85.29 | 重大行政决策合法性审查情况 | 50.00 |
| 深化行政审批制度改革情况 | 82.35 | 规范性文件管理机制建设情况 | 41.18 |
| 公务员法治培训情况 | 82.35 | 重大行政决策公众参与情况 | 38.24 |
| 规范性文件监督审查情况 | 76.47 | 化解矛盾纠纷情况 | 32.35 |
| 政务公开工作情况 | 76.47 | 行政复议数据 | 23.53 |
| 法治政府建设领导体制建设情况 | 73.53 | 行政诉讼数据 | 23.53 |
| 完善立法机制 | 70.59 | 法治政府考核情况 | 20.59 |
| 完善重大行政决策机制 | 70.59 | 行政负责人出庭应诉情况 | 5.88 |

①达标率＝某项指标符合要求的评估对象数/评估对象总数。

### 表3　省级政府年度报告部分核心指标达标率

单位：%

| 报告内容 | 达标率 | 报告内容 | 达标率 |
|---|---|---|---|
| 发布报告情况 | 100.00 | 完善立法机制情况 | 80.65 |
| 深化行政审批制度改革情况 | 100.00 | 按时发布报告 | 77.42 |
| 加强执法体制改革情况 | 100.00 | 重大行政决策合法性审查情况 | 77.42 |
| 地方法立改废数据 | 96.77 | 加强市场监管情况 | 77.42 |
| 化解矛盾纠纷情况 | 96.77 | 规范性文件备案审查情况 | 70.97 |
| 完善执法程序情况 | 93.55 | 政务公开工作情况 | 70.97 |
| 完善重大行政决策机制 | 90.32 | 法治政府考核情况 | 67.74 |
| 法治政府建设领导体制建设情况 | 87.10 | 重大行政决策公众参与情况 | 64.52 |
| 下一年规划情况 | 87.10 | 公务员法治培训情况 | 64.52 |
| 法治政府建设责任制落实情况 | 83.87 | 行政复议机制建设情况 | 61.29 |
| 重点领域地方立法情况 | 83.87 | 行政诉讼数据 | 61.29 |
| 行政复议数据 | 83.87 | 规范性文件管理机制建设情况 | 51.61 |
| 普法宣传情况 | 83.87 | 行政机关负责人出庭应诉情况 | 25.81 |
| 存在的问题 | 83.87 | 专门栏目设置情况 | 16.13 |

表4 较大的市政府年度报告部分核心指标达标率

单位：%

| 报告内容 | 达标率 | 报告内容 | 达标率 |
|---|---|---|---|
| 发布报告情况 | 95.92 | 公务员法治培训情况 | 81.63 |
| 地方立法立改废数据 | 95.92 | 按时发布情况 | 79.59 |
| 深化行政审批制度改革情况 | 95.92 | 存在的问题 | 79.59 |
| 加强执法体制改革情况 | 95.92 | 规范性文件备案审查情况 | 77.55 |
| 完善执法程序情况 | 95.92 | 普法宣传情况 | 77.55 |
| 化解矛盾纠纷情况 | 95.92 | 政务公开工作情况 | 75.51 |
| 完善重大行政决策机制情况 | 91.84 | 法治政府考核情况 | 75.51 |
| 下一年规划情况 | 89.80 | 行政复议机制建设情况 | 73.47 |
| 法治政府建设领导体制建设 | 87.76 | 重点领域地方立法情况 | 69.39 |
| 加强市场监管情况 | 87.76 | 重大行政决策公众参与情况 | 69.39 |
| 完善立法机制情况 | 85.71 | 行政诉讼数据 | 69.39 |
| 行政复议数据 | 83.67 | 行政机关负责人出庭应诉情况 | 51.02 |
| 法治政府建设责任制落实情况 | 81.63 | 规范性文件管理机制建设情况 | 46.94 |
| 重大行政决策合法性审查情况 | 81.63 | 专门栏目设置情况 | 12.24 |

## （五）部分对象的总体达标率较好

评估发现，部分评估对象所有评估指标内容符合要求的比例较高。国务院部门中，总体达标率居前的分别是农业农村部（85.71%）、商务部（78.57%）、司法部（75.00%）、国家市场监督管理总局（75.00%）。省级政府中，北京市全部达标，此外，达标率在90%以上的还有吉林省（96.67%）、湖南省（93.33%）、陕西省（93.33%）、湖北省（90.00%）、青海省（90.00%）。较大的市中，总体达标率居前的依次为西安市（93.33%）、邯郸市（90.00%）、苏州市（90.00%）、合肥市（90.00%）、成都市（90.00%）。显然，地方政府的达标率高于国务院部门，省级政府达标率高于较大的市政府。当然，年度报告写得好不代表其法治政府建设成效一定好，但至少在一定程度上表明有关地方和部门重视此项工作，其法治政府建设有可以总结汇报的内容。

## 三 存在的问题

### （一）按时发布指标仍有较大提升空间

评估发现，不少评估对象未能按时发布年度报告，其中省级政府、较大的市政府按时发布情况好于国务院部门（见表5、表6、表7）。有的地方和部门受抗击新型冠状病毒疫情影响，导致报告发布有所推延。

表5 国务院部门 2019 年法治政府建设年度报告发布时间及名称

| 评估对象 | 发布时间 | 报告名称 |
| --- | --- | --- |
| 国家发展和改革委员会 | 2020 年 3 月 31 日 | 国家发展改革委 2019 年度推进法治政府建设进展情况 |
| 教育部 | 2020 年 4 月 1 日 | 教育部关于 2019 年法治政府建设工作情况的报告 |
| 科学技术部 | 2020 年 4 月 3 日 | 科技部关于贯彻落实《法治政府建设实施纲要（2015～2020 年）》情况的报告 |
| 工业和信息化部 | 2020 年 3 月 30 日 | 工业和信息化部关于 2019 年度法治政府建设工作情况的报告 |
| 国家民族事务委员会 | 2020 年 6 月 8 日 | 国家民委 2019 年法治政府建设情况 |
| 公安部 | 2020 年 4 月 13 日 | 公安部 2019 年度推进法治政府建设工作情况 |
| 民政部 | 2020 年 3 月 13 日 | 民政部关于 2019 年贯彻落实《法治政府建设实施纲要（2015～2020 年）》情况的报告 |
| 司法部 | 2020 年 3 月 23 日 | 司法部 2019 年法治政府建设年度报告 |
| 财政部 | 2020 年 4 月 1 日 | 财政部 2019 年法治政府建设年度报告 |
| 人力资源和社会保障部 | 2020 年 3 月 16 日 | 人力资源和社会保障部关于 2019 年贯彻落实《法治政府建设实施纲要（2015～2020 年）》情况的报告 |
| 自然资源部 | 2020 年 3 月 31 日 | 自然资源部 2019 年贯彻落实《法治政府建设实施纲要（2015～2020 年）》情况 |
| 生态环境部 | 2020 年 4 月 1 日 | 生态环境部关于 2019 年度法治政府建设情况的报告 |
| 住房和城乡建设部 | 2020 年 3 月 31 日 | 住房和城乡建设部 2019 年度法治政府建设工作情况 |

续表

| 评估对象 | 发布时间 | 报告名称 |
|---|---|---|
| 交通运输部 | 2020 年 3 月 25 日 | 交通运输部 2019 年度法治政府部门建设工作情况 |
| 水利部 | 2020 年 3 月 30 日 | 水利部 2019 年法治政府建设年度报告 |
| 农业农村部 | 2020 年 3 月 27 日 | 农业农村部 2019 年度法治政府建设情况报告 |
| 商务部 | 2020 年 5 月 13 日 | 商务部 2019 年度法治政府建设情况 |
| 文化和旅游部 | 2020 年 4 月 13 日 | 文化和旅游部关于 2019 年度法治政府建设情况的报告 |
| 国家卫生健康委员会 | 2020 年 4 月 26 日 | 国家卫生健康委关于 2019 年度法治政府建设工作情况的报告 |
| 应急管理部 | 2020 年 3 月 31 日 | 应急管理部 2019 年法治政府建设年度报告 |
| 中国人民银行 | 2020 年 4 月 10 日 | 中国人民银行 2019 年法治政府建设情况报告 |
| 审计署 | 2020 年 3 月 26 日 | 审计署关于 2019 年度法治政府建设情况的报告 |
| 国务院国有资产监督管理委员会 | 2020 年 3 月 30 日 | 国资委关于 2019 年法治建设工作情况的报告 |
| 海关总署 | 2020 年 3 月 25 日 | 海关总署关于 2019 年度贯彻落实《法治政府建设实施纲要（2015～2020 年）》工作情况的报告 |
| 国家税务总局 | 2020 年 4 月 1 日 | 国家税务总局 2019 年法治政府建设情况报告 |
| 国家市场监督管理总局 | 2020 年 3 月 31 日 | 市场监管总局 2019 年法治政府建设年度报告 |
| 国家广播电视总局 | 2020 年 3 月 30 日 | 国家广播电视总局关于 2019 年度法治政府建设情况的报告 |
| 国家体育总局 | 2020 年 4 月 1 日 | 体育总局关于 2019 年法治政府建设工作情况的报告 |
| 国家统计局 | 2020 年 3 月 31 日 | 国家统计局 2019 年法治政府建设年度报告 |
| 国家国际发展合作署 | — | — |
| 国家医疗保障局 | 2020 年 3 月 31 日（标注）实际为 2020 年 4 月 1 日 | 国家医疗保障局 2019 年法治政府建设年度报告 |
| 中国气象局 | 2020 年 4 月 3 日 | 中国气象局 2019 年法治政府建设年度报告 |
| 中国银行保险监督管理委员会（中国保险监督管理委员会） | 2020 年 4 月 2 日 | 中国银保监会 2019 年法治政府建设工作情况 |
| 中国证券监督管理委员会 | 2020 年 4 月 17 日 | 中国证监会 2019 年法治政府建设情况 |

表6　省级政府 2019 年法治政府建设年度报告发布时间及名称

| 评估对象 | 发布时间 | 报告名称 |
|---|---|---|
| 北京市 | 2020 年 3 月 30 日 | 北京市人民政府关于 2019 年法治政府建设情况的报告 |
| 天津市 | 2020 年 3 月 25 日 | 天津市人民政府 2019 年法治政府建设情况报告 |
| 河北省 | 2020 年 4 月 1 日 | 河北省 2019 年度法治政府建设情况报告 |
| 山西省 | 2020 年 3 月 20 日 | 山西省 2019 年法治政府建设情况报告 |
| 内蒙古自治区 | 2020 年 4 月 1 日 | 内蒙古自治区人民政府关于 2019 年度法治政府建设情况的报告 |
| 辽宁省 | 2020 年 3 月 13 日 | 辽宁省人民政府关于 2019 年度法治政府建设情况的报告 |
| 吉林省 | 2020 年 3 月 13 日 | 吉林省人民政府关于 2019 年度法治政府建设情况的报告 |
| 黑龙江省 | 2020 年 3 月 30 日 | 关于 2019 年度全省法治政府建设工作情况的报告 |
| 上海市 | 2020 年 3 月 26 日 | 2019 年上海市法治政府建设情况报告 |
| 江苏省 | 2020 年 5 月 20 日 | 江苏省 2019 年度法治政府建设情况报告 |
| 浙江省 | 2020 年 3 月 27 日 | 浙江省 2019 年法治政府建设情况 |
| 安徽省 | 2020 年 3 月 30 日司法厅网站；2020 年 3 月 31 日省政府网站 | 安徽省人民政府 2019 年法治政府建设报告 |
| 福建省 | 2020 年 3 月 26 日 | 福建省 2019 年法治政府建设情况 |
| 江西省 | 2020 年 3 月 27 日 | 江西省 2019 年度法治政府建设情况 |
| 山东省 | 2020 年 3 月 31 日 | 2019 年山东省法治政府建设情况 |
| 河南省 | 2020 年 4 月 3 日 | 河南省人民政府关于 2019 年度法治政府建设情况的报告 |
| 湖北省 | 2020 年 3 月 27 日 | 湖北省人民政府关于 2019 年度推进法治政府建设情况的报告 |
| 湖南省 | 2020 年 3 月 31 日 | 湖南省人民政府关于 2019 年度法治政府建设情况的报告 |
| 广东省 | 2020 年 3 月 27 日 | 广东省人民政府关于 2019 年度法治政府建设情况的报告 |
| 广西壮族自治区 | 2020 年 3 月 27 日 | 广西壮族自治区 2019 年法治政府建设情况 |
| 海南省 | 2020 年 3 月 18 日 | 海南省人民政府关于 2019 年度法治政府建设情况的报告 |
| 重庆市 | 2020 年 3 月 31 日 | 重庆市 2019 年法治政府建设情况报告 |
| 四川省 | 2020 年 3 月 31 日 | 四川省 2019 年度法治政府建设工作情况 |

| 评估对象 | 发布时间 | 报告名称 |
|---|---|---|
| 贵州省 | 2020 年 3 月 31 日 | 完善法治政府体系建设　提高依法行政能力水平 |
| 云南省 | 2020 年 3 月 31 日 | 云南省人民政府关于 2019 年度法治政府建设情况的报告 |
| 西藏自治区 | 2020 年 4 月 8 日 | 西藏自治区 2019 年法治政府建设情况 |
| 陕西省 | 2020 年 3 月 24 日 | 陕西省人民政府 2019 年法治政府建设情况 |
| 甘肃省 | 2020 年 3 月 31 日 | 甘肃省人民政府关于 2019 年法治政府建设情况的报告 |
| 青海省 | 2020 年 3 月 31 日 | 青海省人民政府 2019 年法治政府建设工作情况 |
| 宁夏回族自治区 | 2020 年 4 月 2 日 | 宁夏回族自治区人民政府关于 2019 年度法治政府建设情况的报告 |
| 新疆维吾尔自治区 | 2020 年 4 月 14 日 | 新疆维吾尔自治区 2019 年法治政府建设工作报告 |

**表 7　较大的市政府 2019 年法治政府建设年度报告发布时间及名称**

| 评估对象 | 发布时间 | 报告名称 |
|---|---|---|
| 石家庄市 | 2020 年 2 月 6 日 | 石家庄市人民政府关于 2019 年度法治政府建设情况的报告 |
| 唐山市 | 2020 年 2 月 12 日 | 唐山市人民政府 2019 年度法治政府建设情况报告 |
| 邯郸市 | 2020 年 2 月 3 日 | 邯郸市人民政府 2019 年依法行政和法治政府建设工作报告 |
| 太原市 | 2020 年 3 月 13 日 | 太原市人民政府关于 2019 年度法治政府建设情况的报告 |
| 大同市 | 2020 年 3 月 30 日 | 大同市人民政府 2019 年度法治政府建设情况的报告 |
| 呼和浩特市 | 2020 年 4 月 9 日 | 呼和浩特市人民政府 2019 年法治政府建设工作报告 |
| 包头市 | 2020 年 4 月 14 日 | 关于 2019 年包头市法治政府建设情况的报告 |
| 沈阳市 | 2020 年 4 月 20 日 | 沈阳市人民政府关于沈阳市 2019 年法治政府建设情况的报告 |
| 大连市 | 2020 年 3 月 9 日 | 持续优化法治环境　法治政府建设不断向纵深推进——大连市 2019 年度法治政府建设工作情况报告 |
| 鞍山市 | — | — |
| 抚顺市 | 2020 年 3 月 12 日 | 抚顺市人民政府 2019 年度法治政府建设情况报告 |
| 本溪市 | 2020 年 4 月 10 日 | 本溪市人民政府关于本溪市 2019 年法治政府建设工作的报告 |
| 长春市 | 2020 年 3 月 18 日 | 长春市人民政府关于 2019 年度法治政府建设情况的报告 |
| 吉林市 | 2020 年 3 月 10 日 | 吉林市人民政府 2019 年度法治政府建设情况报告 |
| 哈尔滨市 | 2020 年 3 月 24 日 | 哈尔滨市 2019 年法治政府建设年度报告 |
| 齐齐哈尔市 | 2020 年 3 月 27 日 | 齐齐哈尔市 2019 年法治政府建设年度报告 |
| 南京市 | 2020 年 2 月 7 日 | 南京市人民政府关于 2019 年度法治政府建设情况的报告 |
| 无锡市 | — | — |
| 徐州市 | 2020 年 2 月 24 日 | 徐州市人民政府 2019 年度法治政府建设工作报告 |

续表

| 评估对象 | 发布时间 | 报告名称 |
|---|---|---|
| 苏州市 | 2020 年 1 月 8 日 | 苏州市人民政府关于 2019 年苏州市法治政府建设工作的报告 |
| 杭州市 | 2020 年 3 月 4 日 | 杭州市人民政府关于杭州市 2019 年度法治政府建设情况的报告 |
| 宁波市 | 2020 年 3 月 31 日 | 宁波市 2019 年度法治政府建设情况报告 |
| 合肥市 | 2020 年 3 月 30 日 | 合肥市 2019 年法治政府建设情况报告 |
| 淮南市 | 2020 年 3 月 18 日 | 淮南市人民政府关于 2019 年法治政府建设情况的报告 |
| 福州市 | 2020 年 4 月 1 日 | 福州市 2019 年法治政府建设情况 |
| 厦门市 | 2020 年 3 月 2 日 | 厦门市人民政府关于 2019 年法治政府建设情况报告 |
| 南昌市 | 2020 年 2 月 7 日 | 南昌市 2019 年度法治政府建设工作报告 |
| 济南市 | 2020 年 3 月 11 日 | 济南市人民政府关于 2019 年法治政府建设情况的报告 |
| 青岛市 | 2020 年 3 月 5 日 | 关于 2019 年法治政府建设情况的报告 |
| 淄博市 | 2020 年 3 月 11 日 | 淄博市 2019 年度法治政府建设工作报告 |
| 郑州市 | 2020 年 2 月 25 日 | 郑州市人民政府关于郑州市 2019 年度法治政府建设情况的报告 |
| 洛阳市 | 2020 年 3 月 25 日 | 洛阳市人民政府关于 2019 年法治政府建设工作情况的报告 |
| 武汉市 | 2020 年 3 月 1 日 | 中共武汉市委、武汉市人民政府关于 2019 年度推进法治政府建设情况的报告 |
| 长沙市 | 2020 年 3 月 26 日 | 长沙市人民政府 2019 年法治政府建设工作报告 |
| 广州市 | 2020 年 3 月 9 日 | 广州市人民政府关于我市 2019 年法治政府建设情况的报告 |
| 深圳市 | 2020 年 1 月 8 日 | 深圳市 2019 年法治政府建设工作情况 |
| 珠海市 | 2020 年 1 月 16 日 | 珠海市人民政府 2019 年度法治政府建设工作情况报告 |
| 汕头市 | 2020 年 1 月 21 日 | 汕头市人民政府关于 2019 年度汕头市法治政府建设情况的报告 |
| 南宁市 | 2020 年 2 月 13 日 | 南宁市 2019 年度法治政府建设工作情况报告 |
| 海口市 | 2020 年 3 月 27 日 | 海口市人民政府关于 2019 年度法治政府建设情况的报告 |
| 成都市 | 2020 年 3 月 20 日 | 成都市人民政府关于 2019 年度法治政府建设情况的报告 |
| 贵阳市 | 2020 年 2 月 14 日 | 贵阳市人民政府 2019 年度法治政府建设情况报告 |
| 昆明市 | 2020 年 3 月 31 日 | 昆明市 2019 年度法治政府建设工作情况报告 |
| 拉萨市 | 2020 年 3 月 18 日 | 拉萨市人民政府关于 2019 年度拉萨市法治政府建设情况的报告 |
| 西安市 | 2020 年 3 月 9 日 | 西安市 2019 年法治政府建设情况报告 |
| 兰州市 | 2020 年 4 月 3 日 | 兰州市人民政府关于 2019 年法治政府建设情况的报告 |
| 西宁市 | 2020 年 4 月 7 日 | 关于西宁市 2019 年法治政府建设情况及 2020 年工作思路的报告 |
| 银川市 | 2020 年 3 月 10 日 | 银川市 2019 年法治政府建设年度报告 |
| 乌鲁木齐市 | 2020 年 4 月 29 日 | 乌鲁木齐市人民政府 2019 年度法治政府建设情况报告 |

国务院部门中，有 17 家在 2020 年 4 月 1 日之前公开了上一年度法治政府建设年度报告。教育部、国家税务总局和财政部等于 2020 年 4 月 1 日发布，科学技术部、中国气象局于 4 月 3 日发布。截至 2020 年 4 月 4 日 19 时，项目组通过网站仍未检索到中国证券监督管理委员会、国家国际发展合作署、商务部、公安部、国家民族事务委员会、文化和旅游部、中国人民银行、国家卫生健康委员会的年度报告。随后，上述部门陆续发布了报告，截至 2020 年 7 月 31 日，仅国家国际发展合作署的年度报告未能检索到。

据悉，14 家国务院部门管理的国家局可不单独发布年度报告，而由其管理者国务院部门统一发布。但根据观察，截至 2020 年 4 月 4 日，有 5 家国家局发布了本部门的法治政府建设报告，为国家粮食和物资储备局、国家铁路局、国家邮政局、国家知识产权局和国家民航局。其中，国家民航局的发布时间是 2020 年 4 月 1 日，其余 4 家的发布时间均在 4 月 1 日之前。

有 25 家省级政府于 4 月 1 日前发布了法治政府建设报告。截至 4 月 4 日 19 时，项目组通过网站仍未检索到江苏省、新疆维吾尔自治区、西藏自治区的报告。截至 2020 年 7 月 31 日，所有省级政府均已发布年度报告。

有 39 家较大的市政府于 4 月 1 日前发布了法治政府建设报告。福州市于 4 月 1 日发布，兰州市于 4 月 3 日发布。截至 4 月 4 日 19 时，项目组仍未通过网站检索到无锡市、鞍山市、西宁市、沈阳市、本溪市、包头市、乌鲁木齐市、呼和浩特市的报告。截至 2020 年 7 月 31 日，仍未发现无锡市、鞍山市的年度报告。

## （二）发布渠道不一加大查询难度

年度报告发布渠道的不统一甚至混乱，会加大公众查询难度，影响信息发布的效果。法治政府建设年度报告属于一种相对较新的政府信息形式，长期以来在政府网站缺少专门的发布栏目，容易造成发布渠道不一、查询困难等后果。如表 1 所示，仅有部分评估对象在自身门户网站或者地方政府司法行政部门网站的不同路径下设有专门栏目，发布其历年的年度报告。

除了发布栏目问题外，不少地方政府还存在年度报告发布平台不统一的问题。不少地方政府在本级门户网站或司法厅（司法局）门户网站发布年度报告，如安徽省、福建省、湖南省、广东省、甘肃省、陕西省、北京市、云南省、吉林省、黑龙江省的2019年度法治政府建设年度报告同时发布在本级政府门户网站和当地司法厅网站。有17家省级政府仅发布在本级政府门户网站。四川省则仅发布在当地司法厅网站。在较大的市层面，淄博市、厦门市、青岛市、太原市和南宁市等11家较大的市政府同时在政府门户网站和司法局网站发布。济南市、珠海市、海口市、淮南市、武汉市、郑州市、南昌市、贵阳市、昆明市、哈尔滨市和福州市等20家较大的市仅发布在本级政府门户网站。徐州市、银川市和深圳市等8家较大的市政府则仅发布在司法局网站。

此外，发布渠道不固定，随意性大。例如，国家新闻出版广电总局的2019年和2018年度法治政府建设报告发布在其《新闻》栏目下的《公告公示》栏，而2017年度法治政府建设报告则发布在政府信息公开工作年度报告栏目下。又如，洛阳市将2018年和2019年的报告发布在《洛阳资讯》的《公告公示》栏，而2017年报告发布在《市政府文件》的《2018年》栏；福州市则将2019年的报告发布在《工作动态》的《榕城要闻》栏，2018年报告发布在《规划计划》的《专项规划》栏。

## （三）年度报告题目名称差异大

评估发现，年度报告题目名称差异大的问题仍然存在。法治政府建设年度报告应使用规范、统一的名称，以提升报告的严肃性和辨识度。评估发现，各评估对象所采用的年度报告名称不统一。《法治政府建设实施纲要（2015~2020年）》及《法治政府建设与责任落实督察工作规定》使用了"法治政府建设年度报告"的表述，但本年度各评估对象的表述不一，如海关总署为《关于2019年度贯彻落实〈法治政府建设实施纲要（2015~2020

年）〉工作情况的报告》，深圳市为《2019 年法治政府建设工作情况》，淮南市为《关于 2019 年法治政府建设情况的报告》，淄博市是《2019 年度法治政府建设工作报告》（见表 5、表 6、表 7）。

### （四）报告内容详略程度相差悬殊

年度报告无须刻意追求字数多寡，而应做到应报告尽报告，力求全面展示上一年度情况，年度报告的质量也不应以字数多少而论。但事关一个地区一个部门过去一年法治政府建设情况的总结分析，如果过度简化，要么是工作做得不多以至于乏善可陈，要么是对年度报告工作极度不重视敷衍塞责。统计发现，三类评估对象的年度报告中，字数多的达 1 万余字，如上海市、吉林省、山东省青岛市、西藏自治区拉萨市、江西省南昌市；而字数少的，则寥寥两三千字，甚至有的不足两千字。国务院部门中，字数最多的为 6793 个字，最少的为 2240 个字，其中 3 千字以下的有 6 家，3 千字以上不足 5 千字的有 21 家，5 千字以上的有 6 家（见表 8）。省级政府中，字数最多的为 12127 个字，最少的为 2606 个字，其中 3 千字以下的有 1 家，3 千字以上不足 5 千字的有 18 家，5 千字以上不足 8 千字的有 9 家，8 千字以上的有 3 家（见表 9）。较大的市政府中，字数最多的为 14741 个字，最少的为 2292 个字，其中 3 千字以下的有 2 家，3 千字以上不足 5 千字的有 14 家，5 千字以上不足 8 千字的有 20 家，8 千字以上的有 11 家（见表 10）。

表 8　国务院部门 2019 年法治政府建设年度报告字数统计

单位：个

| 评估对象 | 报告字数 | 评估对象 | 报告字数 |
| --- | --- | --- | --- |
| 海关总署 | 6793 | 交通运输部 | 4857 |
| 人力资源和社会保障部 | 6256 | 民政部 | 4831 |
| 司法部 | 5803 | 教育部 | 4807 |
| 国家统计局 | 5728 | 国家税务总局 | 4654 |
| 科学技术部 | 5424 | 水利部 | 4631 |
| 中国气象局 | 5052 | 生态环境部 | 4623 |

续表

| 评估对象 | 报告字数 | 评估对象 | 报告字数 |
|---|---|---|---|
| 国务院国有资产监督管理委员会 | 4497 | 审计署 | 3496 |
| 国家发展和改革委员会 | 4457 | 国家医疗保障局 | 3451 |
| 农业农村部 | 4430 | 国家广播电视总局 | 3426 |
| 国家市场监督管理总局 | 4408 | 自然资源部 | 3296 |
| 公安部 | 4247 | 国家体育总局 | 2984 |
| 财政部 | 4165 | 工业和信息化部 | 2952 |
| 应急管理部 | 4088 | 商务部 | 2724 |
| 中国证券监督管理委员会 | 3996 | 住房和城乡建设部 | 2713 |
| 文化和旅游部 | 3866 | 中国人民银行 | 2668 |
| 中国银行保险监督管理委员会（中国保险监督管理委员会） | 3657 | 国家民族事务委员会 | 2240 |
| | | 国家国际发展合作署 | — |
| 国家卫生健康委员会 | 3599 | | |

注：评估对象按报告字数多少排序，表中报告字数仅统计报告名称与正文的字符数（不计空格），下同。

### 表9 省级政府 2019 年法治政府建设年度报告字数统计

单位：个

| 评估对象 | 报告字数 | 评估对象 | 报告字数 |
|---|---|---|---|
| 上海市 | 12127 | 云南省 | 4216 |
| 吉林省 | 11494 | 重庆市 | 4015 |
| 江苏省 | 8692 | 四川省 | 3811 |
| 海南省 | 6870 | 贵州省 | 3755 |
| 湖南省 | 5847 | 河南省 | 3711 |
| 广东省 | 5212 | 宁夏回族自治区 | 3700 |
| 河北省 | 5188 | 内蒙古自治区 | 3585 |
| 安徽省 | 5185 | 西藏自治区 | 3467 |
| 新疆维吾尔自治区 | 5168 | 浙江省 | 3428 |
| 甘肃省 | 5139 | 黑龙江省 | 3424 |
| 山西省 | 5023 | 北京市 | 3214 |
| 湖北省 | 5001 | 山东省 | 3142 |
| 江西省 | 4643 | 福建省 | 3068 |
| 陕西省 | 4506 | 辽宁省 | 3035 |
| 青海省 | 4443 | 广西壮族自治区 | 2606 |
| 天津市 | 4331 | | |

表10　较大的市政府2019年法治政府建设年度报告字数统计

单位：个

| 评估对象 | 报告字数 | 评估对象 | 报告字数 |
|---|---|---|---|
| 青岛市 | 14741 | 齐齐哈尔市 | 5960 |
| 拉萨市 | 11758 | 郑州市 | 5876 |
| 南昌市 | 11379 | 厦门市 | 5855 |
| 西宁市 | 10195 | 沈阳市 | 5420 |
| 长春市 | 9053 | 成都市 | 5260 |
| 济南市 | 8923 | 广州市 | 5064 |
| 珠海市 | 8856 | 合肥市 | 4953 |
| 兰州市 | 8732 | 本溪市 | 4910 |
| 吉林市 | 8183 | 杭州市 | 4896 |
| 宁波市 | 8114 | 乌鲁木齐市 | 4885 |
| 苏州市 | 8061 | 昆明市 | 4784 |
| 石家庄市 | 7935 | 长沙市 | 4673 |
| 邯郸市 | 7760 | 银川市 | 4551 |
| 海口市 | 7486 | 福州市 | 4258 |
| 汕头市 | 7484 | 深圳市 | 4033 |
| 武汉市 | 7446 | 哈尔滨市 | 4005 |
| 贵阳市 | 7336 | 包头市 | 3920 |
| 太原市 | 7238 | 唐山市 | 3789 |
| 南京市 | 7067 | 南宁市 | 3759 |
| 淮南市 | 7062 | 洛阳市 | 3229 |
| 抚顺市 | 6910 | 大连市 | 2776 |
| 西安市 | 6597 | 呼和浩特市 | 2292 |
| 徐州市 | 6494 | 鞍山市 | — |
| 大同市 | 6420 | 无锡市 | — |
| 淄博市 | 6157 | | |

## （五）报告部分内容披露比例较低

评估发现，部分数据在评估对象年度报告中披露比例不高。其中，国务院部门披露比例较低的内容较多，各级政府部门中本机关负责人出庭应诉情况、规范性文件管理情况等内容披露普遍较少（见表11）。国务院部门报告中披露比例较低的有：2019 年行政机关负责人出庭应诉情况（5.88%），行政复议收结案数据、纠错数据等（23.53%），行政诉讼数据（23.53%），重大行政决策公众参与情况（38.24%），规范性文件管理机制建设情况（41.18%），重大行政决策合法性审查情况（50%），法治政府建设存在的问题（52.94%），法治政府建设责任制落实情况（58.82%）。省级政府报告中披露 2019 年规范性文件管理机制建设情况的仅有 16 家（占 51.61%），披露行政机关负责人出庭应诉情况的仅有 8 家（占 25.81%）。较大的市政府在报告中披露 2019 年规范性文件管理机制建设情况的仅有 23 家（占 46.94%），披露行政机关负责人出庭应诉情况的仅有 25 家（占 51.02%）。

表 11 2019 年法治政府建设年度报告部分内容披露数量及比例

单位：家，%

| 报告内容 | 国务院部门 | | 省级政府 | | 较大的市政府 | |
|---|---|---|---|---|---|---|
| 描述自身法治政府建设领导体制建设情况 | 25 | 73.53 | 31 | 100.00 | 43 | 87.76 |
| 描述自身法治政府建设责任制落实情况 | 20 | 58.82 | 29 | 93.55 | 40 | 81.63 |
| 描述完善立法机制情况 | 24 | 70.59 | 28 | 90.32 | 42 | 85.71 |
| 描述规范性文件管理机制建设情况 | 14 | 41.18 | 16 | 51.61 | 23 | 46.94 |
| 描述完善重大行政决策机制情况 | 24 | 70.59 | 30 | 96.77 | 45 | 91.84 |
| 描述重大行政决策公众参与情况 | 13 | 38.24 | 22 | 70.97 | 34 | 69.39 |
| 描述重大行政决策合法性审查情况 | 17 | 50.00 | 27 | 87.10 | 40 | 81.63 |
| 深化行政审批制度改革情况 | 28 | 82.35 | 31 | 100.00 | 47 | 95.92 |
| 2019 年行政复议收结案数据、纠错数据等 | 8 | 23.53 | 27 | 87.10 | 41 | 83.67 |
| 披露 2019 年行政机关负责人出庭应诉情况 | 2 | 5.88 | 8 | 25.81 | 25 | 51.02 |
| 披露 2019 年行政诉讼数据 | 8 | 23.53 | 19 | 61.29 | 34 | 69.39 |
| 披露 2019 年政务公开工作情况 | 26 | 76.47 | 21 | 67.74 | 37 | 75.51 |
| 披露 2019 年普法宣传情况 | 31 | 91.18 | 26 | 83.87 | 38 | 77.55 |
| 披露 2019 年法治政府建设存在的问题 | 18 | 52.94 | 25 | 80.65 | 39 | 79.59 |
| 披露 2019 年法治政府建设重点与方向 | 30 | 88.24 | 26 | 83.87 | 45 | 91.84 |

此外，评估对象的年度报告对上年度工作存在的问题及下年度工作计划普遍不够具体。总结上年度工作存在问题并分析其原因，有助于各级政

府发现法治政府建设进程中的经验教训，进而明确下一年度工作重点，也为社会监督其法治政府建设提供一定参考。但评估显示，仍然有部分评估对象对本单位上一年度工作中存在问题以及下一年度计划没有作出详尽描述，仅有较为空泛和简单的描述，甚至未在报告中提及。评估发现，仅有20家国务院部门、25家省级政府和39家较大的市政府的法治政府建设年度报告对上一年度工作存在问题进行分析总结，但仍然存在描述过于空泛简略、缺乏针对性的问题。尽管有35家国务院部门、26家省级政府和45家较大的市政府在法治政府建设年度报告中对本单位下一年度的工作计划进行了说明，但不少描述较为笼统、缺乏针对性，如中国气象局、中国证券监督管理委员会、河南省、重庆市、淮南市以及厦门市等。厦门市法治政府建设报告仅有下一年度计划的未来展望，而没有具体的针对性计划描述。

### （六）个别机关报告内容雷同

年度报告是对法治政府建设各项内容的年度总结，在正文中难免出现年度性工作表述类似、仅替换数据的情况，这无可厚非，甚至值得鼓励，因为只有持续披露某些方面的进展情况和数据，才能形成有效的纵向比较。但对自身存在问题的剖析和下一年度工作计划的描述应当体现年度特色和部门特点，而不应内容大量雷同。评估发现，个别评估对象年度报告中，本年度存在的问题与下一年度工作展望（或工作计划）部分的表述存在雷同。对各评估对象2019年和2018年年度报告内容比对发现，其最后部分内容重复较为明显的有国家铁路局、民政部、教育部、黑龙江省、邯郸市、唐山市等。这也表明，个别机关对自身法治政府建设情况总结和未来规划不务实、不具体。

### （七）年度报告的发布机构不一

与上一年的评估结果类似，地方政府的年度报告发布依然存在发布机构不一问题。省级政府中，有12家以当地政府名义发布报告，5家以办公

厅名义发布，10家以司法厅（司法局）名义发布，4家未标明发布单位
（见表12）。较大的市政府中，有14家以市人民政府名义发布，12家以市
人民政府办公厅（办公室）名义发布，16家以司法局名义发布（其中一
家以司法局内设机构名义发布），1家以市委办公厅名义发布，1家以市委
依法治市领导小组办公室名义发布，3家未标明发布机构，2家未发布报
告（见表13）。

表12　省级政府年度报告的发布机构

| 评估对象 | 发布机构 | 评估对象 | 发布机构 |
|---|---|---|---|
| 北京市 | 北京市人民政府 | 湖北省 | 湖北省人民政府 |
| 天津市 | 天津市司法局 | 湖南省 | 湖南省人民政府办公厅 |
| 河北省 | 河北省人民政府办公厅 | 广东省 | 广东省人民政府 |
| 山西省 | 山西省司法厅 | 广西壮族自治区 | 广西壮族自治区人民政府 |
| 内蒙古自治区 | 内蒙古自治区人民政府 | 海南省 | 海南省人民政府 |
| 辽宁省 | 辽宁省人民政府办公厅 | 重庆市 | 重庆市人民政府 |
| 吉林省 | 吉林省人民政府 | 四川省 | 四川省司法厅 |
| 黑龙江省 | 黑龙江省司法厅 | 贵州省 | 未标明,转载自《贵州日报》 |
| 上海市 | 上海市人民政府 | 云南省 | 云南省人民政府办公厅 |
| 江苏省 | 江苏省司法厅 | 西藏自治区 | 西藏自治区司法厅 |
| 浙江省 | 浙江省人民政府办公厅 | 陕西省 | 未标明 |
| 安徽省 | 安徽省司法厅 | 甘肃省 | 甘肃省司法厅 |
| 福建省 | 福建省人民政府 | 青海省 | 未标明 |
| 江西省 | 江西省人民政府 | 宁夏回族自治区 | 宁夏回族自治区司法厅 |
| 山东省 | 山东省司法厅 | 新疆维吾尔自治区 | 未标明 |
| 河南省 | 河南省人民政府 | | |

表13　较大的市政府年度报告的发布机构

| 单位 | 发布机构 | 单位 | 发布机构 |
|---|---|---|---|
| 石家庄市 | 石家庄市人民政府 | 包头市 | 包头市人民政府办公室 |
| 唐山市 | 唐山市人民政府 | 沈阳市 | 沈阳市司法局 |
| 邯郸市 | 邯郸市人民政府办公室 | 大连市 | 大连市司法局 |
| 太原市 | 太原市司法局 | 鞍山市 | — |
| 大同市 | 大同市人民政府 | 抚顺市 | 抚顺市司法局 |
| 呼和浩特市 | 呼和浩特市人民政府办公室 | 本溪市 | 本溪市人民政府 |

续表

| 单位 | 发布机构 | 单位 | 发布机构 |
|---|---|---|---|
| 长春市 | 长春市司法局 | 郑州市 | 郑州市人民政府 |
| 吉林市 | 吉林市人民政府 | 洛阳市 | 洛阳市人民政府 |
| 哈尔滨市 | 哈尔滨市司法局 | 武汉市 | 武汉市中共市委办公厅 |
| 齐齐哈尔市 | 齐齐哈尔市司法局 | 长沙市 | 长沙市司法局 |
| 南京市 | 南京市人民政府 | 广州市 | 广州市司法局 |
| 无锡市 | — | 深圳市 | 深圳市司法局 |
| 徐州市 | 未列明发布机构,但是报告发布在司法局 | 珠海市 | 珠海市人民政府办公室 |
| | | 汕头市 | 汕头市人民政府办公室 |
| 苏州市 | 苏州市人民政府 | 南宁市 | 南宁市人民政府办公室 |
| 杭州市 | 杭州市人民政府 | 海口市 | 海口市司法局 |
| 宁波市 | 宁波市委依法治市办 | 成都市 | 成都市人民政府办公厅 |
| 合肥市 | 合肥市人民政府(政府办公室)* | 贵阳市 | 贵阳市司法局 |
| 淮南市 | 淮南市人民政府办公室 | 昆明市 | 昆明市人民政府 |
| 福州市 | 福州市人民政府 | 拉萨市 | 拉萨市人民政府办公室 |
| 厦门市 | 未写明发布机构,在政府门户网站和司法局网站均公开 | 西安市 | 西安市司法局 |
| | | 兰州市 | 兰州市人民政府 |
| 南昌市 | 南昌市人民政府办公厅 | 西宁市 | 未显示来源 |
| 济南市 | 济南市司法局 | 银川市 | 银川市司法局法治调研与督察办公室 |
| 青岛市 | 青岛市人民政府办公厅 | | |
| 淄博市 | 淄博市司法局 | 乌鲁木齐市 | 乌鲁木齐市人民政府 |

* 合肥市发布机构显示为“合肥市人民政府(政府办公室)”,统计中按市政府办公室处理。

## 四　展望

2020年是《法治政府建设实施纲要(2015～2020年)》的收官之年,也是新一轮法治政府建设的起步之年。以年度报告的方式呈现有关地方和部门的法治政府建设成效,是督导法治政府建设的创新手段,既是自我监督,也是引入公众参与,是加强社会监督和舆论监督的重要手段,更是实现“共建、共治、共享”社会治理目标的重要方面。年度报告看上去事小,但它既是一地一部门法治政府建设的成绩单、体检表,又是落实法治政府建设任务的重要方面。因此，做好年度报告编写和发布工作应当引起足够重视。

评估显示，法治政府建设年度报告的发布仍然问题不少。《法治政府建设实施纲要（2015～2020年）》《法治政府建设与责任落实督察工作规定》提出按时发布年度报告的要求，但落实情况依旧不尽如人意。这说明，各级政府对此项工作的重视程度还远远不够，有关督查措施的刚性作用远远没有发挥。至于发布位置随意、标题表述不一等问题，乃至报告内容详略不一、质量参差不齐等，则表明各级政府部门对年度报告的理解差异较大，这也更凸显了年度报告制度性要求不细化、标准不明确的弊病。

对此，建议法治政府建设年度报告的编写发布乃至监督多参考政府信息公开工作年度报告制度从无到有、从无足轻重到日益受重视、从随意性大到逐步规范的发展过程，充分借鉴其十余年来逐步实现政府信息公开工作年度报告编写发布制度化、规范化的经验。

首先，明确报告撰写标准。《法治政府建设实施纲要（2015～2020年）》《法治政府建设与责任落实督察工作规定》等对法治政府建设的内涵外延均有描述，但落实到年度报告撰写环节，每一项工作如何表述，表述时需要具备哪些基本要素，则是仁者见仁、智者见智，必然导致表述不一、尺度不一等。因此，国家层面应当制定年度报告撰写的基本指南和标准，明确报告标题以及必须在报告中作出说明的事项，除定性说明外，还应展示哪些数据等。各地方各部门可以在国家确定的指南与标准基础上，结合本地方和本部门的实际情况，扩展报告内容和形式，当年工作未涉及国家规定必须报告的内容事项的，也应当采取零报告制度。为提升报告的发布效果，应当要求报告增加图表等增强报告的直观性和可读性，并鼓励对报告内容进行形式多样、生动活泼的解读宣传。

其次，明确报告发布标准。第一，时间标准是法定要求，任何单位不得超期发布。第二，发布平台必须坚持政府门户网站为第一平台的原则，在政府门户网站设置专门栏目集中发布年度报告。地方政府应当在本级政府门户网站专门栏目首发。第三，年度报告的标题、发布单位等也应当尽可能在兼顾地方实际的基础上进行必要的统一。

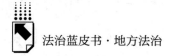

最后，严格落实发布责任。对于不能按时发布报告、报告内容照搬自身往年报告或者其他机关报告内容、报告数据内容表述错误、与本报告或其他相关报告相互矛盾的，应当启动必要的监督追责，提升各级政府机关及其工作人员的重视程度。

# 贵州省市纪检监察信息公开
# 评估报告（2019）

饶良灿*

摘　要：　为进一步推进纪委监委信息公开，本文通过"公开平台"
"组织结构""部门收支""制度规定""工作报告""通报
曝光""巡视整改""社会参与"等八个指标构成的指标体
系，对贵州省级和10家地市两级纪委监委信息公开工作进
行了评估。评估发现，公开平台建设比较完备且信息更新
较为及时，纪委监委职能任务、组织机构和领导班子基本
信息公开比较充分，通报曝光领域信息更新及时，监督举
报渠道畅通等，也发现信息公开中存在的问题，并提出了
意见建议。

关键词：　纪委监委　信息公开　官方网站

　　纪委监委信息公开是体现纪委监委工作透明度的重要指标，是权威信息
发布、工作动态公开、重大决策部署和重要政策法规权威解读的强力举措，
是加强党内监督、舆论监督、社会监督和群众监督的有力抓手，可以促进有
关政策、制度的贯彻落实，还能及时回应社会关切、聚焦民生热点、主动接
受社会各界监督，切实有效保障公民的知情权和监督权。本报告参照中国社

---

＊ 饶良灿，贵州中医药大学讲师，公共管理学硕士。

会科学院社会学所"党和国家监督体系绩效测评研究"创新工程项目组设定的纪检监察机关信息公开评估指标体系①，对贵州省本级和 10 家地级市纪委监委信息公开情况进行了评估。

## 一 评估对象和信息采集

报告根据贵州省行政区划设置，将贵州省、贵阳市、遵义市、六盘水市、安顺市、毕节市、铜仁市、黔东南州、黔南州、黔西南州、贵安新区等11 家省/市级纪委监委列为评估对象（见表1）。

本次评估中，报告采用统一信息采集来源，只是从 11 家评估对象的纪委监委网站获取指标所涉的数据信息，其他网站和渠道获得的信息暂不采用，数据采集时间为 2019 年 1 月 1 日至 2019 年 12 月 31 日。

表1　贵州省 11 家省/市级纪委监委所在地及域名

| 序号 | 省/市 | 网址 |
| --- | --- | --- |
| 1 | 贵州省 | http://www.gzdis.gov.cn/ |
| 2 | 贵阳市 | https://www.gysjw.gov.cn/ |
| 3 | 遵义市 | http://jiwei.zunyi.gov.cn/ |
| 4 | 六盘水市 | http://sjw.gzlps.gov.cn/ |
| 5 | 安顺市 | http://jcj.anshun.gov.cn/ |
| 6 | 毕节市 | http://www.bjsjw.gov.cn/ |
| 7 | 铜仁市 | http://www.trjw.gov.cn/ |
| 8 | 黔东南州 | http://www.qdnzjw.gov.cn/ |
| 9 | 黔南州 | http://qndi.gov.cn/index.php |
| 10 | 黔西南州 | http://www.qxnlz.gov.cn/ |
| 11 | 贵安新区 | http://www.gadis.gov.cn/ |

---

① 参见中国社会科学院社会学所"党和国家监督体系绩效测评研究"创新工程项目组《纪检监察机关信息公开评估指标体系研究》，载《中国反腐倡廉建设报告 No.8》，社会科学文献出版社，2018。

## 二　评估结果总体情况

本次评估结果显示，总分在 60 分以上的有 3 家，占比 27%。排名靠前的有：贵州省、黔东南州、铜仁市（见表 2）。

### （一）公开平台建设较完备且信息更新较及时

11 家评估对象全都设置了独立的官方网站，且在官网设有搜索功能，绝大多数网站可以通过关键字（词）快速查找相关内容，信息查询方便快捷，公开平台建设比较完备。部分纪委监委网站检索功能较为完善，遵义市、六盘水市搜索出的信息不仅有标题和发布时间，还能呈现包括关键字在内的部分内容；黔东南州搜索出的信息自动按日期排序显示；贵阳市的信息检索结果表现突出，其搜索栏可以按"全站搜索""按标题""按关键字""按正文"等方式快速搜索相关信息。在信息更新方面，11 家评估对象网站首页头条及其他栏目信息更新较为及时。其中，贵州省信息公开目录具有内容超链接功能，黔南州、贵安新区还在各栏目所列内容的标题后显示数据更新时间，方便信息查阅。在互联网新媒体日益盛行的时代背景下，公开平台与时俱进，微信、手机客户端、多平台联动等渠道成为公开平台的重要组成部分。评估发现，绝大多数评估对象在建立专门网站之后，将微信公众号作为另一种重要信息公开方式，贵安新区借助"贵安新区民生监督查询平台"手机客户端推进公开工作，贵州省、六盘水市、黔东南州开设了今日头条官方账号，遵义市、六盘水市、贵安新区还开设《图片新闻》专栏，并及时对新闻内容进行了更新。这些举措进一步丰富了信息公开的渠道和形式，取得一定成效。

### （二）纪委监委职能任务、组织机构和领导班子基本信息公开较充分

明确纪委监委的职能和任务，能更好地发挥纪委监委的作用。评估发

现，在11家评估对象中有8家公开了纪委监委的职能和任务，占比达到73%。纪委监委内设及派驻机构名称、纪委监委机关编制数及实有人员数、领导班子成员姓名等基本信息公开比较充分，有利于增进社会各界对纪委监委组织结构的了解，能够有效促进纪委监委作用的切实发挥。在内设和派驻机构信息公开中，贵阳市、六盘水市、黔西南州成效突出，不仅公开了内设机构名称，同时对机构职能职责也进行了公开，有利于社会了解纪委监委内部各部门的具体职能职责及任务分工，方便群众办事；在人员编制方面，大多数评估对象对纪委监委机关编制数进行了公开；在领导班子信息方面，大多数评估对象公开了领导职数、领导班子成员姓名和机关实有人员等信息，其中贵州省和铜仁市表现较为突出，不仅将领导班子成员姓名公开，还公开了领导班子成员照片和工作简历信息，让群众能够充分认识和了解领导班子成员的基本情况；在人员信息方面，有少数评估对象公开了纪委监委派驻机构实有人员数，进一步加强了人员信息的公开力度。

### （三）部分单位部门收支信息公开程度较高

部门收支预算公开是规范财政管理、强化监督的重要方式，也是党和政府部门财政公开透明的重要体现，对整体推进国家治理体系和治理能力现代化，具有重要意义。本次评估发现，有6家评估对象对2019年度部门预算情况进行了公开，占比55%，且按时公开了纪委监委部门预算绩效目标。其中，"三公"经费公开程度最高，所有公开部门预算的评估对象都公开了"三公"经费的开支总额及明细，还有3家评估对象对"办案经费"指标涉及的"纪委审查、监委调查工作经费年度开支总额"和"大案要案查办支出"进行了公开，信息公开程度较高。贵州省、黔东南州的部门收支信息公开表现优异，部门财政预结算信息按时公开且便于查找，并且部门收支信息公开内容最为详细充分，还对"纪委监委部门预算绩效目标"进行了具体量化设置，便于群众直接了解纪委监委的部门收支预算情况，保障群众监督权。

### （四）上级制度规定信息公开较为充分

在官方网站开设制度规定专栏，是工作制度及法律法规得以集中体现的主要方式，有利于相关政策法规的贯彻执行。评估发现，11家评估对象都开设了制度规定专栏，名称以"党纪法规"居多，少数部门则将制度规定专栏命名为"法律法规"和"政策法规"，主要用于公开上级制度与本级制度文件。在"上级制度"信息公开方面，绝大多数评估对象公开内容较为充分，能够较为及时地更新相关内容。在"本级制度"信息公开中，有一半的评估对象公开了"本地纪检监察工作制度"，部分单位还公开了"本级纪检监察出台的规范性文件"。在"制度规定"信息公开工作中，排名靠前的有安顺市和铜仁市，不仅及时、充分地公开了上级制度文件，还对部分本级制度文件也进行了公开。此外，部分评估对象还为"制度规定"专栏设置了各具特色的"配套栏目"，如贵州省设置有《权威答疑》《纪检监察法律法规电子汇编》专栏，贵阳市设置有《纪法释义》《业务探讨》专栏，六盘水市在《法规制度》专栏中设有《政策解读》《权威答疑》栏目，这些"配套栏目"对监督执纪工作规则进行阐释，对常见职务犯罪进行深入解读，在一定程度上保障了相关制度法规的落地落实，也为普法宣传工作打下了良好基础。

### （五）少数部门工作报告公开情况较好

通过各种形式对工作报告进行公开，是提升纪检监察工作透明度的重要举措。评估发现，在工作报告信息公开领域，贵州省纪委监委网站在《信息公开》专栏开设"会议资料"板块，公开了"中国共产党贵州省第十二届纪律检查委员会第三次全体会议决议"和"夏红民在十二届省纪委三次全会上的工作报告"全文，在此项指标评估中得分最高；黔南州在《信息公开》专栏中开设"其他内容"板块，公开了"中国共产党黔南州第十一届纪律检查委员会第四次全体会议决议"，通过会议决议的形式及时向社会公开全会工作报告有关内容；黔东南州也体现出较强的信息公开意识，其网

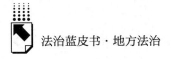
站《要闻》专栏及时向社会公开"范省伟在十届州纪委四次全会上的工作报告"全文。

**（六）通报曝光领域信息更新及时**

通报曝光是纪委监委网站信息公开的重要内容，也是及时更新工作动态、权威发布违纪处理情况、主动接受社会各界监督的重要体现，以案为鉴，可以起到很好的廉政警示教育作用。本次评估发现，11家评估对象均开设了类似"通报曝光""曝光台""监督曝光""审查调查"等名称的通报专栏，开通通报专栏比例为100%。各通报专栏通报信息更新及时，公开信息基本包含了违反"八项规定"精神案例、涉嫌严重职务违法或者职务犯罪、形式主义官僚主义典型问题、通报重要案件立案决定等主要内容。在案件通报方面，通报内容比较详细，均列明了涉案人姓名、单位和职务及其违纪事实、处分结果等。其中，贵州省、遵义市、毕节市、黔南州审查调查信息基本公开了接受审查调查人员的个人简历，公开内容较为完善。在通报深度方面，11家评估对象均较为及时地通报了"重要案件立案决定"，并对"党纪政务处分决定"进行了一定程度的公开。

**（七）部分单位本级巡视巡察信息公开较充分**

巡视是政治监督，也是全面政治体检，巡视巡察信息公开，对于充分发挥巡视巡察"利剑"作用、有效推动从严治党向纵深发展意义重大。评估发现，11家评估对象都开设了诸如"巡察工作""巡视巡察""巡察监督""巡察派驻"等名称的巡视整改工作专栏，对巡视巡察工作的开展情况及整改落实情况进行了公开。在此项评估中，纪委监委网站对本级组织开展巡察工作情况的信息公开程度较高，多数评估对象对巡察公告、巡察发现问题反馈以及巡察后整改情况进行了通报。其中，巡视整改信息公开较为充分，排名靠前的有贵州省、铜仁市、黔东南州、黔南州。

### （八）监督举报渠道畅通

监督举报渠道畅通，是保障群众监督权的关键性指标。通过监督举报，可以提升社会公众对国家治理的参与度，也能为纪委监委提供重要的问题线索，为查办案件提供有力支撑。评估发现，11 家评估对象均开设了监督举报网站，并在网站首页开设"我要举报""投诉举报""举报入口"等举报专栏，并向社会公布监督举报电话、举报信件投寄地址、邮编等举报方式，绝大多数评估对象还公布了"来访地址"信息。其中，贵安新区此项工作表现优异，充分借助互联网信息技术，通过"贵安新区民生监督查询平台"手机 App，向群众提供监督工作、政策公开、举报投诉、结果查询等便捷功能，进一步提高了纪委监委"互联网＋便民"线上服务能力。对"网站点击率"指标的评估显示，铜仁市、黔西南州对网站点击率的统计数据进行了公开，体现了一定的政民互动性。

表 2　2019 年贵州省市级纪委监委工作信息公开评估结果

单位：分

| 排名 | 省/市 | 公开平台（10%） | 组织结构（10%） | 部门收支（15%） | 制度规定（12%） | 工作报告（12%） | 通报曝光（15%） | 巡视整改（10%） | 社会参与（16%） | 总分（满分100分） |
|---|---|---|---|---|---|---|---|---|---|
| 1 | 贵州省 | 97.00 | 59.00 | 86.25 | 53.40 | 100.00 | 84.39 | 75.00 | 42.25 | 73.86 |
| 2 | 黔东南州 | 89.00 | 60.00 | 88.75 | 56.75 | 65.30 | 80.07 | 75.00 | 34.00 | 67.81 |
| 3 | 铜仁市 | 84.50 | 57.50 | 48.75 | 65.10 | 0 | 88.78 | 75.00 | 62.50 | 60.14 |
| 4 | 安顺市 | 77.00 | 60.00 | 61.25 | 73.50 | 0 | 85.48 | 46.70 | 34.00 | 54.64 |
| 5 | 遵义市 | 86.00 | 45.00 | 57.50 | 46.70 | 0 | 70.96 | 41.75 | 34.00 | 47.59 |
| 6 | 贵阳市 | 92.00 | 50.00 | 61.25 | 33.50 | 0 | 68.98 | 41.75 | 34.00 | 47.37 |
| 7 | 黔西南州 | 77.00 | 57.50 | 0 | 45.80 | 0 | 84.39 | 60.00 | 57.10 | 46.74 |
| 8 | 毕节市 | 89.00 | 30.00 | 0 | 43.40 | 0 | 86.60 | 62.50 | 34.00 | 41.79 |
| 9 | 六盘水市 | 89.00 | 25.00 | 0 | 55.90 | 0 | 88.78 | 46.70 | 34.00 | 41.54 |
| 10 | 黔南州 | 84.50 | 20.00 | 0 | 33.50 | 5.10 | 86.60 | 65.00 | 34.00 | 40.01 |
| 11 | 贵安新区 | 77.00 | 0 | 0 | 50.95 | 0 | 62.08 | 40.00 | 34.00 | 32.57 |

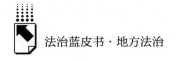

## 三 存在问题及对策建议

### （一）评估发现的问题

对贵州省 11 家省/市级纪委监委网站信息公开程度进行评估发现，各纪委监委的公开透明度工作仍然有一定的提升空间。总体上看，存在纪委监委信息公开参差不齐、信息公开内容深度不够、主动公开意识不强、社会参与度不高等问题。具体来看，大致可以归纳为以下几个方面。

1. 部分网站检索功能有待改善

在"公开平台"指标体系下，11 家评估对象中，有 3 家没有实现站内便捷检索功能，占比 27%，在其搜索栏中输入"领导""预算""工作报告""违反八项规定""立案决定""全体会议""整改"等关键词搜索时，未能查询到任何相关内容。例如：贵安新区仅显示相关结果条数，并未显示具体内容；安顺市、黔西南州则无法搜索出任何相关信息。这就导致搜索栏形同虚设，妨碍了有关信息的快速查询，在一定程度上造成纪委监委网站公开信息获取渠道不畅通。

2. 人员编制和人员信息公开有待提升

第一，纪委监委内设及派驻机构职能职责及负责人姓名公开不充分。评估发现，所有评估对象均没有公开内设及派驻机构负责人姓名这一信息，仅有 6 家评估对象对纪委监委内设及派驻机构的职能职责进行了公开，占比55%。第二，纪委监委机关及派驻机构人员编制信息公开不充分。评估发现，仅有 6 家评估对象较为充分地公开了纪委监委机关编制数，仅有 4 家评估对象对纪委监委派驻机构编制数进行了公开，占比分别为 55%、36%。第三，领导班子信息公开不充分。评估发现，虽然有 8 家评估对象公开了纪委监委领导班子成员姓名，但仅有 2 家公开领导班子成员照片和个人简历，占比 18%。可以发现，评估对象基本忽略领导班子成员照片和个人简历等信息的公开，这就容易加重群众对领导干部"神秘感"的认识，不利于拉近干群关系，也不便于群众进行监督。第四，人员信息公开程度较低。评估发现，仅有27%的评估对象公开了纪委监委派驻机构实有人员数，而所有评估对象均未公开纪委监委机关内设机构及派驻机构领导人员姓名的有关信息，人员信息公开透明度亟待提升。

### 3. 部分单位部门收支信息公开不足

第一，部分单位未公开2019年度部门收支预决算信息。评估发现，有5家评估对象未公开此项信息，占比达到45%，不利于公众了解纪委监委的部门财政状况，在一定程度上影响了纪委监委社会公信力的提升，部门收支信息公开有待加强。第二，部门预算绩效目标公开不够充分。评估发现，仅有5家按时公开了纪委监委部门预算绩效目标有关信息，占比45%，且公开的预算绩效目标不够具体客观，关于部门预算绩效目标的实现，绝大多数评估对象并未设置与之相对应的量化指标。第三，基本忽略办案经费公开。评估发现，仅有3家评估对象公开了"纪委审查、监委调查工作经费年度开支总额"和"大案要案查办支出"这两项信息，占比较低，仅为27%，不利于群众对纪委监委工作力度的监督。

### 4. 制度规定公开存在一定短板

"制度规定"信息公开主要包含上级制度与本级制度两部分内容。评估发现，11家评估对象均开设了"党纪法规"或类似名称的专栏，主要用于公开上级制度，总体公开情况较好，但是公开的全面性和及时性还有一定提升空间。大多数评估对象忽略了本级制度规定的公开，只有一半左右的评估对象公开了本级制度，且对本地纪检监察"工作制度"及"出台的规范性文件"公开不够全面，仅有5家评估对象公开了一部分"本级纪检监察出台的规范性文件"，占比45%。可见，纪委监委网站"本级制度"信息公开亟待提升。

### 5. 工作报告公开意识亟待加强

工作报告是对本级纪委监委前一段时间工作的总结，也是主动向社会发布工作情况及工作计划，让群众了解纪检监察工作成效、监督来年任务目标完成情况的重要方式，应予以充分公开。但评估发现，工作报告的公开情况不够理想，11家评估对象中仅有3家在网站公开了纪检监察工作报告的有关内容，其中只有2家评估对象公开了工作报告全文，另外一家则通过会议决议的形式予以公开。

6. 案件通报曝光深度仍需提升

虽然11家评估对象都开设了通报曝光专栏，并及时对职务违法或者职务犯罪、违反"八项规定"精神等案件进行通报曝光，但在重要案件立案决定和党纪政务处分决定公开方面仍有一定提升空间。评估发现，没有一家评估对象对处分决定书全文进行公开，在一定程度上会影响公众对案件细节及办理情况的充分了解，不仅不能形成足够的震慑力，也不利于充分发挥警示教育作用。通报违纪违法或者职务犯罪案件的除了公开个人简历、审查调查经过及处理结果之外，还应考虑在通报曝光深度上精准发力，将充分公开"党纪政务处分决定书"全文作为案件通报曝光的一项重要内容，让案件通报曝光产生更为强大的震慑力，在预防职务犯罪上发挥更大的作用。

7. 上级巡视情况公开不充分

及时公开上级巡视反馈问题及巡视后整改情况，是纪委监委积极主动接受社会各界监督和推动巡视整改工作的有力措施，可以有效增强群众的知情权和监督权。评估发现，只有一半的评估对象公开了上述内容，并且公开内容不够充分，主动公开上级巡视工作有关情况的意识有待加强。

8. 公众评价互动亟待改进

公众评价互动是主动回应公众关切的有效方式，既有助于纪委监委工作部门了解社会各界关心的热点、痛点和难点，又可以及时向公众提供精准的答疑解惑信息，形成良好的政民互动，进而增强纪委监委部门的公信力。但评估发现，虽然监督举报渠道建设比较完备，获取公众投诉举报及意见建议的渠道较为畅通，但是纪委监委网站对于"公众评价互动"的重视程度仍然不够。一方面，网站点击率统计数据的公开度不高，仅有2家评估对象公开了网站点击率的统计数据，且绝大多数网站首页头条新闻浏览人数均在100人以内，网络传播范围和影响力明显不足。另一方面，在11家评估对象中，只有一家评估对象在《互动交流》专栏中开设"言论集萃"板块用于在线留言，其余纪委监委网站则无法为群众提供留言及回复功能，没有形成良好的政民互动模式，公众对于纪委监委工作的参与度不高。

## （二）对策建议

针对评估发现的具体问题，为进一步推动贵州省市级纪委监委信息公开工作，特提出如下意见建议。

### 1. 进一步增强信息公开意识

纪委监委信息公开工作，对贯彻落实党中央、中央纪委、省委、省纪委和市委关于纪律检查工作的决定，推进全面从严治党、加强党风廉政建设和组织协调反腐败工作具有十分重要的意义。及时合理地公开部门工作动态、发布制度规定、解读重大政策、曝光违法案件、强化廉政警示教育等信息，有利于纪委监委工作的整体推进。纪检监察机关工作人员要进一步增强信息公开责任意识，主动接受社会各界监督，及时回应公众关切，"让权力在阳光下运行"。同时，要充分利用纪委监委网站，围绕信息公开工作，打造一支专业的网站运营及维护团队，加强技术指导和职业培训，切实提高网站工作人员的专业化水平。

### 2. 继续加强智慧网站建设

纪委监委网站是推进信息公开的主要阵地，也是影响信息公开实际效果的关键因素，应全面提升网站的智慧化建设水平，从采编信息、发布内容、传播方式、服务模式上进一步拓宽思路，注重阵地前移，做好信息公开"前期"准备工作；在网站栏目设置和内容加工上，要从栏目设置的标准化、规范化建设出发，对各板块内容进行加工整理，更为精准地设置专栏、专题，避免出现栏目包含内容过多、分类不清的情况，做好信息公开"中期"资源整合；要以提高网站的使用体验为出发点，依托"互联网＋大数据"手段，适当开发"指尖举报""掌上监督"等掌上服务平台，为公众提供"全时段""零距离"服务，做好信息公开"后期"智慧服务，全面推动"互联网＋政务"向纵深发展。

### 3. 注重交流学习和经验推广

本次评估发现，各纪委监委网站信息公开参差不齐、发展不均衡。有的平台基础功能完备，有的站内检索形同虚设；有的网站栏目设置合理，便于各类信息查阅，但有的栏目设置过于简单、集约，所含内容分类不清，不利于信息查找；有的网站信息公开充分，但有的信息公开有限。因此，应当在省纪委监委引领下，进一步加强各市纪委监委之间的横向交流学习，全面总结网站平台建设经验，形成一定的建设规范及标准，并在省内推广。同时，可以探索建立区域性的纪委监委网络矩阵，打造多平台、多渠道齐发声、共协同的新模式。例如，对党纪法规、警示教育、廉政文化等部分同质化的内容进行资源整合，联合制作精品专栏专题并共享推广，进一步增强信息公开的广度、深度和力度。

### 4. 规范部门收支预算公开

公开部门收支情况，是信息公开的重要内容，应当在网站开设专栏，专门用于公开部门预算信息，并及时更新相关内容。在预算公开形式上，应形成一定的标准与规范，预算公开的内容和体例应尽可能统一，便于公众在纷繁芜杂的数据中能够及时有效地查找到所需信息。

### 5. 加强网站互动平台建设

社会公众参与网站建设，纪委监委不仅可以及时回应民众关切，而且能够提高社会监督的参与度，有利于纪委监委工作推进。本次评估发现，评估对象普遍存在公众评价互动性不强的问题，不利于构建良性政民关系。各纪委监委网站可以开设留言板、评论区，增加与公众的在线沟通，并结合开展线上作品征集、问卷调查、廉政警示教育知识答题等政民互动活动，进一步拓宽网站的互动功能，调动公众参与监督的积极性。

### 6. 拓展信息公开深度

客观评估纪委监委官网信息公开情况，既要看相关信息"有没有"，还要看相关信息"细不细""深不深"。今后，评估对象信息公开工作要实现从低质量"有没有"到高质量"细不细""深不深"升级，要从粗线条的"大写意"到精细化的"工笔画"。机构及人员信息、部门收支、工作报告、案件通报、巡视巡察整改等作为信息公开的重点内容，应在公开深度上加大力度。可采取精品专栏、深度报道、全文转发相结合模式，及时将重点领域涉及的重点内容（如领导简历、办案经费、工作报告、党纪政务处分决定书、上级巡视反馈问题及巡视后整改情况）进行充分公开，减少以新闻简讯、标题公开代替重点内容公开的情况，为社会各界参与监督工作提供更为坚实的信息保障和数据支撑。

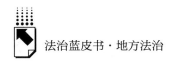

## 二 施行公平竞争审查的经验与成绩

北京市财政局积极对标国际规则和打造国内样本城市的新要求，把公平竞争审查机制全面嵌入财政政策措施，坚决破除与现行对外开放政策不符、妨碍统一市场和公平竞争的市场障碍，有效强化了以财政政策措施支持优化营商环境、促进市场配置资源、激发市场主体活力的标杆作用，有力支持了一手抓疫情防控、一手抓复工复产的首都稳定发展大局①。2019 年，根据世界银行发布的《2020 年营商环境报告》，北京作为样本城市，得分超过部分欧盟国家和经合组织（OECD）成员国水平②；北京市的开办企业、获得电力、登记财产、保护中小投资者、执行合同等 5 个指标进入全球前 30 名③；两年来，北京市共有 88 项改革措施为世界银行所采纳④。为进一步营造更好的营商环境，推动高质量发展，北京市财政局从以下方面重点加强公平竞争审查工作。

一是起草部门与审核部门"双把关"，从严落实公平竞争审查制度。在全面梳理财政政策措施的基础上，重点聚焦政府采购、政府购买服务、行政许可、PPP、税费优惠政策、财政补贴政策、行业监管领域及政府基金等 8 个直接涉及市场主体经济活动的工作领域，研究制定了《北京市财政局公平竞争审查工作规程》，以文件起草单位与审核单位"双把关"的制度设计，压实开展公平竞争审查的责任⑤。北京市财政局严格对照国家发展改革

① 陈以勇：《北京为财政政策措施穿上竞争审查"紧身衣"》，《中国价格监管与反垄断》2020年第 4 期。

② 《中国营商排名跃升 15 位背后的北京贡献——本市五项指标跨入全球前 30 名》，《北京日报》2019 年 10 月 25 日，第 1 版。

③ 参见世界银行网站，https：//chinese. doingbusiness. org/zh/data/exploreeconomies/china/sub/beijing，最后访问日期：2020 年 8 月 20 日。

④ 《中国优化营商环境经验为全球提供借鉴》，《经济日报》2020 年 7 月 28 日，第 1 版；《世界银行发布专题报告赞中国营商环境，"中国经验""北京样本"向全球推广——北京 88 项改革措施被世行采纳》，《北京日报》2020 年 7 月 28 日，第 2 版。

⑤ 陈以勇：《北京为财政政策措施穿上竞争审查"紧身衣"》，《中国价格监管与反垄断》2020年第 4 期。

委、财政部等五部委制定的《公平竞争审查制度实施细则（暂行）》，对本部门以行政规范性文件等形式出台的 60 余项财政政策措施，采取由起草部门与审核部门进行"双把关"的公平竞争审查措施，对有可能出现的设置不合理和歧视性的准入和退出条件、未经公平竞争授予经营者特许经营权、设置没有法律法规依据的审批或者事前备案程序、对外地和进口商品实行歧视性价格或补贴政策、没有法律法规依据减损市场主体合法权益或者增加其义务等问题，严格实施过滤、预警和纠错①。

二是专业机构与法治工作"双介入"，切实加强公平竞争审查评估。一方面，与中国社会科学院竞争法研究中心等单位共同建立公平竞争审查专家论证制度，研究制定《北京市财政局公平竞争审查第三方评估机构工作规则》，针对财政政策措施公平竞争审查过程中发现的难点和争议较大的问题，先后组织召开专家论证会 10 余场次，在政策措施的研究制订和审查论证过程中，充分听取相关行业协会及企业代表等利害关系人的意见，使专业评估工作更加严格规范、客观公正②。另一方面，北京市财政局积极发挥法治机构在建机制、立标准、控流程、促落实等方面的作用，在遴选补充法治人才的同时，多管齐下聘请资深法律顾问等作为"外援"，着力培养公平竞争审查工作的"尖兵"，并在不同层级的法治机构间建立既有分工又有衔接的公平竞争审查工作机制，对由市财政局主责起草、以市政府或市政府办公厅名义印发的涉及市场主体经济活动的文件，全部提交市政府法制机构对公平竞争审查等情况进行复核把关③。在《北京市促进科技成果转化条例》《北京市科学技术奖励办法》《北京市实施〈中华人民共和国残疾人保障法〉办法》《北京市街道办事处条例》等地方性法规和政府规章的立法过程中，

---

① 陈以勇：《北京为财政政策措施穿上竞争审查"紧身衣"》，《中国价格监管与反垄断》2020年第 4 期；陈以勇：《财政出政策先过公平审查关》，《中国财经报》2020 年 4 月 11 日；王丛、胡春艳、肖俊、陈以勇、王光俊等：《严查严办，让"围猎者"付出应有代价》，《财政监督》2020 年第 5 期。

② 陈以勇：《北京：财政出政策先过公平审查关》，《中国财经报》2020 年 4 月 11 日。

③ 陈以勇：《北京全力推进公平竞争　竭力优化营商环境》，《政府采购信息报》2020 年 4 月 3 日，第 4 版。

北京市财政局充分运用公平竞争审查机制提出相关意见建议 40 余条。①

三是增量政策与存量政策"双把控",坚决消除影响公平竞争环境的隐患。北京市财政局在运用公平竞争审查机制严把增量政策的同时,积极将清理工作向历史形成的存量政策文件延伸。2019 年,由北京市财政局法制处具体牵头、全局各处室全面参与,对局政策法规库中收录的 7500 余份文件进行了起底式、拉网式清理,重点聚焦规范性文件上位法依据不足、与对外开放政策不符、妨碍统一市场和公平竞争,以及与"放管服"和机构改革等要求不适应、不符合的问题,对其中 2800 多份文件采取了"集中下架"或"回炉再造"等措施,同时向社会宣布确定予以废止和失效的文件 684 份。②

四是制度建设与实务操作"双推进",强化公平竞争审查的外部监督以及内部能力建设。北京市财政局已经连续 3 年在提交市两会审议的预算报告及解读材料中专题反映市财政局公平竞争审查工作推进情况及主要成效,并在官网及时更新发布由北京市财政局制订的涉及市场主体经济活动的行政规范性文件,将财政政策法规库接入市级"领导驾驶舱"和人大预算监督联网系统,使公平竞争审查工作在"聚光灯""放大镜"的检视下不断提升③。2019 年,北京市财政局还利用该机构是北京市全面推进依法行政工作领导小组办公室成员单位、承担"全面依法行政"相关考核任务的优势,将财政系统开展公平竞争审查情况纳入对各区政府的依法行政考核内容,使这项工作的落实与评估有了"硬指标"和"硬抓手"④。北京市财政局坚持将行政规范性文件合法性审核及公平竞争审查纳入干部培训及考核工作,先

① 陈以勇:《北京为财政政策措施穿上竞争审查"紧身衣"》,《中国价格监管与反垄断》2020 年第 4 期。
② 陈以勇:《北京全力推进公平竞争　竭力优化营商环境》,《政府采购信息报》2020 年 4 月 3 日,第 4 版;陈以勇:《北京:财政出政策先过公平竞争审查关》,《中国财经报》2020 年 4 月 11 日。
③ 陈以勇:《北京:财政出政策先过公平竞争审查关》,《中国财经报》2020 年 4 月 11 日。
④ 陈以勇:《北京全力推进公平竞争　竭力优化营商环境》,《政府采购信息报》2020 年 4 月 3 日,第 4 版。

后从财政部条法司、司法部执法协调监督局、中国政法大学、中央财经大学、中国社会科学院、中国财政科学研究院等单位邀请多名领导和专家进行专题辅导授课，并将其他省市在"市场准入与退出标准""商品要素自由流通标准""影响生产经营成本标准""影响生产经营行为标准"等四个方面发生的诸如指定印章系统、指定代收银行、指定购买企业产品及服务、对购买本地产品及服务进行补助、给予特定企业优惠政策、禁止外地产品进入本地市场、设置高于国家标准的准入门槛等案例，整理制作成研究公平竞争审查工作的教材进行深入学习讨论，从内部敲响警钟。此外，北京市财政局还积极打通公平竞争审查制度与预算绩效管理改革、政府采购制度改革、政府购买服务改革等财政重点改革的内在联系，2019年在完成29个项目成本效益分析、调整完善86项支出标准的同时，更加注重通过公平竞争审查机制强化市场配置资源的决定性作用，实现了政府降本增效与企业减负添利的"双赢"目标①。

## 三 下一步建议

公平竞争审查制度已经在全国基本建立，但该项制度仍属于新生事物，还需要在实践中进一步发展和完善。为此，下一步实施公平竞争审查有必要进一步改进完善。

### （一）细化市场主体的经济活动

细化市场主体的经济活动有助于厘清哪些政策措施应当纳入公平竞争审查。根据《公平竞争审查制度实施细则（暂行）》，政策制定机关在制定涉及市场主体经济活动的规章、规范性文件和其他政策措施（以下统称"政策措施"）时，应当进行公平竞争审查，评估对市场竞争的影响，防止排

---

① 陈以勇：《北京全力推进公平竞争　竭力优化营商环境》，《政府采购信息报》2020年4月3日，第4版；陈以勇：《财政出政策先过公平审查关》，《中国财经报》2020年4月11日。

除、限制市场竞争。然而，法律法规没有使用"市场主体"的概念，也没有对市场主体给予界定。根据《民法典》的规定，民事主体涉及自然人、法人和非法人组织；法人包括营利法人、非营利法人和特别法人①。同样，《反垄断法》使用了经营者的概念。经营者是指从事商品生产、经营或者提供服务的自然人、法人和其他组织②。因此，界定市场主体并细化市场主体的经济活动有重要意义，一方面有助于财政部门更好地适用公平竞争审查制度，另一方面也有助于该概念与中国法律法规进行衔接。

界定市场主体应以其行为为标准。根据《民法典》，中国参与市场活动的市场主体应当涵盖自然人、法人和非法人组织。关于法人的问题，营利法人、非营利法人和特别法人均应为市场活动的参与者。因此，考虑市场主体时，财政部门不应以该主体的法律状态和所接受资金的方式为限，从而做到公平对待③。

经济活动应当以从事商品生产、经营或者提供服务为标准。需要注意的是，一项服务由内部提供的事实与该活动的经济性质无关。若事业单位等非营利法人和机关等特别法人从事的经济活动可与其行使的公共权力分离，则这些法人从事的经济活动部分应属于市场主体的经济活动。反之，若该经济活动不能与公共权力的行使相分离，这些法人作出的全部活动则应作为整体与行使公共权力有关，因此不属于市场主体的经济活动④。因此，关于财政部门等政府部门授权商业银行等从事审查、许可的行为，该商业银行等企业行为应当受到公平竞争审查政策的监督。

此外，市场主体从事的经济活动应当与市场主体的非经济活动相区别。比如，国外的经验表明，在医疗卫生领域，公立医院属于国家医疗卫生系统的重要组成部分，其经费直接来源于社会保障资金和其他国家资源，因此，

---

① 《民法典》第一编第二、三和四章。
② 《反垄断法》第12条第1款。
③ 金竹：《地方财政部门公平竞争审查实务问题探讨》，《北京社会科学》2020年第2期。
④ 金竹：《地方财政部门公平竞争审查实务问题探讨》，《北京社会科学》2020年第2期。

公立医院等事业单位法人不应视为市场主体①。然而，私人诊所和其他民营医院提供的有偿医疗卫生服务则应当视为市场主体的经济活动。再如，在教育领域，国家财政支持并接受政府监管、属于国民教育体系的公立教育应属于非经济活动。学生或其家长在公立学校缴纳学费或报名不影响公立学校的非经济属性。同样，该原则应当也适用于公共教育服务，如幼儿园、民营和公立小学、再教育和大学教育、职业培训②。

### （二）鼓励开展适用公平竞争审查制度的探索

公平竞争审查制度在中国仍属于新生事物，与财政政策等相关政策的衔接还有待进一步深入。为此，财政部门有必要结合财政政策措施的特点，与市场监督管理部门共同制定适合财政领域的"公平竞争审查指引"，开展适用公平竞争审查制度的探索，细化财政奖补等措施和内容，为财政政策措施嵌套公平竞争审查政策和坚持竞争政策基础性地位提供有力支持。

"公平竞争审查指引"有助于财政部门统一审查尺度，明确审查要求和内容。在疫情防控期间，为有效做好疫情防控保障工作，财政部门依法履职尽责，采取有力有效措施支持保障复工生产，切实发挥了金融支持、税收优惠、社会保险、政府采购等政策作用。另外，在经济新常态下，财政部门采用PPP、政府采购、政府采购服务、财政补贴、融资担保、税费减免等措施，对推动经济提质增效、绿色发展起到了积极作用。当前，面临国内外经济形势和疫情防控压力，中央指出，当前经济形势仍复杂严峻，不稳定性不确定性较大，遇到的很多问题是中长期的，必须从持久战的角度加以认识，加快形成以国内大循环为主体、国内国际双循环相互促进的新发展格局③。为更好适应新发展格局、发挥财政政策措施的支持作用，出台"公平竞争

---

① 金竹：《地方财政部门公平竞争审查实务问题探讨》，《北京社会科学》2020年第2期。
② 金竹：《地方财政部门公平竞争审查实务问题探讨》，《北京社会科学》2020年第2期。
③ 《中共中央政治局召开会议 决定召开十九届五中全会 分析研究当前经济形势和经济工作 中共中央总书记习近平主持会议》，央广网，http://china.cnr.cn/news/20200731/t20200731_525187698.shtml，最后访问日期：2020年8月20日。

审查指引"是必要的。一方面，指引有利于在财政领域树立公平竞争审查理念，更好地发挥竞争政策的基础性作用，推动高质量发展；另一方面，有利于发挥财政政策的杠杆作用，调动全社会资源，共谋新经济发展。特别是在传统基础设施建设和新型基础设施建设领域，能够将一些传统上不受公平竞争审查规制的铁路、公路、港口等基础设施建设资金纳入公平竞争审查范围，同时，在5G、人工智能、工业互联网、物联网、智慧城市、金融科技等新型基础设施建设上，通过公平竞争审查制度，鼓励不同所有制主体积极投入，推动经济转型升级。需要指出的是，"公平竞争审查指引"能够帮助财政部门厘清思路，加强对接受财政补贴的市场主体从事经济和非经济活动的监督，避免为非经济活动提供的公共资金用于对经济活动进行交叉补贴。

### （三）强化征求利害关系人、社会公众意见的程序

强化征求利害关系人或者征求社会公众意见的程序是保障公平竞争审查制度这一实体正义的重要基础。一般而言，法律制度的合法性和正当性涉及实体和程序两个方面。当前，程序的正当性已经日益为人们所重视。正当程序是实现法律实体正义的工具和手段，也是保证实体正义的重要基础。因此，有必要进一步要求政策制定部门在制定政策措施时，保护利害关系人和社会公众的知情权和相关利益，细化征求意见的程序，涉及当事人的权利、相关部门的义务以及征求意见发布的平台、范围、时间、期限、意见反馈答复、意见材料保留期限等①。政策制定部门有必要自觉接受大众监督，将公开、公平和公正落到实处，避免征求意见流于形式，从而影响公平竞争审查制度的实施。对于向社会公众征求意见可以参照目前立法征求意见的模式，政策制定部门通过官网设置征求意见系统或是由市公平竞争审查工作联席会

---

① 参见《政府信息公开条例》（国令第 492 号）第三章关于政府信息公开的"方式和程序"的规定。另参见金竹《地方财政部门公平竞争审查实务问题探讨》，《北京社会科学》2020年第 2 期；唐如冰：《论我国公平竞争审查制度的完善》，《重庆理工大学学报》（社会科学版）2020 年第 3 期。

议办公室统一在官网设置全市公平竞争审查征求意见专栏，实现公开征求意见程序化、规范化。

### （四）推动强制性征求法律顾问和第三方机构的意见

未来有必要将征求法律顾问以及引入第三方评估作为强制性规定。这符合中共中央办公厅、国务院办公厅《关于推行法律顾问制度和公职律师公司律师制度的意见》的基本精神和市场监管总局《关于发布公平竞争审查第三方评估实施指南的公告》的要求①。法律顾问对政策制定部门的重大决策、重大行政行为进行合法和合规审查，符合中国建设法治国家、推进政府治理能力现代化的方向，也为依法行政提供重要支撑，同时为国家确立竞争政策起基础性地位提供法律保障②。引入第三方评估可以更好地借助专业机构、专家团队的力量，对新增政策的审查、存量政策的评估和清理、综合评价等提供客观、公正的第三方意见，同时专家团队参与可以弥补各部门及法律顾问在竞争政策、产业政策和经济理论等方面的不足，有利于全面审查政策措施的可行性和必要性，为最终决策提供多角度的意见和建议。

### （五）出台《公平竞争审查制度实施细则（暂行）》例外情形的适用指引

出台《公平竞争审查制度实施细则（暂行）》例外情形的适用指引，加强其实体、程序内容以及案例分析，为政策制定部门适用例外情形提供参考，减少盲目适用例外情形的情况③。例如，若企业提供公共服务但没有因取得财政补贴获得市场竞争优势，则对公共服务的财政补贴不应构成公平竞

---

① 《中共中央办公厅、国务院办公厅印发〈关于推行法律顾问制度和公职律师公司律师制度的意见〉》，中国政府网，http：//www.gov.cn/zhengce/2016－06/16/content_ 5082884.htm，最后访问日期：2020年8月20日；《市场监管总局关于发布公平竞争审查第三方评估实施指南的公告》（2019年第6号），国家市场监督管理总局网站，http：//www.samr.gov.cn/samrgkml/nsjg/bgt/201902/t20190216_ 288666.html，最后访问日期：2020年8月20日。

② 参见金竹《地方财政部门公平竞争审查实务问题探讨》，《北京社会科学》2020年第2期。

③ 参见金竹《地方财政部门公平竞争审查实务问题探讨》，《北京社会科学》2020年第2期。

争审查的条件①。此外，认定财政补贴不适用公平竞争审查应当满足的条件是：受补贴企业必须实际负有内容明确的提供公共服务的义务；补贴金额的计算方法应当以客观透明的方式事先确定，从而避免补贴使受补贴对象存在高于其他竞争企业的经济优势；补贴不应超过必要限度，即企业提供公共服务后得到的合理收入和利润之外，不应获得多余的补偿；提供公共服务的企业应当根据公开的程序进行竞标，从而使财政部门能够选择以最低成本和最高质量的企业为公众提供服务②；若不采取竞标方式，则财政补贴的水平应当考虑使用实际成本＋合理收入＋合理利润的方式来进行估算，即一家运营良好且能够提供必要公众服务的企业，在提供服务过程中发生的损失，并以此来估算企业提供该服务的实际成本，再附加合理收入和利润空间。

总之，考虑到公平竞争审查制度对维护竞争政策基础地位的重要性以及竞争政策在当前经济环境下对营造良好的市场竞争和经营环境的重要意义，有必要进一步加强顶层设计，结合财政部门的特点，细化公平竞争审查制度，标准化和确定化公平竞争审查的程序和内容，提高其可操作性和可行性。

---

① 参见《欧盟委员会关于〈欧盟运行条约〉第 107 条第（1）款关于国家援助概念的通告》（2016/C 262/01），李丽、龙锐译，韩伟校，4.1.－68。

② 参见《欧盟委员会对提供普遍经济利益服务进行补偿的行为适用欧盟国家援助规则的通告》（2012/C 8/02），张占江译，韩伟校，3.1.－43。

# B.6
# 重大行政决策合法性审查的青岛探索

青岛市司法局"重大行政决策合法性审查工作研究"课题组*

**摘　要：**　近年来，青岛市司法局充分发挥合法性审查作用，通过实行重大行政决策计划管理、设立专门决策法律审查机构、开展镇街重大行政决策合法性审查和行政执法行为指导监督等举措，逐渐形成以全集中、全覆盖、全贯通为主要特点的保障依法决策工作体系。但实践中，重大行政决策启动和合法性审查、重大行政决策事项范围、公权力干预、行政执法人员法治思维及基层重大行政决策合法性审查人员履职能力等方面仍存在问题。对此，应从保障公众权利、发挥司法所作用、强化公权力约束、提升法治思维等方面加以改进完善。

**关键词：**　重大行政决策　合法性审查　提议权　全同步

## 一　前言

习近平总书记多次强调，要"将权力关进制度的笼子"。在所有权力形式中，决策权最为关键。因此，将合法性审查作为重大行政决策的法定程

---

* 课题组负责人：万振东，青岛市司法局党委书记、局长。成员：李文渊，青岛市司法局党委委员、副局长；李昊，青岛市司法局研究室主任；万红文，青岛市司法局决策法律审查处处长；王佩亮，青岛市司法局研究室副主任。执笔人：李昊，青岛市司法局研究室主任；王磊，青岛市司法局研究室工作人员。

序，是通过法律手段规范权力运行的最有效方式。党的十八届四中全会公报提出，"建立行政机关内部重大决策合法性审查机制"。《法治政府建设实施纲要（2015～2020年）》据此进一步规定，"未经合法性审查或经审查不合法的，不得提交讨论"。因这些要求和规定限于政策层面，缺乏强制力，难以用法律形式来约束政府的重大行政决策权。以往国内行政法学界研究行政规划仅涉及小范围的行政决策问题，行政决策的法律控制基本处于理论空白。这种缺失促成了行政法学界对重大行政决策合法性审查制度的地位、作用、程序以及与其他制度关联性的思考，也为重大行政决策合法性审查制度的建立与完善奠定了理论基础。

2019年，《重大行政决策程序暂行条例》（以下简称《条例》）由国务院颁布实施，正式以法规形式对重大行政决策的事项范围、作出和调整程序、责任追究等方面作出具体规定。根据《条例》规定，重大行政决策事项包括制定有关公共服务、市场监管、社会管理、环境保护等方面的重大公共政策和措施，制定经济和社会发展等方面的重要规划，制定开发利用、保护重要自然资源和文化资源的重大公共政策和措施，决定在本行政区域实施的重大公共建设项目，决定对经济社会发展有重大影响、涉及重大公共利益或者社会公众切身利益的其他重大事项。由此，重大行政决策合法性审查成为衡量法治政府"行政决策科学化、民主化、法治化"水平的一项重要指标。

《条例》作为推进依法行政、加强政府自身建设的一部行政法规，它的颁布实施，对推进行政决策科学化、民主化、法治化起到"以点带面"的杠杆和牵引作用；促进重大行政决策成为集思广益、凝聚共识的过程，有利于增强重大行政决策的可行性和稳定性；让决策者科学依法行使权力，把约束权力的"制度笼子"扎得更加牢固，有利于强化行政权力监督和制约。因此，《条例》是推进依法决策、建设法治政府的必然要求，是完善中国特色社会主义法治体系、推进国家治理体系和治理能力现代化的重要举措，对加快建设高效诚信的法治政府有很强的现实意义。

## 二　实践做法

青岛市在推进重大行政决策合法性审查方面的探索可追溯至 1999 年《国务院关于全面推进依法行政的决定》颁布后，是全国最早一批开展这项工作的城市。彼时，为保障政府及其各部门依法决策，青岛市率先将合法性审查确定为重大行政决策的前置程序，由政府法制机构负责实施。该做法作为惯例，被以后几届政府延续下来。2003 年出台的《青岛市人民政府工作规则》进一步提出，要"使市政府各项工作法制化、规范化、制度化"。"法制化"作为"三化"之首被写进政府工作规则，初步确定了依法决策在青岛市政府重大行政决策体系中的核心位置。

2012 年，重大行政决策合法性审查被青岛市政府作为制度确定下来，最先是在市政府常务会议上通过并以会议纪要形式予以保障。之后，围绕落实这项制度，又陆续制定《青岛市重大行政决策程序规定》《青岛市人民政府常务会议议题合法性审查程序规定》《青岛市重大行政决策民意调查规定》《青岛市人民政府关于进一步完善行政决策合法性审查的意见》《青岛市重大行政决策风险评估办法》等文件，保障依法决策的制度体系更加健全，逐步形成了公众参与、专家论证、风险评估、合法性审查和集体讨论决定相结合的重大行政决策机制。

为巩固该机制，近几年，青岛市保障依法决策工作体系逐步向既定的全集中、全覆盖、全贯通方向发展。

### （一）全集中

青岛市从 2016 年就开始对重大行政决策集中编制目录，实行计划管理。由政府法制机构结合党委、政府年度重点工作，提出纳入重大行政决策事项目录的意见建议。这样做的好处是，可以从重大行政决策事项征集起就提前介入，确保将关系经济社会发展全局，社会涉及面广，与公民、法人和其他经济组织利益密切相关的事项全部纳入重大行政决策事项目录。同时，对涉及的决策部门进行一对一督导联络，督促其落实好公众参与、专家论证、风险评估、合法性初审等程序规定，强化决策法定程序的刚性约束。2018年、2019年，市政府法制机构分别对列入青岛市政府年度重大行政决策事项目录的9件和14件重大行政决策事项进行合法性审查，审查率达到100%。在保障重大行政决策执行方面，青岛市同样秉承全集中工作理念，坚持将其交由专责部门的专责人员集中办理。2019年，青岛市抓住综合行政执法体制改革的有利契机，大力推行一个领域内由一支队伍执法。例如：在市场监管领域，将工商、质监、食品、药品、物价、知识产权、商务、盐业等行政执法职责集中交由市场监管综合行政执法支队承担；将文化、广电、新闻、版权、文物、互联网、旅游等行政执法职权集中交由文化市场综合行政执法队伍承担。在交通运输领域，将涉及路政、运政、港政、航政的300多项行政执法职责集中交由市交通运输行政执法支队承担。在区（市）一级，推动综合执法派驻执法中队建设，将镇街综合行政执法办公室做实，强化镇街对辖区内执法力量的统筹调度。认真落实中央和省关于市场监管、生态环境保护、文化市场、交通运输、农业五大领域综合行政执法改革的指导意见，集中组建监管执法队伍。除此之外，其他领域执法事项均实现由主管部门承担，并由一个内设机构集中行使，区（市）执法队伍总数精简至68支。

## （二）全覆盖

全覆盖理念是与重大行政决策合法性审查工作相伴而生的，其出发点是在重大行政决策提交合法性审查之前，依法加强决策承办单位内部法制审核，进一步压缩和减少中间环节，确保依法快审快结，提高法治保障效率。为此，青岛市除专门的政府法制机构外，凡具有行政执法权的单位均设立了专门法制部门。对面向社会执法任务较重的单位，法制部门单设；对执法任务相对较轻、工作领域主要为内部综合管理的单位，采取在非执法处室加挂牌子的形式设置。2019年，借全国机构改革的东风，青岛市本级又在全国率先设立专门的决策法律审查机构，负责办理市政府常务会议、专题会议等议题的合法性审查，办理市政府行政决策及相关文件的合法性审查，并指导监督区（市）政府、市政府部门和有关功能区管理机构的相关工作。机构设立当年，就审查市委、市政府发文 103 件，会议议题、纪要 330 件，其他各方来文 700 余件，审查政府合同 70 件，办理国家、省法律法规征求意见 25 件，极大彰显了服务决策的法治保障作用。从事重大行政决策合法性审查的机构，从最初市政府办公厅内设的法制局，到专门的市政府法制机构，再到市政府法制机构的内设处室，机构越来越具体，人员越来越专业，最终形成了良好的梯队建设格局，培养了一批从事这项工作的专精人才。

2020 年，为保障全市疫情防控、复工复产相关决策能够在符合法律法规政策前提下及时制定发布，青岛市疫情防控指挥部办公室专门设置合法性审查专班，创新开辟容缺受理快速通道，对要件不齐全但决策内容符合上级疫情管控应急要求和全市疫情防控实际需要且不存在违法违规的决策议题，及时给出合法性审查意见和建议，先行提交会议集体研究审议。待补齐要件后，再出具正式的合法性审查意见书，由决策承办单位存档备查。1～5 月份，共完成疫情防控上会议题、发文、会议纪要等合法性审查 323 件，提出审查意见建议 100 条。经实践检验，这是应对突发公共事件、提高决策质量的有效途径，也再次证明了青岛市保障依法决策工作体系全覆盖的宝贵价值。

### （三）全贯通

全贯通理念是伴随着全面依法治国实践不断深入而衍生的新型工作理念，也是近年来青岛市法治政府建设的一个重大创新点。全贯通的关键，是根据镇街层级特点，依靠镇街司法所专业力量，发挥重新组建的司法行政机关体制优势，以开展镇街重大行政决策合法性审查和行政执法行为指导监督为实现路径，推进镇街法治政府建设，从而实现青岛市法治政府建设市、区（市）、镇街三级"全贯通"。为保障实施，青岛市专门出台《关于建立镇街重大行政决策重大项目合法性审查和行政执法指导监督机制的意见（试行）》，规定镇街凡涉及重要决策、重大项目、制度建设，必须由司法所进行合法性审查，未经合法性审查或经审查不合法的，不予提交会议审议，不予行文印发，不予启动实施；凡涉及镇街管辖范围内的行政执法行为，司法所应当对行政执法公示、全过程记录、法制审核等规范化建设进行指导监督。具体贯彻落实过程中，各区（市）首批可选择镇街总量的 30% ~ 40% 进行试点。截至 2019 年底，全市共有 41 个镇街参与试点。从取得的效果看，镇街重大行政决策重大项目合法性审查和行政执法指导监督机制的确立，有利于培养镇街依法行政意识和习惯，促进镇街重大决策、执法行为、制度建设合法合规，减少和防止行政不作为、乱作为，构建有效避免违法决策、法外行政的制度保障，从而达到减少纠纷争议、促进公平正义、维护人民群众合法权益的目的。同时，司法所通过对镇街重大行政决策进行合法性审查，也可以使自身能力得到提升，所发挥的作用得以充实和加强。试点以来，有关司法所累计完成镇街重大行政决策审查 142 件、重大项目合法性审查 1168 件、规范性文件合法性审核 50 件，镇街重大执法决定法制审核 5 件，提出合法合理性审查建议 400 余条，列席镇街重大行政决策、重大项目和重大执法决定集体研究会议 303 次，极大巩固了基层法治建设基础。

## 三　存在问题

《条例》对重大行政决策的事项范围、作出和调整程序、责任追究等都作了较强可操作性的规定。但在实践过程中发现，具体执行层面还存在一些亟待解决的突出问题。

### （一）重大行政决策的启动和合法性审查方式需要进一步丰富

《条例》第 10 条规定，"人大代表、政协委员等通过建议、提案等方式提出决策事项建议，以及公民、法人或者其他组织提出书面决策事项建议的，交有关单位研究论证"。但如何提交，提交之后有关单位如何研究论证，论证结论如何向公民、法人或者其他组织反馈，没有进一步明确。同时，目前司法行政机关对重大行政决策进行合法性审查主要采用书面审查方式，其他审查方式采用的频率不高，而且根据《条例》第 28 条规定，"在合法性审查过程中，应当组织法律顾问、公职律师提出法律意见。决策承办单位根据合法性审查意见进行必要的调整或者补充。"但实际执行过程中，外部力量一般很少参与。

## （二）部分重大行政决策事项并未实质纳入合法性审查

该问题主要集中在基层。由于青岛市镇街事权划分与区（市）没有严格界限，事权弱于财权现象较为普遍。反映到重大行政决策合法性审查工作中，就是对重大项目的合法性审查已基本实现全覆盖，但对财权之外的重大行政决策的合法性审查还基本没有开展。同时，镇街党（工）委对行政决策事项都是在召开党政联席会议时一并集体研究决定，因此，镇街重大行政决策合法性审查一般都被镇街起草请示、领导审签发文、区（市）政府部门收文后以部门名义提报区（市）政府决策的形式所代替。此外，许多镇街仍然更习惯于依赖律师、法律顾问等出具专业法律意见，客观上也容易造成重大行政决策合法性审查的缺失。

## （三）公权力干预现象仍然时有发生

这是决策承办单位在草案拟定过程中经常出现的问题。以新冠肺炎疫情期间提交合法性审查的草案为例，为确保复工复产顺利进行，青岛市多部门纷纷制定出台保障性政策措施。审查过程中发现，有的送审文件中出现诸如企业限制使用或减少使用临时性、流动性职工，减少用工人数，职工固定上下班路线、时间等条款，属于公权力干预私权利，存在政府干预企业经营管理、用工歧视、增设义务等嫌疑，可能导致诸如流动人员生活困难等不稳定因素。有的送审文件中规定优先给予防控特需企业一定的优惠政策，虽然初衷是好的,但难免会被同样急于复工复产却不能"优先"享受该政策的其他企业视为不公平。因此,属于"存在减损市场主体合法权益或增加其义务等阻碍公平竞争的内容"。

### (四)行政机关的法治思维尚有欠缺

实践中发现,一些决策承办单位在文件起草时不重视本单位合法性审查机构的初审,走过场现象时有发生,有的甚至刻意规避合法性审查,导致拟发文件存在明显合法性问题或与上级政策不符之处。仍以新冠肺炎疫情期间提交合法性审查的草案为例,某部门提出,"企业疫情结束前复工复产的,要将疫情防控工作方案和复工复产方案报相关部门审批,同意后方可启动"。该规定属无依据擅自增设审批事项行为,与《行政许可法》等相关法律法规相背离。若实行审批制,首先,现有的行政能力无法满足审批需要;其次,如果出现疫情防控风险,对能否适用"谁审批,谁负责"原则,在合法性和可行性方面都存在巨大争议。

### (五)基层工作人员履职能力存在不足

重大行政决策合法性审查工作在青岛市已拓展到镇街一级,因此,需要配备相应的基层工作力量。但在试点过程中发现,由于司法所长期承担与维护社会稳定相关的工作职责,且原本人员配备就相对不足,导致从事新增业务的内生动力不足。有的工作人员对自身法律素养和能力信心不足,主观上认为自身能力与职责任务不匹配;有的工作人员对"法无授权不可为"理解有偏差,担心权责不对等、害怕因审查把关不严承担重大行政决策的潜在法律风险;有的工作人员对司法所试点审查和原法律顾问审查的区别不理解,甚至担心重大行政决策合法性审查试点在镇街全面铺开后,地方政府会把其他相关前置工作交由司法所承担;有的工作人员认为顶层设计缺少具体程序规定、流程标准和文书格式,导致开展工作时标准、流程不统一。

# 四 对策建议

推进重大行政决策合法性审查是建设法治政府的必然要求。结合青岛市工作实践中遇到的问题，建议从以下五个方面加以改进。

## （一）保障公民、法人或其他组织对重大行政决策的提议权

《青岛市重大行政决策程序规定》规定，"公民、法人或者其他组织可以直接向市政府或者通过市政府相关部门向市政府提出决策事项建议"，但对提出的方式暂时没有涉及。实践中，青岛市有一些行之有效的做法。比如，每年底，借助"向市民报告、听市民意见、请市民评议"平台收集市民代表意见建议，经研究论证、筛选确定后，落实到来年政府工作中，并将办理情况向市民代表报告。2020年，又升级推出"我爱青岛·我有不满·我要说话"活动，不仅对政府工作有意见建议可以提，对青岛市各方面工作有意见建议都可以提。短短3个月收集意见建议34.52万件，部分已纳入决策，达到了凝聚共识、畅听民意的目的。在一些特定界别、领域、组织，针对公民、社会组织和其他团体对重大行政决策提议权不足的问题，青岛市也在进行一些探索。比如，在律师领域，正在探索的律师意见建议征集工作可以看作破题的一种形式。具体做法是，以律师的行政主管部门司法行政机关为实施主体，安排机关工作人员每周抽出一个工作日到律师事务所实训，既能发挥实训人员联系律师事务所和服务律师的纽带作用，又能通过这种形式，建立与律师事务所广泛交流和汇集意见建议的常态化机制，经司法行政机关汇集整理后，就可以择优转化为重大行政决策事项。

## （二）进一步明确基层需合法性审查的重大行政决策事项

在青岛市镇街一级，仍有部分重大行政决策事项并未实质纳入合法性审查范围，存在以征求意见、会签、参加审议等方式代替合法性审查的现象。而将哪些事项划入重大行政决策合法性审查范围，涉及社会资源和社会利益

分配的正当性与合法性。尤其是那些被列为已规定事项范围之外的"其他事项",更需要向公众交代清楚其被列入"其他事项"所依据的原则。因为重大行政决策事项范围之外的"其他事项"越多,重大行政决策规定事项就越容易被架空,也就在根本上丧失了进行合法性审查的意义。所以,进一步明确应当由镇街司法所进行合法性审查的重大行政决策事项,要尽可能避免出现例外情形。在建立重大行政决策事项目录时,要注意区分常规性事项和调整性事项。常规性事项是相对稳定的重大行政决策事项,必须依法进行合法性审查;调整性事项是可能发生变动的年度重大行政决策事项,在年初制定,如果列入,则需依法进行合法性审查。此外,还可以进一步补充制订符合重大行政决策的判定标准,只要符合该标准,就应当依据重大行政决策程序办理。

## (三)强化对政府公权力的约束

在加强政府公权力约束方面,青岛市有一套完整的工作体系。政府在依法行政过程中,需要接受来自人大、政协、监察、司法、舆论等多方面的监督。比如,围绕城市经济社会发展实施的重大项目,需要定期通过答辩会的形式,公开接受人大、政协质询。同时邀请纪委监委、司法、媒体、市民代表等列席,确保接受多方力量的共同监督。此外,青岛市还专门建立党政群机关履约专项清理机制,对践诺履约情况进行较为彻底的集中清理,从根本上杜绝"新官不理旧账"问题。这些行之有效的经验和做法,在今后工作中将继续坚持。同时,为进一步强化对政府公权力约束,要以重大行政决策事项目录为抓手,通过建章立制,将目录规定事项的合法性审查作为决策草案提交讨论的前置必经程序,未经审查或者审查不合法的,不得提交讨论。而这其中需要着重解决的,是涉及多个单位共同参与重大行政决策的酝酿、讨论、决议、提交等问题。青岛市的解决思路是,探索建立行政执法机关联席会议制度,负责协调解决成员单位间职责履行及案件移送、信息共享、联动协作等工作落实问题,这其中自然也包含规范多部门联合重大行政决策的有关内容。在此基础上,青岛市还计划借助该联席会议制度,进一步规范理顺行政执法与司法的衔接、与行业监管的衔接，确保涉及多部门共同参与的重大行政决策更加规范，决策效率和水平不断提高。

## （四）强化行政执法人员法治思维

政府工作人员依法行政能力是衡量法治政府建设水平的重要标志。要推动各部门深入系统学习与自身业务相关的法律法规规章和政策性文件，正确理解相关法律规定的立法本意，避免出现"表面合规、实则违法"的决策或文件，坚决杜绝在决策及决策执行过程中出现揽权懒政、随意设卡等行为。要把全面依法治市的制度优势转化为依法决策的强大效能，随时关注经济社会发展面临的新情况新问题和暴露的问题短板，完善相关法规和配套制度，避免出现为解一时之困而仓促决策的不当行为，逐步构建起依法依规、科学规范、运行有效的决策工作体系。要从行政执法人员教育培训入手强化任职培训，落实领导干部任职法律考试制度，研究制定党政主要负责人履行推进法治建设第一责任人职责办法。举办法治政府建设专题培训，提高政府工作人员法治思维和依法行政能力。强化行政执法人员岗位培训，建立行政执法人员以案释法制度，组织开展通用法律知识、专门法律知识、新法律法规等专题培训。推进落实国家机关"谁执法、谁普法"责任制，开展"我执法、我普法"在线活动，组织领导干部、公务员网上学法考法。加强行政执法单位间协同，在作出重大行政决策时坚决摒弃只顾自身利益、方便自身管理等狭隘思想，主动站在企业、群众角度思考问题、制定决策，积极回应诉求，拿出切实帮助企业、群众的政策措施。健全部门协调配合机制，推动相关部门按照职责分工，落实责任，密切配合，协调联动，防止政出多门，杜绝政策效应互相抵消，确保达到进一步稳定社会预期和社会信心的目的。对跨部门协同面临的信息保密与安全、隐私保护、公众参与等多重制度要求，进一步完善法律法规，推动建立持久性的协同关系，确保信息互享、职能互补、效能互助，形成更具协同性的公共政策和公共服务供给方式。

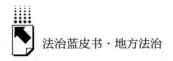

### （五）提高合法性审查工作人员履职能力

与强化法治思维法治方式不同，提高履职能力所关注的重点，是对工作人员实务能力的培养，目的是确保重大行政决策合法性审查在青岛市镇街一级全面推开后，保证审查质量经得起法律和历史的检验。为此，青岛市在规范审查流程、文书格式等具体内容的基础上，探索将法律服务融入镇街重大行政决策合法性审查工作的新途径，在司法所人员数量构成和能力素质短期内不能显著提高的情况下，充分发挥镇街法律顾问作用。通过内部流程再造，优化司法所合法性审查集体研究机制和合法性意见签发流程，由司法所工作人员初审、法律顾问参与、司法所所长终审签发，通过发挥集体智慧，既能帮助司法所工作人员提高法律素养，又能确保司法所出具意见的科学性、合理性和合法性，避免合法性审查成为新的"一言堂"。同时，着力提高司法所工作人员主动担当意识。青岛市加强镇街法治政府建设除了重大决策合法性审查这一项内容之外，还包括行政执法监督等工作，因此必须明确，司法所作为司法行政机关派出机构，无论对执法单位在镇街派出机构的行政执法行为，还是在镇街被明确执法主体地位、赋予执法权限后，对镇街所属执法队伍的行政执法行为进行指导监督，都是代表所从属的司法行政机关行使职权。这就进一步要求区（市）一级司法行政机关在对镇街提报重大行政决策事项进行合法性审查时，严格将镇街党政会议纪要、司法所合法性初审意见、司法所规范性文件审核意见等作为要件，倒逼镇街重视司法所合法性审查工作，杜绝"以会代审"等做法。

## 五 展望与建议

重大行政决策在本质上是行政主体运用公共权力对社会资源和社会利益进行权威分配的过程。重大行政决策合法性审查制度要想发挥实质效用，根本措施在于从源头上规范重大决策权。因此，必须着眼于决策权运行的整个过程进一步深入探讨。

1. 强化重大行政决策合法性审查的独立性，确保这项制度切实发挥作用

在现行工作体制下，重大行政决策合法性审查的责任实际上集中在政府或决策承办单位的法制部门，存在"自己审查自己"问题。尽管可以邀请法律顾问或专家参与，但是参与方式、审查方式、审查意见效力尚无明确规定。因此，既可以借鉴深圳市模式，采用员额制形式，设置专职从事政府法律事务的法律专务，探索建立旨在保障法律顾问或专家全程参与重大行政决策的体制机制，也可以尝试授权学术团体、协会等社会组织或律师事务所进行更能体现独立性的合法性审查。

2. 进一步树立全同步工作理念，加强对重大行政决策的全程督导

在全集中、全覆盖、全贯通基础上，下一步，青岛市要着力推动全同步理念的贯彻落实。具体来看主要包括：同步指导，就是从征集决策事项到公众参与、专家论证、风险评估等各个环节，提前介入，主动作为，指导决策承办部门规范程序，确保公众参与广泛真实，专家论证严谨专业，风险评估规范全面；同步公布，就是在重大行政决策公众参与环节，同步向社会公开重大行政决策草案，征询各方意见，加强重大行政决策公众参与力度，提高决策科学民主水平；同步评价，就是重大行政决策实施后，同步开展重大行政决策后评估，及时跟踪决策执行情况和实施效果，并作出评估报告向社会公开。实践中，《青岛市重大行政决策程序规定》对重大行政决策草案拟定阶段的调查研究、政策制定、成本预测、分歧解决等作出了具体规定，创新性提出可行性研究机制、征询机制、预公开机制、协调机制，为草案拟定阶段解决风险预测、诉求了解、政务公开提出了新的路径，能够为全同步理念在青岛市更好地贯彻实施提供有效的制度保障。

3. 加强对重大行政决策可延续性的考量，避免出现因应急过度而导致私权利受损等问题

新冠肺炎疫情客观上暴露了重大行政决策的一个隐性问题，就是对突发状况下作出的重大行政决策，在恢复正常状况时能否继续适用，缺乏提前考虑。因此，为确保科学合理应急，在今后突发公共事件处置时，要按照合理、适度、管用的原则制订应急措施，在措施施行时坚持主体适格、措施适

度。在保证出台的鼓励性政策适度适当的同时，统筹考虑政策的当前可执行性和未来可延续性，准确区分哪些政策只限于应急，哪些政策可固化延续，真正把好事办好、办实。对适用不可抗力的，要学会在法律许可的范围内，合理运用相关处置措施，坚持精准施策，用足用好各项政策，切实推动问题解决并及时做好相关经验总结，形成可持续可复制的制度体系。

4. 拓展法治政府建设纵深，全面推开镇街重大行政决策合法性审查工作

经过前期试点，青岛市镇街重大行政决策合法性审查的成效初步显现，有关镇街行政诉讼案件败诉率从 2019 年的 17% 降至 2020 年上半年的 2%。以青岛市胶东国际机场建设为例，共针对该项目进行重大行政决策合法性审查 3 次，组织有关方面专家提供法律意见 475 项，有效保障了决策事项的合法依规。整个项目过程涉及征迁的诉讼案件仅发生 8 起，无一起复议案件。青岛市镇街重大行政决策合法性审查全面推开的条件已经基本成熟，接下来，将及时总结推广试点过程中形成的经验成果，并于 2020 年内全市推开。

# B.7
# 银川市"1230"模式第三轮审批
# 服务改革实践

井　胜[*]

**摘　要：** 银川市全面落实党中央、国务院关于深化"放管服"改革、优化营商环境的决策部署，聚焦"准入不准营""项目审批周期长""不动产登记难""来回跑反复跑"等痛点堵点难点问题，在"一门受理""一枚印章管审批""一体式集成审批"基础上，积极推行以"1230"为主要内容的第三轮审批服务改革，经过不懈努力，实现开办企业平均一日办结，不动产登记平均两日办结，项目立项审查到施工许可30个工作日内办结，努力实现从"最多跑一次"向"群众零跑路"转变，成为全国开办企业用时最短、不动产登记效率最高、项目审批速度最快的城市之一，实现了从"最多跑一次"向"群众零跑路"转变。

**关键词：** 营商环境　政务服务　审批服务

营商环境没有最好只有更好。2014年12月，银川市打破部门利益固化的藩篱，冲破重重阻力，整合26个部门进驻市民大厅集中提供审批服务，永久封存了69枚印章，率先在全国省会城市成立审批局，推行"一枚印章

---

\* 井胜，银川市审批服务管理局党组书记、局长。

管审批"服务模式，实现了"群众进一扇门、办成一揽子事"，得到了中央领导的高度认可。2017年，对标"银川要打造全国一流营商环境"的目标要求，坚持"改革不停步、服务无止境"，跳出宁夏、放眼全国，加快推行"一体式集成审批"服务模式，开启了第二轮"放管服"改革新篇章，企业群众办事便利度、便捷度、满意度又一次实现大幅跃升，得到了国家发展改革委的高度肯定，并在东北地区优化营商环境推进会上进行经验交流，提升了银川的城市知名度和影响力。

# 一　推行审批服务改革的意义

一是审管分离，产生行政管理新模式。将审批权力按审批、管理、监督实行"三分"，使职能部门的权力、职能、利益实现"大瘦身"，使行政审批与行政监管在分工协作中实现互相制衡。

二是职能整合，政府角色大转变。改革将审批权从职能部门整体划转后，各职能部门没有了审批权，只好转变工作方式，从"管理者"转变为"服务者"，从机制上推动了服务型政府建设。

三是集约办件，审批效能大提升。以银川市审批服务管理局为例，商事登记、项目审批业务流程经过七轮"瘦身"，共减少申请材料1508个，减少表格291个，剔除填写内容3384个，减少审批环节265个，减少办理时限731个工作日，审批效率平均提高75%，50%的审批事项实现即办。

四是一岗多能，一岗多专，行政资源大节省。过去一个窗口只办一两个事项，现在需要办七八个事项。以银川市审批局为例，原来580人承担的审批工作，现在仅需60多人承担，工作效率提升近10倍。

五是阳光审批，权力运行更透明。审、管一体的体制，审批部门既当"运行员"又当"裁判员"。新体制下所有审批事项都集中到政务大厅，审批科长在窗口办公；同时，审批和监督部门相互监督，权力运行更加透明。

## 二 银川的探索与做法

### （一）打造亮点，示范引领

一是推行"一枚印章管审批"。成立行政审批局，推行"一枚印章管审批"服务模式，实现"推开一扇门、办成一揽子事"。二是打造"掌上办事之城"。打造大数据共享管理平台，升级 PC 端、手机端、自助终端三个服务端，构建"一网通办、一证通办、一码通办、全城通办"的网上政务服务体系，实现办事群众"零跑腿"。丰富掌上办事内容，打造"淘宝式政务服务平台"，开发集政务服务、公共服务、便民服务三大功能板块为一体的"i 银川"App，可提供 490 项事项手机预约、1132 项事项在线查询，52 项办理频次较高的事项可通过 App 直接办理。三是提升政务便利化。梳理发布审批事项清单，全面推进线上线下市民大厅、银川客户端和自助服务终端、政务服务网和审批服务平台对接融合，推行政务服务马上办、网上办、就近办、一次办、联合办、集中办，推进政务服务标准化，覆盖 753 项政务服务事项，助推政务服务人性化、智慧化发展。四是全力推行电子证照。统一建设"银川市电子证照共享服务平台"，打造"办证不出证、数据来验证"电子化政务模式。政府以购买服务方式推进政邮合作，免费邮寄各类办件结果。

### （二）大力推进"五办"改革

所谓"五办"，即马上办、网上办、掌上办、就近办、一次办，其做法如下。

大力推行马上办。对网上、掌上和自助终端申报办理的即办事项实行 5 分钟快速响应，10 分钟办结；对现场即办事项 15 分钟内办结，当场发放证照。全市第一批已经实行"马上办"事项 418 项，占市本级 1277 项审批事项的 32.7%。

全面实现网上办。通过宁夏政务服务网等 14 个网上办理平台，目前已

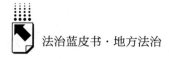

经实现 96% 的事项网上可办，当前全程网上办已有 241 项，后期逐步实现 80% 以上事项全程网上办。

优先推行掌上办。整合全市各类政务服务 App，实现全市所有移动端政务服务事项在"i 银川"全覆盖，2020 年力争实现 80% 的事项全程掌上办。

积极推行就近办。在向园区一揽子下放 52 项、向各县（市）区下放 15 项审批事项的基础上，成熟一批再赋权一批，实现企业办事不出园区、群众办事不出社区。

全面推行一次办。已对工程建设项目审批实施"一次办"事项 391 项，占比 30.6%。2020 年重点开展商事审批准入准营一件事一次办改革，力争全覆盖。

### （三）全面推进五化改革（规范化、标准化、精细化、智能化、便利化）

深入推进规范化。完成进驻市民大厅 69 家（单位）400 多个服务窗口为市民提供 511 类 987 个政务服务和便民服务事项服务指南的规范工作。加快推进标准化。对全市 1277 项政务服务事项办事场所、办事流程、办事规则、办事时限全面实施标准化，构建覆盖全市的政务服务管理体系。积极推进精细化。严格落实首问负责、一次告知、一窗受理、限时办结、好差评等精细化服务，满足办事群众的新需求。大力推进智能化。目前已购置 2 台智能导引机器人，为群众提供市民大厅办理业务引导和查询服务；在社区配备 98 台 24 小时自助服务终端，实现 52 项审批事项智能化自助办理。下一步将梳理商事登记等相对简易的事项全面推进智能审批。深入推进便利化。持续开展政银企合作，推进更多事项在银行网点代办，推动更多的事项向乡镇（街道）、村（社区）延伸，大力推进证照免费邮、网上中介超市、金融超市、银行免费刻章等更多便民惠民举措。

## 三 "1230"审批服务改革取得的成效

"1"，即实现开办企业平均一日办结。银川市整合工商登记、税务登记、银行开户、公章刻制等业务，设立全链条闭环式的商事服务大厅，开发"企业开办一日办结"审批平台，实施"综合窗口""多证合一""证照分离"改革，推进"一站办理、并联审批"，行政审批实现全程电子化，企业开办时间大幅压减，50 分钟内取得营业执照；税务业务实现同城通办，"办税申报、企业信息确认、实名认证、税控盘发行、首次申领发票"40 分钟内同步完成；引入 12 家刻章公司入驻"中介超市"，从受理到送达不超过 2 小时。企业开办以分钟计时，平均用时不超过 1 个工作日，较之前节约时间6 天、节省费用 450 元左右。通过政银合作，打破外省市由政府直接免费送印章的做法，减轻政府负担，由银行为新开办企业免费刻章。

2018 年，银川市民大厅有 3779 家企业选择了企业开办"一日办结"模式，至少为开办企业节省费用 170 余万元。2019 年以来，银川市在"一日办结"基础上提出"半日办结"的更高要求，截至 12 月 30 日，共有 4388家企业半日办结，占银川市新增企业的 31.18%（银川市新增企业14075 家）。

"2"，即实现不动产登记平均两日办结。2019 年，银川市通过推行手机App 查档查询、不动产"信易登"服务、不动产登记责任保险机制等，实现不动产查（解）封、异议、注销登记即时办结，招商引资和新开办企业不动产登记 1 日办结，抵押登记 2 日办结，复杂登记（首次登记、在建建筑物抵押登记）4 日办结，全市不动产登记平均 2 日办结。通过优化服务节省了企业办事时间，加快企业融资速度，减少了企业抵押贷款过桥资金利息等融资成本。2019 年，银川市办理不动产登记业务 209348 件。

"3"，即实现项目立项审查到施工许可 30 个工作日内办结。银川市创新性推出"一体式集成审批"模式，将发改、住建、自然资源、消防等项目审批职能集中为一体，统一建设项目审批服务大厅，推行全链条闭环集成审批。按照"大串联、小并联"的原则，打破原有的项目审批串联模式，重塑工程建设项目审批流程，将建设项目全生命周期分为立项审查、施工许可、勘查验收三个阶段，并设置综合窗口，统一受理、一键启动、并联审批。将环境影响评价、节能审查、地震安全评价等 10 项评估事项统一纳入实施"多评合一";将规划平面图、施工图、消防安全审查等统一纳入"互联网＋图审"平台，推行"一套标准、一次审查、一个结果、数据共享、多方监督"模式，实施"多审合一";将竣工规划核实、防雷装置竣工验收、节能验收、消防验收、绿化工程验收等验收事项采取"一口受理、统一确认、集中验收、限时办结"，实施"多验合一";在主要申报材料齐全情况下，对办理建设项目审批全链条中企业投资项目备案、建筑工程施工许可等 17 个审批事项、59 份材料实行承诺即可"容缺办理"。目前，一般社会类投资项目报批立项审查、施工许可控制在 30 个工作日以内，比改革前109 个工作日效率提高近 4 倍。以高效服务确保项目当年落地，有效破解了银川地处西北、项目施工期短的弊端。

"0"，即努力实现从"最多跑一次"向"群众零跑路"转变。依托政务服务"一张网"、智慧城市指挥中心，打通"数据壁垒"、延伸服务触角，切实打通服务群众的"最后一公里"，深入推进"不见面、马上办"改革，积极打造群众"办事零跑路"服务模式。实现了个体工商户、建筑施工企业资质认定、社保信息查询、水电气报装缴费等 102 个办理事项"群众零跑路"。全力推行电子证照。统一建设"银川市电子证照共享服务平台"，打造"办证不出证、数据来验证"电子化政务工作模式。实施办件结果"免费快递送"。政府以购买服务方式推进政邮合作，已免费邮寄各类办件结果 39037 件。推广自助终端机。在全市各政务服务大厅、街道、村镇、社区等投放 24 小时自助终端机 99 台，市民可通过自助终端设备完成社保和公积金信息查询，水、电、气缴纳等业务，最终实现"企业办事不出园区，群众办事不出社区"的目标。推行政务服务掌上办。开发"银 E 通"政务服务 App，实现食品生产经营、医师执业注册、公共场所卫生许可等 52 项政务服务事项指尖办、490 项政务服务事项在线预约，推进政务服务由"脚尖"向"指尖"转变。推行企业项目代办制服务。按照"一网一库一图一员一策"的工作机制下沉服务，将涉企事项推进到园区办、企业身边办，做到"企业的事园区办、园区的事园内办"。推行区域评。探索推进园区"区域评"，将环境影响评价、地质灾害危险性评估、地震安全性评价、气候可行性论证、文物保护评估、压覆性矿产评估等六项具有区域共性特点的评估评审事项,形成整体性、区域化评估评审结果,免费供入园企业共用,入园项目不再单独编报。

# 四 改革展望

## (一)加强在线政务服务能力建设,推行"一枚印章管数据"改革

加快"数字政府建设",推进政务服务体制机制改革从"部门场所集成阶段"向"数据信息集成阶段"跨越,持续发挥行政审批相对集中优势,以《国务院关于在线政务服务的若干规定》(国务院令第716号)为依据,以数据集成为主线,推动跨平台跨领域数据互联互通、开放共享,通过构建数据驱动的政务服务运行管理新机制、新内涵、新渠道,不断提高数据集成管理和应用创新能力,加速政务服务标准化、智慧化进程,大幅提升服务效能,实现在深化"放管服"改革上有更大突破,在优化营商环境上有更大进展。

实施政务服务"一枚印章管数据"改革,围绕打造"掌上办事之城"的目标要求,实现统一数据共享,全面精减材料的关键抓手,旨在通过办事材料的标准化管理,解决群众办事提交的要件材料多、形式不统一、要求不一致问题;通过数据应用管理体制机制改革,解决部门共享数据无法转换为有效办事依据、电子材料普及率不高的问题;通过对现有一体化在线政务服务平台和各行业事项办理信息系统的改造升级,解决数据重复录入与材料重复提交问题;在更高的维度,实现跨部门、跨行业、跨层级无差别减材料,打造"操作更傻瓜、应用更便捷、处理更智能"的线上政务服务平台。

"一枚印章管数据"改革,是电子章取代实物章、电子数据材料取代纸质材料的深度变革,是围绕"互联网+政务服务"新要求,对"一枚印章管审批"改革的拓展和深化,标志着银川市相对集中审批制度改革迈入数字化、智能化新阶段,将从顶层设计上为数据共享、业务协同提供最广泛的

应用场景，为建设"数字政府"、打造"掌上办事之城"提供有力的数据支撑。

### （二）实施标杆引领战略，以"1230"改革成效带动营商环境不断优化

银川将以加快打造市场化、法治化、国际化的国际一流营商环境为目标，解放思想、追求卓越，以"1230"改革成效为标杆引领，虚心学习借鉴北京、上海、深圳、南京、杭州、衢州等营商环境先进地区经验，形成充分彰显区域中心城市特色的营商环境，使各类企业在市场中如鱼得水、充满活力。

一是加快简政放权，营造透明高效的制度环境。坚持"刀刃向内"，从减少行政审批事项入手，推动由行政分权向市场放权转变，清理规范行政事业性收费和中介服务收费，提高行政审批效率。积极消除各种行业壁垒和地方保护，全面推行权力清单、责任清单、市场准入负面清单制度，引导和鼓励民间资本和各类产业投资基金投资老旧小区改造以及医疗、教育等社会事业领域。

二是加强市场监管，营造规范有序的市场环境。依托国家"互联网＋监管"系统，联通汇聚国家企业信用信息监管平台，依法设立市场主体信用"黑名单"制度，提升信用监管效能，构建"一处违法、处处受限"的联合惩戒机制，使市场活而不乱。加快大数据、人工智能、区块链等新一代信息技术在市场监管领域的推广应用，加强对风险事项的跟踪预警。利用物联网、射频识别等新兴技术对食品、药品、危化品等重点领域建立健全产品安全生产及质量追溯体系，加强对重点领域的全流程监管。

三是持续优化服务，营造亲商便民的政务环境。打造与全球管理通行惯例和国际规则一致的政府服务体系。优化企业服务体系，培育发展行业协会、商会等经济类社会组织，积极壮大各类专业服务机构。加快推进政务数据互联互通和共享融合，打通部门间、地区间"信息孤岛"和"数据壁垒"，加快各种新技术手段在政务服务中的应用，探索运用云计算、大数据

开展"互联网＋政务"和智慧政务，让数据多跑路、企业和群众少跑路，提升企业的便利度和获得感。

四是坚持依法行政，营造公平公正稳定的法治环境。进一步加强统一开放高度透明的市场建设，进一步放宽外资进入的领域，深化实施行业准入负面清单，消除不同所有制企业生存竞争发展壁垒。建立以保障良好营商环境为主旨的公正严明执法体系，完善行政执法部门执法程序，依法严肃查处各种扰乱市场秩序的违法违规行为。加强社会信用体系及企业信用平台建设，建立健全守信践诺机制和失信惩戒制度。

五是接轨国际规则，打造更加自由便利的投资贸易环境。克服贸易投资面临的短板和困境，参照国内外先进经验做法，拓展思路，大力提升投资贸易便利化水平，构建更加开放、连接全球全国的投资贸易平台体系，构建高度发达和现代化、国际化的开放载体，优化自由便利、透明高效的投资贸易体制，从而为企业提供更多的要素支撑和市场竞争支撑，加快形成对外开放新格局。

六是凸显价值潜力，打造更为灵活的人才和创新环境。加大人才投入力度，构建与财政相适应的稳定增长机制，增强城市人才的吸引力。建立人才分类投入体系，加大对优秀创新创业人才、企业科技人才、企业经营管理人才、高技能人才的资助力度。加大自主创新、特色创新、集成创新的力度，多维度推进创新平台建设，提升城市创新能力和水平。深入推进科技产业化体制机制创新，增强成果转化服务功能，营造全社会尊重创新、勇于创新的创新创业环境。

# B.8
# 全生命周期"一件事"场景式
# 政务公开的宁波江北实践

葛黎明*

摘　要：　探索和推进全生命周期"一件事"场景式政务公开与高效政
务服务深度融合改革，是推进国务院"简政放权、放管结合、
优化服务"向纵深发展的内在要求，是为解决群众和企业到
政府办事"操心事、烦心事、揪心事"的创新举措，是不断
提升群众和企业对改革的获得感和幸福感的有效途径。本文
深度阐释了政务公开的工作背景、促进"放管服"改革的意
义，梳理总结宁波市江北区全生命周期"一件事"场景式政
务公开与高效政务服务深度融合的主要做法，分析提炼其初
步成效和基本经验，为全国透明政府、法治政府等建设提供
创新思路。

关键词：　政务服务　"一件事"场景式　政务公开

　　近年来，宁波市江北区围绕打造系统集成、协同高效"整体智治"透
明现代政府的目标，以个人和企业办事场景和需求为出发点，勇于担当、敢
于变革，坚决铲除墨守陈规的"心魔"，奋力拆除为民服务的"篱笆"，聚
焦"一件事"场景式政务公开与高效政务服务深度融合，大力实施个人和

---

* 葛黎明，宁波市江北区政协副主席、区审管（公管）办主任。

企业全生命周期管理的政务服务升级变革,全力推动国务院"放管服"改革、浙江省"最多跑一次"改革向纵深发展。2016 年起行政审批服务群众满意率连续四年排名全市第一;实施工程项目招投标服务国家级标准化试点、个人全生命周期政务服务省级标准化试点,助力江北区县级政府透明度指数评估连续三年跻身全国前三。

# 一 工作背景

为准确掌握企业群众对法治政府建设的新需求,本文研究分析江北区行政服务中心掌握的每月 5000 多个群众咨询电话和最近 30 多万件的审批办件。①围绕群众心目中的"一件事",假如开个包子铺,政府能不能以开成包子铺这"一件事"场景为视角,作出整体性、集成式的申报材料一次性告知?②老百姓一生中到底要经历哪些审批事项?宝宝出生要经过哪些审批才是合法的?③孩子如果改姓名会涉及哪些证照需要变更?能不能做到一次变更?企业登记信息发生变化了,哪些证件需要同步变更?企业要注销又如何操作?可以联合注销吗?④一个投资者要开办企业、要跨境贸易等,该怎么做?⑤民营企业家怎么报建一个汽车零部件制造项目?政府部门之间审批还是串联式的?中介机构在其中要干些什么事情,它们的收费情况又是怎样的?⑥一名军人退役到地方安置时,户口怎么迁?补贴补助怎么申报?创业就业怎么办?农民群众利用自己的房屋、身边的山山水水怎么报批开设民宿客栈?一名中东欧国家的工程师,怎么到江北就职工作?要投资创办公司又该怎么办?一家企业在"一带一路"背景下要将资金、技术、设备合法合理投到国外,需要办理哪些手续?一名企业家,想在数字经济等新经济新业态投资,但国家目前还没有具体事项的审批标准,该怎么办?⑦企业群众在"一件事"办理过程中一般会遇到什么样的困难和矛盾?政府工作人员一般解决的方法思路又是怎样的?⑧哪些审批事项只要表格填对了、填齐了形式审查就够了?随着互联网技术的发展,哪些申报材料政府部门通过数据共享不再需要办事企业群众提供纸质材料?⑨行政服务中心节假日能预约办事吗？办事高峰期如何避开？不通中文又怎么办？等等……如果不解决这些问题，改革很难得到企业群众现实生活层面的认同，这就需要从政务服务平台的能力、效率、标准、数据、监督、秩序维度着手强化建设，有效破解上述企业群众在办成"一件事"过程中的疑虑、担忧，化解难点、堵点、痛点。

为此，江北区对标法治政府建设的目标要求，坚持人民立场，以适合到政府部门办事者的合法合理利益最大化为原则，发挥行政服务中心政务服务的集聚优势，从企业群众办事需求中发挥行政审批政务服务的核心价值作用，促进部门与部门、事项与事项的政务服务形成"逻辑组合"，发生"化学反应"，使得行政审批从单个部门独立式的政务服务向整体政府集成式的政务服务转变，不断强化政务服务改革的制度设计、能力提升和数字转型协同推进，持续推动政务服务从经验处理到标准管理再到价值治理的迭代升级，将江北区行政服务中心打造为浙江省推动"最多跑一次"改革各项新举措的中试实验室、标准创新地、智能体验区、领跑主战场，持续推进行政审批服务迈向高标准、高水平。

## 二 主要做法

### （一）个人全生命周期"一件事"场景式集成改革

首创个人全生命周期"一件事"集成服务办事一本通。2017年，江北区以一个人的全生命周期活动规律为参照标尺，在全国首编《江北区个人全生命周期"一件事"集成服务办事一本通》，对个人全生命周期各阶段进行科学划分，设计了16类主要办事场景，归集整合百姓一生30000多天可能涉及的所有政务服务事项，已涵盖1167个事项表，每个事项表包含名称、材料、流程、时限、地点以及与浙江政务服务网同源更新发布的二维码等要素。同时以该一本通为支撑，设计编制了出生、社会救助、退休等25个"一件事"的电脑端、移动端、现场大厅办事指引。在行政服务大厅触摸屏等载体中，整体公开需要办理的政务服务事项标准，明确百姓办事预期，包括材料可预知，环节可预看，流程可预见，困难可预判，周期可预料，结果可预测，变各部门分别告知为全生命周期整体告知，变单个事项逐项多次办理为"一件事"整体一次办理，实现无论谁申报、谁审批，申报条件都一样，审批标准都一致，最大限度地减少部门自由裁量权，切实解决信息不对称、不及时等问题，让百姓办事不烦心、更安心。

首创个人全生命周期"一件事"政务服务标准体系。2017年11月，在全省率先实施个人全生命周期政务服务省级标准化试点（省质监局立项发文），以标准化推动全生命周期"一件事"改革成果固化，实现了政务服务经验管理向标准治理的迭代，为全省乃至全国提供了服务规范、办事指引。标准研制围绕"流程再造优化、数据共享开放、现场精细管理"三大原则，注重整体谋划、系统设计，建立了"一套事项清单＋一套流程图＋一套标准"体系，规范了百姓个人出生、上学、工作、结婚、养老5个一生重要阶段的政务服务要求。设计研制了服务标准共82个，其中服务通用基础标准22个，服务保障标准27个，服务提供标准33个。《个人全生命周期政务服务标准体系》《个人全生命周期政务服务标准化管理办法》《个人全生命周期办事事项管理规范》《个人全生命周期"一件事"工作规范》以及涉及个人具体办事的《出生"一件事"服务规范》《退休"一件事"服务规范》《身后"一件事"服务规范》等40个关键标准，已经出台。

首创"我该怎么办""浙里这么办"场景服务机制。一方面，实施行政服务大厅咨询员场景式导航引导，把百姓个人林林总总的办事需求场景翻译转化为一个个具体的政务服务事项，目前600多个百姓高频需求场景已被转化为具体政务服务事项。例如："我买了台叉车，该怎么办"办事需求场景对应的是《特种设备使用登记》和《特种设备作业人员考核（首次申请）》2个政务服务事项；"我的医保卡里有历年余额，能否给老父亲使用，该怎么办"办事需求场景对应的是《基本医疗保险参保人员历年账户家庭共济备案》的政务服务事项；等等。另一方面，推动实施"干部走出柜台"，打破传统柜台式坐等的服务模式，转变为干部主动靠前服务，用"以简更简、以深更深"的服务理念为百姓提供自助机办、手机下载办、电脑终端办、窗口快速办的场景服务。比如，办理社保卡这类简单事项就是要引导百姓用最简单的方式在手机端完成办事，而像社会救助类的复杂事项就要提供更深入服务，让该类特殊办事群体了解救助政策，手把手帮助其实现网上申报。把行政服务中心作为百姓网上办、掌上办、线下办的"驾校"，让咨询员、窗口干部成为"好教练"，在"导"字上想得深、摸得准，做到"导"之有方、"导"之有力、"导"之有效。

首创个人全生命周期"一件事"扫码办服务机制。为满足常态化疫情防控、百姓足不出户就能办成事的场景需求，创新梳理一批百姓在家好办、易办的服务事项，编制《江北区政务服务高频事项"家里办二维码"一本通》，具体涉及人社、医保、教育等部门的社保卡、医保参保、教师资格认定等56个个人事项和跨部门协同办理的23个百姓个人"一件事"。创新制作了扫码即可办事的二维码，让百姓通过"浙里办"App扫码"零门槛"一步进入办事界面，即可在线查看办事指南、填写申请表单、完成在线申请、查询办理进度，部门在线审查核准，审批结果证照批文在线送达（或快递免费送达），把"码"送上门，把审批链推上线，实现百姓"一册在手""一扫可查""一点即办"，用"码"串起百姓需求和网上审批，让百姓享受更精致、更细致的政务服务体验。

首创个人身份证信息变更协同连锁办服务机制。为有效破解百姓个人因身份证基础信息变更后引发的其他多个变更事项跑多次等难题，对跨部门的变更审批事项实施场景式多部门协同联办，率先在国内建立个人身份信息变更单点触发、后续审批事项自动全链反应的"多米诺骨牌"式"一件事"连锁变更审批机制，整合不同事项的申请表单、材料清单，实现"一表告知、一表申请"，用一张联合申请表替代多个审批事项的多个申请表格和材料，实施公安部门个人身份信息变更后，通过"浙政钉"系统与人社、教育等8个部门进行数据共享，实现社保卡、学籍卡、预防接种证、残疾证等可能需要随即变更的14个审批事项同步联办变更审批。材料精简率达60%，平均办理时间从3天缩短至3小时，审批效率提高87.5%。

## （二）企业全生命周期"一件事"场景式集成改革

首创企业全生命周期"一件事"集成服务一本通。聚焦打造市场化、法治化、国际化营商环境的目标，对标世界银行营商环境测评指标，从企业视角出发，围绕企业从开办到注销全生命周期，将企业开办、办理建筑许可、用电报装等营商环境便利化的主要指标转化为"我要开办了""我要建设了""我要用电了"等10个办事主题，创新编制了《优化营商环境"10＋N"行动集成服务办事一本通》，对各办事主题所涉及的申报要求、材料清单、办事流程、办理期限、文件依据等内容进行系统设计，梳理集成"一件事"并形成办事服务清单，共涵盖24个审批部门、119个审批事项、625份材料清单，为企业市场准入、获得场地、生产经营等"一件事"提供更温馨的告知、更清晰的指引。通过转换视角明预期、优化流程提效能、多措并举强告知等三个层面推动优化营商环境"10＋N"行动落地见效。该一本通集成服务经验做法被国办要情录用。

一是转换视角明预期。站在企业需求视角，一本通使用企业语言，注重办事主题亲民化、办事内容清单化，将优化营商环境"10＋N"行动方案翻译成企业看得懂、易接受的"大白话"版本。还针对企业办事填表烦、填表难的问题，对各类表单分解剖析，编制表格填写范本，明确告知企业怎么填、部门怎么核，已对26份表单进行了示例化解析。

二是集成优化提效能。充分发挥行政服务中心集聚政务服务的优势，加强各审批部门的联动衔接，促进部门与部门之间、事项与事项之间形成"逻辑组合"，推动发生"化学反应"。比如，"我要注销了""一件事"针对不同的企业在营业执照注销后可能还要办理社保登记证、道路运输证、卫生许可证等27个其他许可注销业务的情形，将各部门所涉及的27份申请表、108份材料压缩至1份联合申请表，供企业注销时根据实际情况自主选择，实现企业"1＋27"证照注销"一表申请、一窗受理、集成服务、联合注销、并行办结"。同时以一本通为支撑，实施分段优化服务，根据企业的不同阶段，精准告知办事事项相关内容，让企业早准备、有预期。比如，

"我要建设了""一件事"对处于项目谋划阶段的企业,重点告知项目审批的用地规划许可、建设工程规划许可、施工许可和竣工验收等关键审批环节和中间环节,便于企业快速了解办事流程全貌;对处于项目实质审批阶段的企业,重点告知每一节点所需的申报材料和部门审查要点,实现申报材料可预知、审批重点可预判、审批结果可预测。

三是多措并举强宣贯。强化一本通知晓覆盖面、应用度。对外,组织专业代办人员、行业协会人员、企业办事人员专题学习一本通,便于企业办事"按方抓药"。对内,组织开展窗口工作人员场景式审批服务实战培训,从专业服务、沟通协调等维度提升其应用一本通的能力水平,便于部门审批"依方照办"。行政服务中心设置优化营商环境"10 + N"行动宣传栏,全面展示一本通内容,制作播放一本通办事引导动漫短视频,以形象可爱的动漫表述和简洁明了的动漫演示实现办事流程可视化。

首创企业全生命周期"一件事"扫码办服务机制。为满足常态化疫情防控需求,创新梳理一批企业群众在家好办、易办的服务事项,首编《江北区政务服务高频事项"家里办二维码"一本通》,具体涉及市场监管、税务、住建、城管等部门的公司设立登记、发票领用、车辆运输证办理、垃圾清运等35个企业单个事项和跨部门协同办理的企业16个"一件事",企业群众足不出户就能办成事。创新制作了扫码即可办事的二维码,让企业群众通过"浙里办"App扫码"零门槛"一步进入办事界面,即可在线查看办事指南、下载申报表格、进行在线申请、查询办理进度,实现企业群众"一册在手""一扫可查""一点即办"。同时设计编制企业17个"一件事"电脑端、移动端、现场办事指引,确保企业快速全流程办成"一件事"。

首创企业注册登记信息变更协同连锁办服务机制。为破解企业因企业注册登记基础信息变更后引发的其他多个变更事项跑多次等一系列难题,对跨部门的变更审批事项实施场景式多部门协同联办,率先在国内建立企业注册登记基础信息变更单点触发,后续审批事项自动全链反应的"多米诺骨牌"式"一件事"连锁变更审批机制,整合不同事项的申请表单、材料清单,实现"一表告知、一表申请",用一张联合申请表替代多个审批事项的多个申请表格和材料,针对企业名称、法定代表人(不涉及股权变更)、注册资本、股东姓名(名称)等 4 类企业注册登记信息变更后,通过"浙政钉"系统与区人社局、区卫生健康局、公安江北分局等 12 个部门进行数据共享,将原先后续变更需要提交的 138 份申请材料精简至 1 份申请表,填表要素由 305 项减少至 38 项,精简 87.54%;承诺期限从 18 个工作日压缩至 1 日办结,审批效率提高 94.44%,此项改革每年将惠及江北区企业 2000 余家。

首创基本建设项目全过程"一件事"集成服务机制。围绕区域治理体系和治理能力现代化目标,推进工程项目建设从完成征地拆迁后到项目建成投产的绩效评价全过程"一件事"改革,按照工程建设项目的一般规律,首创工程建设项目全过程"一件事"集成服务机制。实施改革创新"20·20 专项行动",即系统集成了"生地到熟地"一件事、厘清审批权力边界一件事等 20 个一件事。从项目流程优化、利益主体协调、要素综合考量、社会风险管控、项目保廉防腐等各个方面,梳理集成了项目建设各个阶段前后有序、相互关联的 20 个一件事;创新建立了项目建设全因素考量、水电气"一窗受理、集成服务"、标准地+承诺制等 20 个改革创新机制,促进政府、企业、中介等各主体之间的协同配合,实现项目利益相关各方的矛盾协调统一,促进改革从"物理整合"向"化学融合"转变,进一步增强改革的系统性、整体性、协同性,实现服务供给与建设需求相匹配,不断推动工程建设项目服务、管理、监督、控制、评价迭代升级。

首创企业上市(挂牌)合法合规证明"一件事"集成服务机制。以解决拟上市(含挂牌)企业和上市公司在获得相关合法合规证明时存在的耗时长、材料繁、跑次多等痛点、堵点、难点为目标导向,变"企业围着部门转"为"部门围着企业跑",按照"最多跑一次"改革理念,整体政府"智治"的工作要求,在全省首创便捷高效的拟上市(含挂牌)企业合法合规证明"一件事"政务服务机制。通过在行政服务中心设立企业上市集成服务窗口,实施"一表申请、一窗受理、集成服务、材料共享",对拟上市(含挂牌)企业和上市公司取得合法合规证明提供一站式服务,并对公安局、法院、税务局、人力社保局、自然资源和规划局、生态环境局、住建局、农业农村局、商务局、应急管理局、市场监管局、消防救援大队等部门的各类数据信息深度融合,将原先18个合法合规证明审批事项申请表合并为一张联合申请表,企业通过"企业上市集成服务窗口"一次提交营业执照、公司介绍信、办理人员身份证复印件等原本需要重复提交的材料,将"条数据"转化为"块数据",将部门监管信息转化为拟上市(含挂牌)合法合规证明数据信息,运用"浙政钉"系统在18个部门间进行数据共享,大幅提高服务企业上市的工作效率。

首创重点领域新兴产业"一件事"集成服务机制。针对新冠肺炎疫情发生后,不少产业链、供应链加速重构,许多新产业、新技术、新业态、新模式脱颖而出等客观需求,聚焦医疗健康产业、工业互联网产业、"5G +"产业、数字经济、智能物流产业等5个重点领域100多个产业,通过建立主动发现、快速响应、会商会审、分析研判、快速处置、中介服务、代办帮办、案例总结、标准制定、建议修规10个机制,首创重点领域新兴产业"一件事"集成服务机制,促使区域经济和企业发展走上创新驱动、内生增长轨道的"一件事"。进一步优化新兴产业分类审批流程管理,提升市场准入便利化水平,切实解决新兴产业在审批过程中遇到的难点、堵点、痛点,以"鼎新"带动"革故",推动"最多跑一次"改革向纵深发展,促进新兴产业发展规模不断扩大,发展动力持续增强,创新能力显著提升,形成主体活跃、要素丰富、机制灵活、环境优越的新兴产业生态系统。

## 三 工作启示

宁波市江北区全生命周期"一件事"场景式政务公开与高效政务服务深度融合的改革实践,是以"放管服"改革、"最多跑一次"改革为牵引,以数字化变革为动力,以"一件事"优化拓展为路径,站在群众和企业办成"一件事"的需求视角,通过推进部门联动、业务协同、数据共享、标准建设,为企业群众提供如影随形的场景式高效政务服务。该探索经验具有可复制可推广价值,建议在江北区改革探索的基础上,努力放大改革裂变效应。

政务公开从"碎片式"向"集成式"转变,拓展了"一件事"延伸扩面维度。"一件事"场景式政务公开与高效政务服务深度融合改革是落实"系统集成、协同高效"改革要求的新探索,是"放管服"和浙江省"最多跑一次"改革在工作理念上的落细落实、在具体实践上的延伸拓展、在发展路径上的方法创新,主要体现在三方面:一是沿着民生关切和涉企服务两条主线,设计了个人和企业全生命周期办事场景,梳理形成新的"一件事",丰富了"一件事"的内涵和外延;二是在标准化理念引导下梳理事项、编制指南、优化流程等,为统一群众和企业"一件事"办事标准和管理规范提供了样本和借鉴;三是要求部门间加强配合协作,共同推进改革实践、实现便民利企,体现了整体法治政府建设的要求。

政务信息从"单部门条数据"向"多部门块数据"转变,加快了"数据流"互联互通速度。"一件事"场景式政务公开与高效政务服务深度融合改革是打造"整体智治"现代政府的新实践。建设现代政府,重点要通过跨层级、跨区域、跨部门的业务协同和数据共享,实现政府治理现代化。"一件事"场景式集成改革聚焦了企业群众视角的多个应用场景,通过网上推送、网上认可、网上运用信息,有效贯通了"业务数据流"堵点,实现部门"条数据"向"块数据"转变,符合"整体智治"服务政府建设方向。

政务服务从"以部门权力为中心"向"以群众企业为中心"转变,彰显了"多场景"主动服务温度。"一件事"场景式政务公开与高效政务服务深度融合改革是增强群众和企业"放管服"改革获得感的新路径。群众和企业到政府部门办事的跑腿次数、申请材料、办事时间有没有真正减下来,直接影响群众和企业办事体验感。其中,江北区探索推进的围绕公民个人身份证信息、企业营业执照信息变更引起的链条式变更场景,着力前移政府服务关口,重塑办事流程,优化个人社保卡变更、企业印章变更等多个"未来办事场景",创新推出供群众和企业自由选择更改的"信息'多米诺'变更菜单",避免了以前"单点变更"后还需多次跑多部门变更信息的烦恼,给群众和企业带来了实实在在的获得感。

# B.9
# 雄安新区产业承接中的税收收入
# 归属及其法治逻辑

李大庆 *

摘　要：　在京津冀协同发展框架中，雄安新区是主要的相关产业承接
地。企业从迁出地到迁入地的转移过程中必然引发税收收入
归属的变化。根据财税法基本原理和中国分税制财政管理的
实践，地方税收收入归属应按照属地原则处理，除非产业承
接有其他特殊事由足以改变属地原则的适用。京津冀协同发
展是以疏解北京的非首都功能为核心的，企业迁出对北京而
言是一种疏解和"减负"，与其直接相关的税收利益不应剥
离于企业之外，而应随企业一起落入迁入地，方可确保产业
转移中财税事项的法治化。

关键词：　京津冀协同发展　雄安新区　税收收入归属

　　雄安新区建设是党中央为实现京津冀协同发展国家战略作出的重大举
措，也是推进中国国家治理体系和治理能力现代化的重要契机。习近平总书
记强调，规划雄安新区建设要坚持以人民为中心、注重保障和改善民生。法
治是国家治理体系和治理能力的重要依托，在国家战略中具有基础性的地
位，它要求维护宪法法律权威，保障人民基本权利。

---

　　*　李大庆，河北经贸大学法学院副院长、副教授，法学博士。

## 一 问题的提出

疏解北京非首都功能是京津冀协同发展的中心任务，雄安新区是主要承载地，尤其是承接北京的产业转移，如一般性制造业、区域性物流基地和区域性批发市场等。雄安新区将瞄准承接京津产业转移，把央企、知名民企、世界500强、国内500强作为主攻方向，把引进高附加值、高税收项目作为主要目标，力争引进有带动能力的重大产业项目。产业转移涉及土地权属流转、人口迁移、税收归属变化等诸多复杂因素，需要综合考虑各方利益统筹全局。同时，各项决策必须坚持法治精神，提高运用法治思维和法治方式的能力，协调推进雄安新区建设，把全面推进依法治国和法治中国建设的理念渗透到京津冀协同发展国家战略中。值得注意的是，对"京津冀协同发展"和雄安新区建设的认识需要真正提升到国家战略层面，其已超越作为区域性经济社会政策的"京津冀一体化"概念。尤其是在"四个全面"协同推进的背景下，"京津冀协同发展"和雄安新区建设在内涵上也超越单纯的经济发展，应当从国家治理和顶层设计的高度重新认识其意义。具体来看，首先，"京津冀协同发展"国家战略涉及的政府主体绝非京津冀三个省级地方政府，而是中央政府、省级政府和县市级政府组成的一个立体化结构。从财政关系的角度看，它是一个纵向和横向交错的政府间财政关系协调问题。其次，京津冀区域存在发达地区和欠发达地区、东部地区和中西部地区、城市与乡村等不均衡的经济体，可以看作整个国家经济发展不均衡的一个缩影。解决京津冀协同发展问题，实际上对整个国家的发展具有示范性的意义。雄安新区是具有全国意义的新区，新区建设作为京津冀协同发展国家战略的具体措施，是重大的历史性战略选择，其可能辐射的功能范围绝不仅限于经济社会发展，必然会触及更为具体和更深层次的法治问题。本文试图从政府间税收利益分配的正当性视角审视该项政策，提出政府间税收利益分配在逻辑、主体以及程序上的法律界限，完善京津冀协同发展和雄安新区产业承接中的税收收入分配规则。

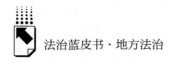

## 二 京津冀协同发展及雄安新区产业承接的税收收入分配政策评析

财税问题的法治化是中国法治建设的重中之重。这一命题内含着对财税政策进行法治化评价的要求。也就是说，作为与法律治理具有同等效果的政策治理要经受法治标准的考验。从经验角度而言，应当从理论上摆脱政策与法律相区分的惯性思维，更加关注二者的沟通与互动。就京津冀协同发展中产业转移的税收收入归属而言，进行法律规范意义上的分析显然面临诸多障碍。原因在于这一问题中大量的制度资源不是法律而是政策，但是法律分析也并非束手无策。一个可能的转换性思路是扩大法治的含义——不再局限于传统意义上的规范性文件，而是对实际做法进行规范性研究，探寻其中是否存在法律依据以及可能存在的正当性。

确定此次产业转移中税收收入归属的关键性税收政策是 2015 年 6 月 3 日财政部、国家税务总局发布的《京津冀协同发展产业转移对接企业税收收入分享办法》（财预〔2015〕92 号）（以下简称《分享办法》），明确了京津冀协同发展中企业搬迁的财税政策。雄安新区作为主要承接地是搬迁企业的集中迁入地，而其在行政区划上属于河北省。从财税与行政区划的关系来看，这一政策必然影响河北省的税收收入，涉及迁出地（主要是北京市）与迁入地（主要是河北省）对搬迁企业税收收益的归属问题。尽管上述《分享办法》具有政策性的特点，但是并不能排除对其合理性与正当性进行审视的必要。从法治的角度观察，《分享办法》的出发点与定位不甚明确，决策程序缺乏必要的公开和透明，而且制定思路不够清晰和严谨，制定主体和程序也不妥当。这些问题不仅容易引发地方政府税收利益的冲突与失衡，更为严重的是背离了财税法治的基本要求，难以体现中央提出的"落实税收法定原则"和完善税法制度的要求。首先，税收法定原则所要规范的，除了国家与纳税人的关系外，还包括中央与地方的财税关系以及人大与政府的权力配置关系。税法制度不仅规范纳税人的应税行为及其所负担的纳税义务，同时也要规范税收收入的归属。从"财税一体化"视角来看，税收实际上是一定层级和区域的政府承担公共服务的经济来源，哪一层级和区域的政府承担公共服务的事权和支出责任，其就应当享有税收的收益权，否则就会带来财政收支上的逻辑错位，违背基本的法治精神。其次，从程序上看，该文件的文号为"财预〔2015〕92 号"，系财政部预算司从预算管理角度发布的文件，而具体内容却是由财政部和国家税务总局联合发布的，仅在文件的开头注明了"经国务院批准"。由于文件的内容涉及京津冀三地政府间税收收益权的分配，并且对地方政府税收收入带来实质性影响，无论是从财税法定原则还是利益相关性的立场出发，财政部（预算司）和国家税务总局都不当是该政策合格的制定和发布主体。最后，该文件性质上属于政策而非法律。然而，政策的制定也需要考虑合法性与正当性的问题。由于涉及纵向和横向的政府间利益，各方在此过程中均应获得利益表达和诉求回应的机会，否则就无法确保程序正义。上述分析表明，中国当前仍然未能摆脱财税领域多年来始终存在的"合法性危机"，从"财政是国家治理的基础和重要支柱"的地位来看，这将不利于国家治理体系和治理能力的现代化，不利于法治政府建设。

## 三　政府间税收利益分配的法律逻辑

中国当前的政府间财税关系还没有完全纳入法治框架，在实践中表现为灵活性较强而稳定性较差，是一种"政策性治理"模式。在国家治理体系中，政策的存在是必要的，它具有法律所没有的优势，但是其弊端也显而易见。特别是对于财政税收这种在国家治理中具有基础性意义的制度，明确性、稳定性和可预测性是应当优先考虑的因素。即便由于立法经验和立法能力不足，具体的财税事项只能通过政策来实施，但对关乎地方重大利益的地方税收益权分配无疑应当坚持以法治方式处理。更何况任何公共政策都须符合正当性或者基本的公平正义要求，否则就违背了其公共性的本质属性。在现代社会行政权不断扩张的趋势下，法治对行政的约束也应同步跟进。政府在实施行政管理过程中应当主动适应法治的要求，进行合法性审查。财税在外观上可以表现为政策之治，然而其内在的本质却应当追求法律之治。退而言之，财政法定原则原本也并不要求财政事项均以法律行之，这既无必要也不可能。因而财政法治的要求不在表面而在内里。例如，对财政事项进行程序控制、对相关主体的权力进行必要限制、对财税法基本原则的坚持，等等。因此，财税法治可以有多种呈现方式，但无论如何要体现其符合法律的目的宗旨①。在税收收入分配过程中，不同主体存在零和博弈，因而具有明显的法治诉求。财政权力作为税收收入利益归属的主导性元素，必然遵循法治要求，主要目的是明确财政关系中利益分配的法律界限②。从分配结果来看，财税法治的实质意义重于形式意义。税收收入的归属是一种实质利益，为合法性评价的主要对象。因此，政府间税收利益分配必然贯彻法治的逻辑。

以时间序列展开，财政的运行逐次表现为收入、管理和支出。因而政府间财政关系可以对应界定为收入关系、管理关系和支出关系。按照税收收入归属的主体不同，中国的税种划分为中央税、地方税和共享税，其中，地方税的税收收益权归属地方政府，共享税的税收收益权由中央与地方共享，税收收入按照预先确定的比例在中央与地方政府之间分配。也就是说，企业所在地的地方政府对企业所缴纳的税收享有收益权，除特殊情况外，其他任何主体都无权剥夺地方政府的税收利益。这为地方政府的税收利益归属划出一条较为清晰和明确的界限。根据1993年制定发布的《国务院关于实行分税制财政管理体制的决定》，营业税收入（不含铁道部门、各银行总行、各保险总公司集中缴纳的营业税）和地方企业所得税收入（不含上述地方银行和外资银行及非银行金融企业所得税）均属于地方固定收入。增值税收入属于中央和地方共享收入，在"营改增"基本完成之后，地方享有增值税收入的50%。尽管如此，地方税收益权的属地原则也并不是绝对的。在一

①　刘剑文主编《财税法学》（第2版），高等教育出版社，2012，第21页。
②　刘剑文主编《财税法学》（第2版），高等教育出版社，2012，第21页。

些特殊情况下，地方政府之间的税收利益还会发生改变，如企业的政策性搬迁、地区间对口支援等过程中，为平衡政府间利益而实施过渡政策。这说明，地方政府之间的税收利益协调并非地方政府可以完全自主决定，有时会受到中央的干预。这是基于财政均衡原则统筹考虑，也具有现实合理性。可见，在中国，政府间税收利益关系通常不是简单的地方之间的利益协调，而是涉及纵向和横向两个方面、至少三方主体的综合博弈。以京津冀协同发展产业转移为例，《分享办法》就涉及三个地方的税收收入归属以及中央财政补助。

那么，在京津冀协同发展和雄安新区建设过程中，产业转移所涉及的企业税收收入归属原则究竟应当遵循属地原则还是有所调整呢？《分享办法》规定，纳入税收收入分享的企业范围是"由迁出地区政府主导、符合迁入地区产业布局条件且迁出前三年内年均缴纳'三税'大于或等于 2000 万元的企业"。此外，《分享办法》还规定，"属于市场行为的自由迁移企业，不纳入分享范围"。其中，"迁出地区政府主导"是一个值得重点关注的因素。这似乎表明，由于企业的迁出是基于政府的要求，那么迁出地政府因此而损失的税收利益就应当获得补偿。在这里可以发现一个"税收利益补偿"的规则逻辑，即由于企业迁出使得迁出地政府丧失了原有的税收利益，因此改变税收收益权属地原则，在一定时间和数额范围内分享迁出企业的税收。反过来说，如果企业自主迁出，完全是基于市场的自由选择，不存在迁出地政府的意志，那么迁出地政府就不存在获得税收利益补偿的问题。有必要强调的是，属地原则是地方税收益权归属的固有原则，在没有充分理由的情况下是不得轻易改变的。"迁出地政府主导"是否构成改变属地原则的充分理由呢？这需要回到京津冀协同发展政策本身来考虑。京津冀协同发展的核心在于疏解北京的非首都功能，对于北京而言，疏解非首都功能本身是一个优化首都功能定位和提升首都治理水平的受益过程，有利于地方政府财政"减负"，降低首都城市治理成本，而企业迁出的税收利益损失是一种必然的代价。

另外，从财政平衡和公共服务均等化的目标来看，中央财政理应优先用于支持河北省经济和社会发展。这与京津冀协同发展和雄安新区建设的宗旨是相吻合的。《分享方案》规定，"若三年仍未达到分享上限，分享期限再延长两年，此后迁出地区不再分享，由中央财政一次性给予迁出地区适当补助"，也有不妥。

从京津冀三地本身的经济发展和财政实力来看，河北省明显处于相对落后地位，急需产业转移来带动产业优化升级和经济结构调整，这符合京津冀协同发展国家战略实施初衷，也是雄安新区建设所要带动的重大转型。因此，在雄安新区产业承接过程中，切实保障迁入地的税收利益，需要在现有政策的实体规定方面作出改进。在程序方面，税收利益关涉区内全体社会成员的基本权益，会影响政府公共产品的提供和民众所能享受的基本公共服务，其决策过程应当强调程序的民主化和公开化，充分吸收各方意见并回应诉求方能符合程序正义的要求。

## 四 雄安新区产业承接中税收利益分配的规则构建

根据《分享办法》的规定，涉及税收收入分享的企业范围是"由迁出地区政府主导、符合迁入地区产业布局条件且迁出前三年内年均缴纳'三税'大于或等于 2000 万元的企业"，并且明确"属于市场行为的自由迁移企业，不纳入分享范围"。这里涉及企业迁移的动因是基于政府强制性安排还是自愿选择的差别。尽管产业转移是在京津冀协同发展战略驱动下的选择，但是政府作出这一决策的动因是基于京津冀区域经济和社会协调发展的客观规律，符合三地的公共利益。企业从首都迁出的决策并非完全政府行政命令的结果，而是有利于企业自身发展的理性选择。而且，并非所有的企业都会纳入产业转移的范围，企业自身仍然享有选择的权利。可见，京津冀协同发展中的产业转移在本质上仍然是市场化的过程。《分享办法》实际上注意区分了两种不同的情况，但是对企业搬迁的背景和性质判断存在一定的疏失。如果从京津冀协同发展和雄安新区建设的目的出发，所谓政府主导应当是政府通过各项政策来引导和疏解聚集在北京的企业①。这是从京津冀整体利益出发进行资源重组的过程。因此这种产业转移从本质上看仍然是市场化的，其中的企业搬迁行为仍然具有政策性搬迁的属性。税收政策的制定应当以尊重市场规律为前提，促进市场功能的发挥，其立场和着眼点必须从市场化的角度来看待产业转移。

## （一）产业转移中税收收益分配的法理逻辑

首先，从税种来看，《分享办法》涉及企业所得税、营业税和增值税②，均属于中央地方共享税。就财税法的基本原理而言，税收是政府提供公共产品和公共服务的对价。由于财政分权的存在，不同层级政府所提供的公共产品和公共服务是不同的，即事权的划分，由此对应形成的支出责任也不同。这形成了事权决定支出责任、支出责任决定税收权益的"财税法治链条"。地方政府承担其事权和支出责任而获取地方税收利益就具有了法理上的正当性。产业转移意味着企业在地理位置和空间上的动态变化，其中包含着企业所承载的公共需求，即政府为其提供的公共产品和公共服务也发生了相应的变化。这种变化表现为迁出地政府解除了对企业的事权和支出责任，而迁入地政府则对应地承担起了事权和支出责任。那么，税收收益的归属应当与此同步，否则就会使"事权—支出责任—税收收益"的链条被割裂，无法形成恰当的逻辑关系。根据《分享办法》，"迁出企业完成工商和税务登记变更并达产"是进行税收收入分享的起点和时间标准，这意味着企业已经完成空间转移，进入正常的运营状态并享受迁入地政府所提供的公共产品和公共服务，而与此形成对价的税收利益却并未完全归属当地政府。对企业迁出地而言，迁出企业不再享受其公共服务，而当地政府依然可以分享企业缴纳

---

① 2015年4月30日，中央政治局审议通过的《京津冀协同发展规划纲要》指出，推动京津冀协同发展是一个重大国家战略，核心是有序疏解北京非首都功能。北京之所以积聚了各种非首都功能的负担，正是因为资源配置被人为扭曲，需要通过市场化的方式进行矫正。通过产业转移疏解一部分企业的目的是使北京回归首都定位，这本身就是一个市场化的过程。

② 2016年5月1日之后，营业税全部改为增值税，因此不再涉及营业税。

的部分税款，这就造成税收收益与支出责任的背离。财税制度的科学性要求遵循税收归属与税收来源一致性原则①。税收归属与税收来源相一致，避免出现"有税源无税收，无税源得税收"的情形，损害税源地的税收权益②。据此，产业转移中税收收益归属一般贯彻属地原则。当然，也存在例外情形。当产业转移完全是为解决迁入地的经济发展、人口就业等特殊理由，如对贫困地区的扶助等，在这种情况下，由于产业转移具有"非市场性"，给迁出地的正常财政收入带来一定的损失，可以安排必要的过渡性措施给予补偿。这种理由足以改变税收收益归属上的属地原则，具有法理正当性。

### （二）产业转移中税收收益分配的规范路径

当前税收收益在政府间的分配仍然是一个政策性问题，并未完全实现法治化。自1994年实施分税制财政管理体制以来，税收收入在政府间的分配始终处于动态调整的进程中，并且主要集中于税收收益在中央和地方政府之间的纵向分配，对地方政府之间的横向分配鲜有涉及。具体到产业转移中企业搬迁导致税源流动可能带来的税收收益分配问题，更是缺乏基本的规范路径。究其原因，一方面是由于单一制政权结构形式对财政体制的约束。尽管中国在实践中认可财政分权并且取得了一定的积极效果，但是集权传统和习惯在总体上并无明显改变。地方财政自主权意识并不突出，博弈格局尚未形成。地方政府缺乏基本的法律和规则意识维护本地合法的税收利益，在面临产业转移过程中税源空间变化时往往难以通过有效的方式确保税收收益归属的法治效果。另一方面，中国财税法学研究对基础理论关注不够，对税收收益分配这种最为根本性的问题未能展开深入研究，难以回应现实需求。一直以来，中国税法理论研究"重对策轻理论"的现象非常明显，理论研究也将很多精力投入对策研究，忽略了一些基础性问题。产业转移中的税收收益分配在制度层面应属于财政体制解决的基本问题，应当通过财政基本法的形

---

① 王道树：《企业所得税收入归属机制研究》，《财贸经济》2007年第4期。
② 京津冀协同发展税收问题研究课题组（执笔人：牛丽、刘群、王传成）：《京津冀协同发展税收问题研究》，《天津经济》2015年第7期。

式予以明确。目前中国财税法律制度体系尚不完善，一些基础性的法律制度尚未成形，如税法总则、财政基本法等。财政制度的基本构架表现为变动不居的政策，与法治化的要求相去甚远。为此，应当强化财政基本制度法治化的研究和实践推进。

在京津冀协同发展的背景下，规范产业转移中的税收收益分配需要建立法治化的路径。首先，应当明确定位是国家战略，而非地方化的安排。从财政视角来看，在京津冀协同发展战略中，存在一个立体化的财政结构，即"中央—京津冀地方"。要特别注意不能把其中的北京市地方财政等同于中央财政，尽管二者在空间上存在一定程度的重合，但是在功能和财政级次上完全处于不同的地位。"疏解非首都功能"实际上是要把作为地方的背景和作为首都的中央进行明晰的划分。目前，北京是一个中央和地方不分的混合概念。也正是这个原因，北京患上了"肥胖症"，疏解非首都功能就是要为北京"减负"，这有利于北京作为一个地方区域的健康发展。不能把京津冀协同发展和疏解非首都功能异化为"包袱要甩掉，利益要留下"的"劫贫济富"。造成这一错误认识的原因在于，中央政府地处首都北京，大量的政府机构及其工作人员享受北京市政府提供的公共服务。北京市的地方税收利益与其所能享受的公共服务水平直接相关。在企业迁出的同时尽可能保留更多的财政和税收利益是其维护自身利益的选择。然而，这一选择的出发点显然基于地方和部门本位利益，隐含着一种变相的"地方保护主义"，也暴露了典型的"部门利益法律化"。要真正落实京津冀协同发展战略，把雄安新区建设作为一个突破口，就应当树立整体性发展观，而不能将观察问题的视角和利益判断的标准锁定于某个局部。尽管北京作为首都在京津冀三地具有特殊地位，但是不能损害基本的社会公平正义来求得特殊的利益。

## （三）产业转移中税收收益分配的程序控制

通过程序正义实现实体权益保障是法治运行的基本思维方式，尤其在税收收益、财政性资金等利益分配场合。从程序角度来看，由于涉及产业转移中搬迁企业所缴纳税款的地方税部分，相关利益主体为迁出地和迁入地的地方财政主体。鉴于税收收益属于地方财政中的基本事项，按照财政民主原则，两地的地方权力机构是适格的代表主体。地方税收收入从根本上说源于地方经济发展的成果和属地纳税人劳动所创造的社会财富，在"公共财产法"① 的视野中，这部分利益属于当地社会公共利益。当发生产业转移时，企业搬迁原本依照属地原则确定税收收益归属即可。如果迁出地与迁入地发生归属争议，那么解决争议的基本程序应当是两个地方权力机关进行协商。当然，作为双方的上位机构，中央权力机关享有最终的裁决权。但是，《分享办法》制定过程中无法反映通过上述程序确定税收收益的原则。

长期以来，中国财政事项的决策形成了行政代替立法的习惯。客观而言，行政决策的确具有迅速、高效的优势，满足了国家治理中的效率追求。不过，任何决策机制均需要兼顾效率和公平。税收收益的归属显然是重大财政事项，理应坚持公平优先的决策思路。当实体权益的分配面临困境时，通过规范的程序加以解决无疑具有合理性。回溯《分享办法》的决策过程，应当由迁出地和迁入地政府进行协商，达成一致后分别由两地权力机构审议批准，必要时报全国人大常委会裁决或者备案，方可体现应有的程序公正。

## 五　结论

雄安新区作为北京非首都功能的集中承载地，面临大量的企业迁入。京津冀三地的经济与社会格局发生的变化必然带来财政格局的调整。需要看到，要破解京津冀发展中的难题，首先应当深刻理解其内涵和功能。京津冀协同发展是国家战略而非地方区域性发展规划，从政府间关系的角度来看，是中央政府与京津冀三个地方政府之间的立体协同，而非三个地方政府之间的平面协同。在"疏解北京非首都功能"目标下，需要厘清作为地方的"北京"和作为中央的"首都"的关系。从财税法治的视角切入，要解决京津冀发展中城镇体系发展失衡、区域与城乡发展差距不断扩大等突出问题，

---

① 刘剑文、王桦宇：《公共财产权的概念及其法治逻辑》，《中国社会科学》2014 年第 8 期。

必须强化中央与地方的财政协同，同时以"疏解"理念平衡京津冀三地的财政资源，构建立体化、法治化的政府间财税关系。

税收是一国或者地区治理的基础性要素，税收法治奠定治理法治化的基础。税收收入的归属问题本身就内化于"利益分配法治化"的内涵，如果不能坚持法治化的路径解决利益分配问题，那么法治国家建设就无从谈起。税收利益不仅是政府自身存在的物质基础，更为重要的是，税收是满足社会公共需要的物质基础。良性的税收竞争有利于激发地方经济活力，促进经济发展，也有利于在财税领域形成"善治"的局面，但是这需要以公平正义为基石、以正当程序为保障。相反，不良的税收竞争却可能产生负面影响。以财政分权和政府绩效管理为主要目标的政府间税收竞争在京津冀协同发展背景和雄安新区建设的过程中表现得更为复杂。这就要求政府能够不断提升治理的法治化水平，在利益分配的过程中避免"本位主义"的干扰，从有利于共同体利益的角度出发，在公共利益的框架内寻找自身利益的实现途径。以税收收益归属为代表的政府间税收关系迫切需要以法治的方式加以协调，以实现政府间财税关系的和谐①。在这个过程中，需要充分发挥立法（包括政策制定）、执法和司法的综合作用，有效协调各方利益，并为可能产生的纠纷提供合理有序的解决途径。而处于不同位置的地方政府，也应当树立守法意识，善于运用法律机制完成治理任务，通过法治化方式建立健全保障国家区域发展总体战略有效实施的制度、机制与政策系统，在本区域协同发展的过程中为实施国家战略营造法治环境②。

---

① 徐孟洲、叶姗：《地方政府间税收不正当竞争的法律规制》，《政治与法律》2006 年第 6 期。
② 公丕祥：《法治中国进程中的区域法治发展》，《法学》2015 年第 1 期。

# B.10
# 行政复议规范化建设的
# 浙江嘉善样本

浙江省嘉善县司法局（行政复议局）课题组*

摘　要：　嘉善县行政复议局以习近平新时代中国特色社会主义思想为
　　　　　指导，全面贯彻中央精神，深入实施《浙江省人民政府关于
　　　　　深化行政复议体制改革的意见》《浙江省行政复议规范化建
　　　　　设实施方案》，坚持复议为民，行政复议规范化建设有序推
　　　　　进。但也需要注意，行政复议、应诉工作中出现了新特点、
　　　　　新常态、新挑战，尤其是案件数量陡增，信息公开类复议案
　　　　　件成为焦点，出现"对抗式"行政复议、行政复议"群体化
　　　　　趋势"和"意见领袖"。对此，需要以持续推进规范化建设
　　　　　为契机，力促行政争议实质性化解。

关键词：　行政复议　规范化建设　行政争议实质性化解

　　在 2019 年度法治浙江和 2019 年度法治嘉兴建设考评中，嘉善县分别取
得了全省第二、全市第一的优异成绩，中共浙江省委全面依法治省委员会通
报表扬嘉善县为"2019 年度法治浙江（法治政府）建设先进单位"，并成
为浙江省向中央推荐的四个全国法治政府建设示范候选市（县）之一。本

---

＊　课题组负责人：王耀光，嘉善县司法局（行政复议局）局长。课题组成员：沈学佳，嘉善县
　行政复议局副局长；邱雅敏，嘉善县行政复议局应诉协调和行政复议科副科长；徐碧贤、张
　瑞，嘉善县行政复议局应诉协调和行政复议科干部。执笔人：张瑞。

报告立足嘉善实践，对行政复议规范化建设中的有益举措和困境挑战进行梳理和阐释。

# 一 开展背景

浙江省建设法治政府（依法行政）工作领导小组办公室 2019 年 4 月 28 日印发《浙江省行政复议规范化建设实施方案》，要求加快推进行政复议规范化建设，充分发挥行政复议在法治浙江建设中的职能作用：在 2019 年实现行政复议体制改革全面到位，相对集中复议职权全面实施，行政复议工作任务与行政复议队伍建设基本匹配；到 2021 年，行政复议能力显著提高，行政复议的权威性和公信力明显提升，行政复议在化解行政争议、推进依法行政、维护社会和谐稳定中的作用更加突出。

# 二 基本情况

嘉善县行政复议、应诉工作基本情况可归纳为外部困境与内部不足并存。实践中出现了一些新特点、新常态、新挑战，尤其是案件数量陡增，政府信息公开类复议案件成为焦点，出现"对抗式"行政复议、行政复议申请人"群体化趋势"和"意见领袖"。当然，"打铁还需自身硬"，在满负荷运转情况下，行政复议工作人员亟须提升专业素质，实质性化解行政争议能力有待提升。

## （一）外部困境

### 1. 新特点：案件数量陡增，信息公开类案件成为焦点

2019 年度，嘉善县共办理行政复议案件 106 件，与 2018 年的 62 件相比，同比增长 70.97%。仅在 2020 年上半年，已有行政复议案件 83 件（2020 年上半年嘉善县行政复议局承办案件 74 件，2019 年同期 35 件，同比增长 111.43%）。2019 年度，嘉善县共办理行政诉讼案件 105 件，2020 年上半年，全县共有行政诉讼案件 113 件，其中以县政府为被告或共同被告的

从嘉善县的情况来看，政府信息公开类案件在复议诉讼中占据相当比例。这一类案件的突出表现在于案结事不了，行政复议后提起行政诉讼几无例外，行政机关被纠错及败诉风险较高。"一人多案""一事多案"的情况突出，有申请人围绕同一问题从不同角度反复申请政府信息公开和村务档案查阅申请，尔后就此申请行政复议，再提起行政诉讼。

同时，极少数申请人反复向不同行政机关申请政府信息公开，向复议机关就获得的政府信息公开答复申请行政复议，以申请政府信息公开的方式申请公开信访事项办理情况来质疑信访处理结果，以申请政府信息公开的方式进行投诉举报，将政府信息公开作为谋求特殊利益的工具。特别是在土地房屋征收征用及历史遗留问题等领域，个别申请人罔顾历年多份生效判决和息诉息访承诺就同一事项反复申请。例如，个别申请人对征收补偿结果不满，在已有终审生效判决的情况下，围绕拆迁地块及后续建设申请近百份政府信息，如向县人民政府要求公开房屋征收管理办公室与征收地块全部被征收人签订的《房屋征收产权调换补偿安置协议》及补助金费用发放使用情况，就征收地块向规划局申请公开土地利用总体规划和城乡规划，向消防救援大队申请公开建设工程消防验收申报表、消防验收合格证书及备案文件，向司法局申请公开征收地块公证人员个人收入、配偶子女工作情况、家庭住址，等等。之后，再以不服所获得的政府信息公开答复为由，申请行政复议。

2. 新常态："对抗式"行政复议

极少数行政复议申请人的行为逻辑属于心理学上的挫折—侵犯理论，其将生活中遇到的各种挫折不顺归咎为政府机关处处针对有意为难，将行政机关正常的行政执法行为当作钓鱼执法故意报复，从而滋生对抗情绪。极少数行政复议申请人以这种对抗情绪，打着"帮助行政机关依法行政"的名义提出各类行政复议申请，甚至一天提出近十件行政复议申请，其数量、频次明显超过合理范围。

同时，极少数行政复议申请人利用少数行政机关怕麻烦怕当被告怕败诉的心理，申请大量行政复议，向行政机关施加压力，以期获得不正当利益。

有的行政复议申请人意图解决的问题属于历史遗留或已超过法定期限，无法进入行政复议和行政诉讼程序，于是转而提起政府信息公开或村务档案查阅申请，借此进入行政复议和行政诉讼程序。例如，极少数申请人对征收征迁结果不满，乃至在长期信访过程中产生被迫害妄想和表演型人格。虽情理上可理解但由此与政府机关产生强烈的对立情绪和对抗举动，其申请行政复议、提起行政诉讼目的不在于解决行政争议而仅仅是为对抗。2020年上半年，陈某提起行政复议案件12件，占案件总数的14.63%；顾某某提起行政复议案件11件，占案件总数的13.25%，两人合计占27.88%。以嘉善县政府为被告或共同被告的案件中，陈某提起行政诉讼案件共15件，占案件总数的24.19%，顾某某提起行政诉讼案件10件，占案件总数的16.13%，两人合计占案件总数的40.32%。其中，陈某围绕西门一期地块征收一事共提起行政复议案件10件，行政诉讼案件15件。这些行为不仅消耗大量的行政资源，而且对司法资源也造成了一定程度的挤兑，既影响行政机关与复议机关正常履行行政职能，也导致行政程序与行政复议制度空转。极少数行政复议申请人将行政复议制度当成向政府施加压力的制度装置，其制度功能有被异化的风险。

3. 新挑战：行政复议出现"群体化趋势"和"意见领袖"

以嘉善县申请实践来看，原信访群体（以下简称"重点人群"）大多摒弃了信访渠道，通过申请政府信息公开、村务公开监督、依法履职等形式，将已终结的信访事项或法院终审判决事项重新进入行政程序。重点人群复议、诉讼案件比例居高不下。2020年上半年，嘉善县共有行政复议案件83件，其中涉及重点人群案件52件，占案件总数的62.65%；以嘉善县政府为被告或共同被告的行政诉讼案件62件，其中重点人群案件51件，占比82.26%；以镇（街道）、部门为被告的51起行政诉讼案件中，重点人群案件13件，占比25.49%。

重点人群出现的"群体化趋势"尤其值得关注，极少数复议申请人主要生活重心就是申请各类行政复议，提起各类行政诉讼和组织相关信访人员串联。出于对抗目的，多个申请人及信访户跨地域互相串联抱团从而形成同进退的利益团体。这一群体往往分化出所谓"意见领袖","意见领袖"是"群体化"申请人中有一定影响力和号召力的人物,在群体中有集聚和效仿作用。"意见领袖"甚至可以组织发动不同的申请人就同一问题在不同时段向不同部门从不同角度反复提起信息公开申请继而申请行政复议,一人多诉、多人一诉乃至共用同一行政复议申请书的情况也时有发生,一人出庭则多人出席乃至哄闹法庭,借参与旁听在行政复议听证会上扰乱听证秩序甚至辱骂听证参加人及复议工作人员,其目的不在于通过行政复议和正当程序化解行政争议,而是将这些渠道作为别有用心者谋求关注、巩固群体地位、获得不当利益的"秀场"。裁判文书网数据显示,顾某某有行政诉讼案件500多件,在嘉善县重点人群中具有较大影响,顾某某行政诉讼案件开庭时,来自嘉善县内不同镇(街道)的重点人群十余人旁听庭审,上下呼应哄闹法庭,乃至出言诋毁法官及行政机关应诉人员。

## (二)内部不足

### 1. 复议应诉工作人员亟须充电

2019年嘉善县行政复议、应诉工作人员人均案件办理数量超过100件,堪称超负荷运作。自集中复议以来,复议案件类型涵盖行政强制、行政处罚、征地拆迁、行政确认、信息公开、行政不作为、工伤认定等领域且涉及领域不断拓展。同时,随着长三角一体化建设的推进,一系列涉及土地征收征用、房屋拆迁补偿的案件不断涌现。行政复议案件审理工作受到严格审限时间限制,给复议工作人员带来了较大的压力。同时,复杂的案件类型也对行政复议工作提出了更高的要求,这就需要复议工作人员全面掌握各职能部门相关的法律、行政法规、部门规章和各级规范性文件。在全面推进依法治国的时代背景下,相关法律法规随着社会实践的发展修订较频繁,复议工作人员更新法律知识储备的需求也更为迫切。这就需要行政复议工作人员树立终身学习的观念,快速提高业务能力,适应行政复议工作需要。

### 2. 实质性化解行政争议有待加强

2020年上半年,嘉善县行政复议局共办结行政复议案件48件,调解成功 13 件，行政复议协调调解成功率 27.08%。2019 年同期办结行政复议案件 23 件，调解成功 12 件，同比增长 8.33%。上述调解成功案件均实现案结事了，行政争议得到实质性化解。但是与陡增的复议、诉讼案件数量相比，得到实质性化解的案件只是少数。由于上文提到的"意见领袖"和"群体化趋势"业已串联抱团的重点人群正试图通过大量的行政复议、行政诉讼对行政机关尤其是镇（街道）等基层行政机关施加考核和维稳压力，借此提出非分诉求。这部分行政争议涉及范围广、案情复杂、矛盾交织，行政争议实质性化解难度较大，行政争议化解有待进一步加强。

# 三 经验做法

## （一）全面落实职责

### 1. 强化领导责任，发挥党政核心领导作用

在行政复议规范化建设中，嘉善县把贯彻落实《党政主要负责人履行推进法治建设第一责任人职责规定》放在首位，积极发挥党委、政府在行政复议、行政应诉工作中的领导核心作用。2019 年机构改革后，新成立县委全面依法治县委员会。2019 年先后召开府院联席会议、法治政府建设推进会议，县委书记、县长要求各行政主体积极应对行政复议、适应行政应诉工作新常态，加强法治政府建设。嘉善县政府领导带头做好行政机关负责人出庭应诉工作，2019 年度嘉善县人民政府一审行政诉讼案件出庭率 94.12%，2020 年上半年全县共开庭审理行政诉讼案件 32 件，行政机关负责人出庭 32 件，出庭率 100%。

### 2. 落实岗位职责，建立行政复议案件承办人制度

出台《行政复议案件承办人制度》，规范行政复议办案工作流程，对行政复议案件承办人的岗位职责作出明确规定，做到定岗、定位、定责。行政复议案件承办人负责查清案件事实、核实证据、核查法律依据，在规定时间内提出办理意见。科室负责人承担行政复议案件管理和督促指导工作，对行

政复议案件办理进行审核把关。加强与各行政部门、各镇（街道）的信息沟通，提高运用法治思维和法治方式化解矛盾、维护稳定的能力。督促被申请人在规定时间内提交书面答复及相关证据、法律依据，并对行政复议申请人的实质性诉求作出回应。

## （二）充分保障申请权利

### 1. 规范行政复议申请权告知

根据《浙江省人民政府关于深化行政复议体制改革的意见》《浙江省行政复议规范化建设实施方案》《关于嘉善县深化行政复议体制改革工作方案的批复》，嘉善县行政复议局从 2019 年 6 月 1 日起集中承办县级部门行政复议案件，除法律规定涉及海关、金融、国税、外汇管理等实行国家垂直领导的行政机关和国家安全机关的行政复议案件外，县级有关部门（单位）及其依法设立的派出机构作出行政行为时，统一告知行政相对人向县人民政府提出行政复议申请。

### 2. 规范行政复议申请材料接收登记

为方便行政复议申请人提出行政复议申请，畅通行政复议申请渠道，完善上门申请、邮寄申请、网络申请等多种途径，方便申请人提出行政复议申请。嘉善县行政复议局在法律服务中心大厅设置行政复议窗口，在二楼设置行政复议案件受理室，提供统一格式文本的行政复议申请书，并指派工作人员专职负责行政复议申请材料的接收登记工作。申请人提出行政复议申请后，嘉善县行政复议局按照《行政复议法》的规定在 5 日内进行受理审查，经审查认为该行政复议申请不符合受理条件和范围、决定不予受理的，向申请人充分说明理由和依据。

## （三）依法履行案件办理职能

### 1. 加强行政复议调查取证，改进行政复议审理方式

在行政复议案件办理过程中，对经书面审查发现案件存在事实不清、证据材料相互矛盾、双方争议较大等情形的，积极采取实地调查、查阅档案、

发函协查等多种形式核实相关证据。2019 年度，共采取实地调查等多种形式审理行政复议案件 15 件。2020 年上半年，采取实地调查等多种形式审理行政复议案件 10 件。建立了复议应诉专家库和咨询委员会，完善了行政复议听证制度、专家咨询制度，对重大、复杂案件采取听证等方式加强案件审理。对专业性较强、重大疑难案件，听取有关专家的意见。举行听证会和征询专家意见建议对于查明案件事实、作出复议决定起到了重要作用。

2. 推行案件集体讨论制度

嘉善县行政复议局在落实行政复议案件承办人制度的基础上，推行行政复议案件集体讨论机制，所有的行政复议决定均在科室内进行讨论合议，发挥头脑风暴的作用，听取每位行政复议工作人员的意见。对重大、疑难复杂案件，实行行政复议案件审理委员会工作制度，由行政复议机构主要领导、分管领导、行政复议科室负责人、行政复议案件承办人等参与讨论，按照主要领导末位表态、少数服从多数等讨论原则形成共识。

3. 力促行政争议调解工作

弘扬新时代"枫桥精神"，嘉善将调解优先的理念贯穿行政复议办案全过程。行政复议的最终目的在于实质性化解争议，在不违反法律法规，不损害国家利益、公共利益和第三人合法权益的前提下，推动行政争议实质性化解。坚持"事前防、事中释、事后了"的行政复议调解模式，在案件办理过程中，注重查找矛盾根源，进行实地走访调查，多方沟通，最大限度化解行政争议，防止矛盾上交。2019 年，通过调解撤回形式办结案件 43 件，其中受理前劝回 26 件，受理后调解撤回终止 17 件，占案件总数的 40.56%，占办结案件总数的 44.79%。2020 年上半年通过调解撤回形式办结案件 13 件。其中受理前经调解劝回 6 件，经调解撤回终止 7 件。2020 年上半年共办结案件 48 件，调解案件占全部办结案件的 27.08%。一审审结案件 44 件，调解成功 8 件，调解成功率 18.18%。以上案件全部实现案结事了，真正实现行政争议实质性化解。

2020 年 6 月，嘉善县行政复议局与桐乡市人民法院、嘉善县人民法院、嘉善县人民检察院共同制定了《关于共同推进行政争议实质性化解的工作

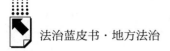

意见（试行）》，就信息共享、嘉善县行政诉讼案件异地管辖后的争议化解案件线索移送、风险评估预警等流程进行有效整合。嘉善县行政复议局依托行政争议调解中心这个平台，在行政复议、行政诉讼前提前介入，通过非诉讼形式将行政争议化解在初始、化解在萌芽状态。

### （四）加强制度建设，落实责任追究

1. 加强规范化制度建设

嘉善县行政复议局先后制定了行政复议案件承办人制度、行政复议案件审理合议制度、行政复议案件审理委员会工作制度、行政复议疑难案件专家咨询制度等一系列工作制度，形成具有可操作性的制度体系，编纂完成2019年度《行政复议案例汇编》《行政诉讼案例汇编》，通过以案释法，实现"纠正一错、规范一片"的目的。通过制度指导实践，并将实践运行反馈完善制度形成闭环。

2. 健全责任追究机制

嘉善县行政复议局严格规范行政复议办案工作流程，依据行政复议案件承办人制度、行政复议责任追究制度等工作制度定岗定位定责，形成清晰明确且有迹可循的办案责任体系，确保每项工作都能对标对表、落实到位，对工作失职的，坚决问责追责。同时，加大行政复议监督力度，按照《浙江省行政复议责任追究办法》，对拒绝、拖延或者不完全履行行政复议决定的，不落实行政复议意见书和建议书的，依法采取约谈、追责、通报等措施。

## 四 未来展望

### （一）持续深化行政复议规范化建设

行政复议规范化建设是一以贯之持久发力，而非"一阵风""走过场"。在2019年行政复议规范化建设的基础上，持续从多方面深化行政复

议规范化建设。一是进一步规范行政复议调查取证工作。行政复议调查取证工作应足够"接地气",加强实地调查以核实行政复议申请人、被申请人双方提供的证据。重大疑难、案情复杂或者专业性较强的案件,邀请有关专家学者、技术人员参与调查。二是进一步丰富行政复议审理方式。综合运用听证等方式审理行政复议案件。在专业性较强、专业证据鉴定对案件有重要影响时,主动听取有关专家的意见。进一步落实重大复杂案件集体讨论制度。三是加强行政复议数字化建设。通过落实浙江省行政复议信息数字化平台工作,推动行政复议受理、审理、听证、送达等全要素全流程线上办理。

## (二)加大行政争议实质性化解力度

行政复议的最终目的在于定分止争化解行政争议,新时代学习"枫桥模式"也应与时俱进,在不违反法律法规,不损害国家利益、公共利益和第三人合法权益的前提下,尊重当事人意愿,通过调解达成和解协议,化解行政争议和矛盾纠纷。进一步加强与行政审判、行政检察相关业务的衔接,建立信息互通共享机制,充分发挥行政争议调解中心的协调作用,加强与人民调解、行政调解、司法调解的协调联动,采取多种有力举措促进行政争议实质性化解。同时,积极发挥党政主要负责人作为推进法治建设第一责任人这一机制的作用,综合运用法治思维、法治方式推动矛盾化解。以多种形式密切与行政相对人的沟通交流,充分争取行政相对人的理解和支持,力争通过人民法院、人民检察院、地方党委、行政机关、复议机构的多方联动,群策群力形成法治合力,及时化解行政争议,防止矛盾纠纷"上交""扩散",避免行政争议演变为社会不稳定因素。

## (三)提升行政复议案件办理能力

行政复议工作人员的业务能力、专业水平直接决定了行政复议案件的办案质量,决定了行政复议申请人的满意度,决定了行政争议是否能得到解决、实现案结事了。行政复议规范化建设所要追求的就是让行政相对人在每一个复议案件中感受到公平正义。嘉善县行政复议局将继续加强与人民法院、各职能部门的良性互动，邀请法官、律师、专家学者对行政复议工作人员进行业务培训，通过学习具有典型性和新发趋势的典型案例，尤其是各级人民法院发布的行政诉讼典型案例和上级复议机关发布的具有地域代表性的典型案例，提高行政复议工作人员的案件审理能力。同时，注重后继力量培育和新生血液生成，加强行政复议工作人员的初任培训，对初任行政复议工作人员开展涵盖政治理论、依法行政、行政复议、行政应诉等多领域的基本专业和知识技能、职业行为规范任职培训，提高适应行政复议、应诉工作的能力。

### （四）探索滥用权利应对机制

针对特殊重点人群出于对抗目的和谋求非分利益滥用权利浪费司法资源的现象，依法及时有效制止滥用权利势在必行，尤其是适时探索建立重点人群滥用权利应对机制。出台可操作性的滥用政府信息公开权利甄别机制，推动人民法院依法对重点人群启动滥诉认定。对于没有新的事实和理由，针对同一事项反复提起诉讼，或者反复提起行政复议继而提起诉讼等，滥用诉权、恶意诉讼的极个别当事人，对于不以保护合法权益为目的，长期反复提起大量诉讼，滋扰行政机关，扰乱诉讼秩序的极个别当事人，人民法院应从当事人提起诉讼的数量、周期、目的以及是否具有正当利益等角度，审查其是否具有滥用诉权、恶意诉讼的主观故意，妥当掌握标准，依法认定为滥用诉权、恶意诉讼，予以有效制止。

# 司 法 建 设

## Judicial Construction

**B.11**

# 深化检务公开的江苏实践

徐红喜*

摘　要： 江苏省检察机关认真贯彻中央推进阳光司法的决策部署,率先建立江苏检察门户网站集群,设置检务公开评价指标体系,加强司法办案流程、结果和重要案件信息公开,推进以案释法工作,强化常态化、制度化新闻发布,着力提升检务公开工作水平,不断提高检察公信力。

关键词： 检务公开　网站集群　新闻发布　以案释法

党的十八届四中全会作出《中共中央关于全面推进依法治国重大问题

---

* 徐红喜,江苏省人民检察院宣传教育处副处长。

的决定》，明确提出"构建开放、动态、透明、便民的阳光司法机制，推进审判公开、检务公开、警务公开、狱务公开，依法及时公开执法司法依据、程序、流程、结果和生效法律文书，杜绝暗箱操作"。2016 年以来，江苏省检察机关深入学习贯彻习近平总书记以公开促公正、以透明保廉洁，增强主动公开、主动接受监督的意识等一系列指示精神，认真贯彻落实中央和最高人民检察院、江苏省委的决策部署，率先构建江苏检察门户网站集群，强化司法办案和队伍建设公开，推进检察权在阳光下运行，着力提升司法公信力。在中国社会科学院法学研究所开展的检务透明度测评中，江苏省人民检察院检务透明度 2016、2017、2019 年度均居全国检察机关第一位①。江苏检察网 2018、2019 年度连续两年获评"中国最具影响力的政法网站"。

## 一 在公开渠道上，率先建立检察门户网站集群，加强检察办案活动公开和司法服务

为贯彻落实深化司法公开等重大决策部署，更好满足人民群众的司法需求，2016 年 5 月，江苏省检察院在全国率先开展全省检察机关门户网站集群建设，对全省三级 127 家检察院的门户网站进行"统一规划、统一标准、统一设计、统一实施"，并于 2017 年 2 月 3 日正式建成运行江苏检察门户网站集群。

1. 全省127家检察门户网站一键直达、信息互通

江苏检察机关门户网站集群围绕"公开"和"服务"两个关键词，把江苏三级检察院 127 家门户网站进行深度整合、统一管理，集约化开展检务公开和司法服务，实现了全省 127 家检察门户网站一键直达、信息互联互通、集约化利用管理。上线三年多来，127 家网站运行良好，集群效应初步

---

① 参见《中国检务透明度指数报告（2016）》，载《中国法治发展报告 No. 15（2017）》，社会科学文献出版社，2017；《中国检务透明度指数报告（2017）》，载《中国法治发展报告 No. 16（2018）》，社会科学文献出版社，2018；《中国检务透明度指数报告（2019）》，载《中国法治发展报告 No. 18（2020）》，社会科学文献出版社，2020。

显现：127 家检察院形成了一个紧密联系的有机整体，畅通了三级检察院信息交流的通道，整合了全省三级检察院的信息资源、服务资源和政务应用；消除了"信息孤岛""应用孤岛"，实现了全省检察机关的权威信息即时发布，为社会公众提供了更优质的检察服务。网站集群自 2017 年上线以来，共发布信息 92 万余条①，页面浏览量超 5900 余万人次②。

2. 依托网站集群深化检察司法办案活动公开

江苏检察门户网站集群把司法办案活动公开作为重中之重，持续推进办案流程、结果和重要案件信息等公开。

一是实时公开重要案件信息。对职务犯罪案件信息和重大、敏感、社会关注度高的案件，及时在检察门户网站及官方微信、微博等平台公开案件办理信息，回应社会关切。2019 年，江苏各级检察院共在江苏检察门户网站集群公开各类案件信息 14400 余条，其中职务犯罪案件信息 811 条（县处级以上干部要案信息 205 条，县处级以下干部要案信息 606 条）；江苏省检察院在江苏检察网公开案件信息 341 条③。江苏省检察院研发了案件发布集聚功能，将全省三级检察院发布更新的案件信息，第一时间自动抓取同步在省检察院门户网站公开，方便群众查看。南京铁路运输检察院依法批捕南京南站公开猥亵女童案犯罪嫌疑人后，及时公开相关信息，得到新华社、人民网等中央媒体关注转发。泰州地下埋毒案、南京交警被碾压致死案、苏州市吴江区检察院提起全省首例行政公益诉讼案等案件信息的及时发布，彰显了检察机关在惩治犯罪、保护公益方面的职能作用，取得良好效果。

二是依法公开各类法律文书。全省各级检察院常态化开展法律文书公开工作，2019 年共依法公开起诉书、刑事抗诉书、不起诉决定书等法律文书 77704 份④，做到依法应公开的全部及时公开。江苏省检察院在江苏检察网依法及时公开了部分检察机关作出的检察建议书、不批准逮捕理由说明书、

① 该数据来自中国江苏网 TRS 平台。
② 该数据来自"站长之家"统计平台。
③ 本组数据来自中国江苏网 TRS 平台，结合人工统计。
④ 本数据由江苏省人民检察院案件管理部提供。

量刑建议书、不起诉理由说明书、不支持监督申请决定书等法律文书，着力丰富公开文书的类型。扬州市检察院实行月检查、季通报，并对公开不规范的点名通报到具体案件，着力做到符合公开条件的法律文书均及时、准确公开，全市法律文书整体公开率达98%。省检察院鼓励、引导各地积极探索建立以案件办理为主体，对公检法等环节的法律文书实行链接式全面、完整公开。苏州市检察院和连云港灌南县检察院立足实际先行先试，在全国率先实现了对部分案件的法律文书进行链接式公开，在检察门户网站上将公安机关移送审查起诉书、检察机关起诉书、法院生效判决书实现一键同步公开，接受群众通过三书对比进行监督。

三是加强类案数据公开。江苏省检察院组织引导各市级检察院实行主要司法办案数据季度公开制度，按季度在检察门户网站公开主要办案数据，回应社会关切。泰州、连云港、镇江、宿迁、南京、常州、南通等市检察院结合办案数据，认真分析一个时期毒品犯罪、非法集资类犯罪、未成年人犯罪等发案特点、原因，提出防范对策，相关分析报告公开后，得到有关部门和社会公众的关注。

四是积极推进刑事申诉公开审查。加大刑事申诉案件公开审查、公开答复工作力度，泰州、无锡、扬州、宿迁、淮安、徐州等市检察院在门户网站设立专栏，及时公开相关刑事申诉案件第三方参与听证、审查、答复等情况。南通市检察院对一起刑事申诉案件进行公开审查听证，部分全国人大代表、专家学者以及最高人民检察院和全国各地检察人员50余人到现场进行观摩。检察机关及时对审查听证情况进行公开，申诉人表示："这次听证会，对我们申诉人给予了充分的尊重，让我们能够充分阐述申诉理由，我们申诉人切实体会到申诉权是有保障的。"

3. 结合公开做好便民服务

围绕人民群众关心关注的问题，主动公开检察队伍建设和为民服务相关信息。

一是全面公开检察领导分工和检察官相关信息。全省各级检察院在2019年公开内设机构及其工作职责、检察机关领导班子成员和部门负责人及全体检察人员等信息基础上，进一步公开检察领导干部的工作分工，公开业务部门检察官的等级，以及检察人员法律职务任免等信息，切实做到检察机关的人员、职责、身份等公开透明。

二是及时公开检察队伍建设和作风建设情况。深化检察人物宣传展示，通过开设"新时代检察官"专栏等形式，加强检察官办案情况的公开，宣传展示检察官和检察官办案团队。扬州市检察院茆小松检察官办理的腾达公司虚假诉讼案、泰州市姜堰区检察院检察官沐杰办理的微信"抢红包"外挂案等公开后，受到各界好评。通过深化检务公开，全省检察机关产生了CCTV 2018 年度法治人物王勇，全国模范检察官、中国正义人物吴小红，驻村扶贫期间带领乡亲创业致富、被评委"中国好人"的盐城检察干警陈扣连、杨洪雨等一批先进典型。主动晒出"三公"经费，对年度检察工作财政预算、决算执行情况，主动向社会公开，接受社会监督。南京市检察院2019 年公务用车购置及运行维护费83.7 万元，与2018 年同比下降43.4%。此外，对发生的自身违纪违法案件，相关地区也主动公开查处结果，做到不遮掩、不护短。

三是细化完善检察办案流程。各地在检察门户网站设立检务指南专栏，对各业务部门的办案流程，围绕受理、办理、流转等各个节点、各诉讼环节的正常办理程序等事项，专门公开运行流程示意图，方便群众办事，少走冤枉路。同时，围绕案件信息查询、控告、申诉等常见事项，以及盗窃、酒驾、故意伤害等常见类型案件，采用问答等形式，作出检察指引、办事指南，尽可能通过检务公开提升服务群众工作水平。同时，结合民事诉讼法、刑事诉讼法修改等新形势，及时设立公益诉讼办案流程和刑事速裁程序案件流程图，生动展示相关案件的受理、办理、流转等运转程序，方便群众办事。

四是开通门户网站无障碍视听功能。群众通过全省检察门户网站集群一键点击便可解放双眼"听"网页新闻信息、自由缩放"变"字号、即时转载"享"文章，拥有了更为舒适的浏览体验。江苏是全国检察机关门户网站中首个实现此功能的省份，每天有上千名网民通过集群各网站使用该功能。网友反映：自从发现江苏检察网有了听新闻功能，对检察网的关注更多了，选好了要看的文章，打开"听新闻"按钮，就能闭上眼睛"享"新闻了。

五是积极打造便民服务品牌。无锡市检察院在官方微信公众号"锡检在线"开辟"法律智答"模块，通过登录智能法律机器人，为群众提供法律咨询、案例查询、刑事量刑预测、法律文书模板下载等多项服务。"法律智答"能充当诉讼引导员，直面回答网民提出的各种法律问题，帮助当事人熟悉立案流程，能够引用法条、分析案情并作出逻辑推理判断，提供优质的法律服务。研发公益诉讼"随手拍"，方便群众将发现的公益诉讼线索照片或视频上传至平台，检察机关集中受理、分类处置、限时办理，并对有功人员给予奖励。苏州市检察院研发"苏州检察服务中心"小程序，为律师和社会各界提供法律文书、案件程序性信息查询、检察官预约和提交辩护意见服务，市律师协会予以发文推广。

## 二　在推进方式上，探索建立检务公开评价指标体系，上下一体持续深化检务公开

2017 年 7 月，江苏省检察院在全国检察机关中率先制定出台了《江苏检察机关检务公开评价指标（试行）》，并适时进行调整完善，指导全省三级检察院有序推进检务公开工作。

### 1. 科学设置检务公开评价指标

江苏省检察院借鉴中国社会科学院法学研究所开展检务透明度指数研究报告成果，结合江苏检察工作实际，制定江苏检务公开评价指标。在指标设置上，共有司法办案、检察服务、司法管理、综合信息 4 个一级指标和 21 个二级指标。在评价内容上，重点在于法律文书公开、重要案件信息发布、典型案例发布、类案数据公开、新闻发布等司法办案活动的公开（见表1）。

## 表1 江苏检察机关检务公开评价指标（试行）

| 一级指标 | 二级指标 | 指标内容 |
|---|---|---|
| 司法办案 | 法律文书公开 | 检察环节终结性法律文书依法全面公开，探索以案件为主体，对起诉、审判等环节的法律文书，通过建立链接的方式，全面、完整进行公开 |
| | 重要案件信息发布 | 职务犯罪"八项公开"制度全面落实，职务犯罪案件及社会关注度高的普通刑事案件的批捕、起诉等案件阶段性进展性信息依法及时公开 |
| | 典型案例发布 | 对办理的法律效果、社会效果较好的典型案件进行深入剖析，及时公开宣传报道，发挥释法说理、案件宣传、警示教育作用 |
| | 类案数据公开 | 结合案管统计分析，及时公开一个时期常发多发的类案数据 |
| | 新闻发布 | 落实新闻发言人和定期新闻发布、政策解读制度 |
| | 刑事申诉公开审查 | 符合条件的刑事申诉案件，及时公开申诉事由、审查处理意见和第三方参与听证等情况 |
| | 接受代表委员监督 | 主动公开人大代表、政协委员视察、参与公开听证等情况，公开社会各界参与检察开放日、开放月活动等情况 |
| 检察服务 | 案件程序性信息推送 | 主动向律师和当事人家属等推送案件办理进展信息 |
| | 办案办事流程 | 各部门办案办事操作流程明确具体，各诉讼环节的正常办理程序等事项细化，集中公开，便于群众查询 |
| | 检务须知 | 检务须知内容编写全面，采用常见问题问答等形式作出检察指引、办事指南 |
| | 网上咨询答复 | 网上互动功能完善，答复网上咨询及时有效 |
| 司法管理 | 重要制度规范公开 | 非涉密的检察工作意见、队伍管理、规范司法、检纪检规等重要制度规范及时主动公开 |
| | 先进典型宣传 | 及时公开检察人员表彰奖励情况，深入挖掘、宣传强化监督、司法为民的先进人物和业务骨干 |
| | 查处自身违纪违法情况公开 | 对发生的检察人员违纪违法案件查处结果，及时主动向社会公开 |
| | 预决算执行情况公开 | 每年度检察工作财政预算、决算执行情况及时主动向社会公开 |
| | "三公"经费使用情况公开 | 年中、年底主动公开"三公"经费使用及同比情况 |
| 综合信息 | 机构设置 | 现有内设机构及其各自工作职责明确具体 |
| | 人员信息 | 院领导信息，各部门负责人及正式在编检察人员姓名全部公开，各业务部门入额检察官身份全部公开；各部门对外联系电话公开 |
| | 重要工作报告 | 每年度向人代会工作报告以及向人大常委会的专题工作报告，实时向社会发布 |
| | 执行人大决议 | 及时公开人代会、人大常委会关于检察工作的审议意见，以及检察机关落实审议意见具体情况 |
| | 人大代表评议 | 主动公开每年度人代会关于检察工作的投票表决情况，以及人大代表、政协委员提案、议案、建议办理情况 |

2018年、2019年，江苏省检察院根据各地检务公开实际进展情况，对检务公开评价指标适时进行调整完善，增加了"以案释法""重大决策部署"两个二级指标，并进一步加大了对司法办案活动相关情况的考评权重，同时对丰富法律文书公开类型、优化办案办事流程指引等给予一定的奖励性加分，从而引导各地切实加强司法办案活动公开，完善公开中服务群众的机制举措。

2.建立检务公开工作指引

2019年，江苏省检察院制定《江苏省检察机关检务公开工作指引》，引导各地规范有序开展检务公开工作。

一是明确检务公开的流程规范。坚持依法、全面、及时、规范、便民的检务公开原则，做到"公开为常态、不公开为例外"，构建开放、动态、透明、便民的阳光司法机制。完善检务公开工作流程，加强检务公开信息源头管理，按照谁办理谁审查、谁把关谁负责的原则，规范有序推进检务公开工作。各部门提出拟公开事项，应对具体公开内容进行核实把关，做好公开信息的内容审查、技术处理、质量把关、保密检查等工作，需要审批的经履行审批程序后予以公开。

二是建立日常监测制度。定期对检务公开平台进行检查、梳理，对敏感性强的关键词、表述不规范用语等进行删除、替换，坚决杜绝政治错误、内容差错等问题。定期对检务公开栏目进行改造升级，对内容更新没有保障的栏目及时归并或关闭，优化栏目设置，保持检务公开平台活力。

三是建立健全风险评估和跟踪回应机制。对拟公开的内容进行风险评估，对可能因公开而引起较大负面社会影响的要制订应急预案，加强风险防控。重大敏感案（事）件公开后，要密切关注舆情态势，全面收集、研判，认真做好处理应对，及时回应社会关切。

3.持续组织开展集中测评通报

江苏省检察院把江苏检察门户网站集群作为全省检察机关推进检务公开的主渠道，自2017年起，依托门户网站集群，每年组织对全省13个设区市检察院检务公开工作进行测评。各设区的市检察院应用评价指标，对所属基层院检务公开工作开展测评。江苏省检察院及时通报测评结果，总结推广一些地方的好做法、好经验，指出各地存在的不足，同时将测评结果及时向各设区市检察院检察长通报。在江苏省检察院的组织推动下，各地检务公开工作取得积极进展，江苏省检察机关检务公开评价指标在各地得到了较好落实。第三方评估结果显示，江苏检务公开工作总体上走在全国前列。中国社会科学院法学研究所发布的《中国检务透明度指数报告（2019）》显示，除了江苏省检察院位居全国第一外，江苏省参加测评的四个较大的市检察院，无锡市检察院、南京市检察院分别位居全国第二、第三位，苏州市检察院位居第13位，徐州市检察院位居第18位。

## 三 在重点项目上，创新推出特色公开品牌，着力提升江苏影响力

江苏省检察院注重结合工作实际，加强组织策划，集中三级检察院力量，推进检务公开重点项目，打造江苏检务公开品牌亮点。

### 1. 常态化开展新闻发布

江苏检察机关坚持以新闻发布为抓手，主动向社会传递检察好声音，加强社会互动，构建良好的检察公共关系。

一是健全发布机制，推动新闻发布常态化。一方面，建立年度考评机制，调动各地新闻发布的积极性。将新闻发布工作作为深化检务公开的重要内容，建立了专门的评价指标体系。明确要求各市级检察院每半年、基层检察院每年必须至少召开一次新闻发布会，并将发布会相关情况在检察门户网站公开。省检察院宣传教育处每年组织对各市级检察院检务公开情况进行测评，对新闻发布次数多的地区在考评中适当加分，提升新闻发布的积极性。另一方面，建立重点任务推进机制，激发各业务部门新闻发布主动性。省检察院将新闻发布工作纳入2019年党组14项重点任务和对各部门综合考评的重要内容，明确要求省检察院各业务部门每年都要至少召开一次新闻发布会。2020年，江苏省检察院党组专门研究确定了省检察院新闻发布会工作

计划。各业务部门把新闻发布作为年度重点任务安排部署，主动联系宣教处排定发布时间表，提前做好发布主题和典型案例的梳理收集工作，认真抓好推进落实。

二是选准发布主题，积极回应社会关切。省检察院宣传教育处建立网上发布平台，邀请中央和省级主要媒体100余名记者参与，及时发布重要检察工作情况。同时，主动征集媒体记者近期的关注点，找准发布主题，与相关业务部门沟通，围绕社会关切，梳理相关工作情况，筛选相关案例。对社会各界普遍关注的问题，会同相关业务部门及时予以回应。比如，针对惩治和防范食品药品安全领域犯罪、"以假药论"案件如何精准把握处理等社会高度关注的问题，2019年5月，省检察院专门召开惩治危害食品药品安全犯罪新闻发布会，通报全省检察机关惩治危害食品药品安全犯罪情况，表明检察机关依法严惩严重危害食品药品安全犯罪的鲜明态度。同时又通过具体案例，向社会传递了检察机关依法慎重办理"以假药论"案件，充分考虑个案具体情况，权衡行为本身对国家药品监管秩序的实际破坏与对患者生命权、健康权的维护的关系，不是简单追求刑罚打击的明确信息。新华社、新华网、江苏电视台、澎湃新闻等众多中央和省级媒体对发布会给予了高度关注，江苏检察机关依法打击食品药品犯罪、优先保障人民群众生命健康权等，受到网民的热议点赞。又如，依法保障民营企业发展问题，中央和最高人民检察院有明确要求，社会各界也广泛关注。为此，江苏省人民检察院专门召开新闻发布会，介绍了江苏检察机关立足职能依法服务保障民营企业健康发展的相关情况，发布了相关典型案例，社会各界和新闻媒体充分肯定检察机关的担当作为。全国两会期间，央视专门报道了江苏扬州检察机关适用"出罪"条款、依法对民营企业家作出不起诉决定的相关情况。

三是创新发布举措，促进新闻发布常发常新。在发布形式上，变现场发布为多元发布。对重点工作、重大专题、重要部署，采取现场发布形式，在正式、庄严的现场，与媒体记者面对面沟通交流。对一些部门开展的小专项工作、办理的典型个案等，探索开展网上发布，事先与部门沟通准备好相关基础素材和典型案例，在网上新闻发布厅提供给媒体记者，发布后做好媒体记者的跟进采访保障工作，灵活方便，受到媒体记者欢迎。发布主体上，变独自发布为多方联合发布。对一些重大典型案件的发布，省检察院加强统筹指导，联合市检察院、基层检察院共同开展新闻发布工作，保障发布效果。比如，在全国首例侵犯英烈名誉权民事公益诉讼案件新闻发布中，省检察院宣传教育处发现该案线索后，第一时间与淮安市检察院宣传部门沟通，决定省市检察院上下联动、联合对外发布。在前期做好大量准备工作的基础上，2018 年 5 月 21 日淮安市检察院向法院依法提起民事公益诉讼后，当即通过省检察院和淮安市检察院的官方网站、微信等平台发布案件信息，瞬间引发全网广泛关注，从起诉到判决，《人民日报》、新华社、中央电视台等多家新闻媒体和微信公众号进行了报道。又如，在山东荣成伟伯渔业公司特大非法捕捞水产品案发布中，针对这起被中国海警局 1 号督办的江苏近 10 年来最大的非法捕捞案，江苏省检察院会同连云港市检察院，具体承办该案的灌南县检察院联合省市县三级举行新闻发布会。江苏省检察院还积极探索开展联合新闻发布工作，先后围绕加强困境儿童保护、依法惩治妨害新冠肺炎疫情防控违法犯罪、促进未成年人健康成长等主题，联合共青团江苏省委、江苏省公安厅、江苏省教育厅召开新闻发布会，共同发布相关做法和典型案例。发布人员上，变单一领导发布为检察官、企业家等相关方共同参与发布。发布会上，除了由院领导发布相关工作情况外，还根据保障食品药品安全、民营企业保护、保障律师执业权利等发布主题，邀请办案检察官、企业家、律师等相关方走进检察院、坐上发布席，与媒体记者现场沟通交流。比如，在保障民营企业发展新闻发布会上，参加发布会的阿里巴巴集团平台治理部总监连斌、江苏满运科技有限公司政务总监薛蓉蓉，现场交流了检察机关办案中依法保障企业发展的相关情况和自身感受。这种检察系统外第三方的现场评价和情感流露，往往能给媒体记者以更直观更深刻的感受，大大提升了新闻发布的效果。

　　四是集约发布内容，搭建全省统一新闻发布平台。为充分发挥全省三级检察院新闻发布会的积聚力量，江苏省检察院研发了全省统一的新闻发布平台（http：//www.jsjc.gov.cn/jsjcxwfbpt/），于 2019 年 9 月正式上线，同时部署在全省三级检察院门户网站的首页突出位置。该平台按时间发布和地域分布纵向、横向汇聚公开全省三级检察院新闻发布会相关情况，并把媒体对新闻发布会关注的情况予以汇聚展示，信息全面、一目了然。全省三级检察院发布会开设集群发布动态，将全省检察机关发布会按时间排列进行汇总；集群发布会，按区域对全省检察机关发布会进行展示；媒体关注，汇聚全省三级检察院新闻发布会的媒体报道情况，进行二次传播。截至2020年5月，该平台已收录江苏省三级检察院2017年以来的新闻发布会相关稿件3100余篇。江苏省检察院新闻发布会开设了预告、直播、典型案例模块，对每场发布会进行图文直播。平台上线以来，已直播11场，平均每场受到近万网友关注。2020年2月27日，省检察院组织召开江苏省检察机关依法惩治以线上教学名义实施网络诈骗犯罪新闻发布会，向社会通报办理相关犯罪案件情况，发布防范诈骗提示，近3万网友通过集群新闻发布平台观看了直播，评论、点赞1000余人次①。发布会后，集群127家网站集中发力对发布会进行二次传播，呼吁各地学校进一步强化对老师、家长和学生的网络安全法治教育，提高警惕，增强防范意识。

2. 打造以案释法工作品牌"守护者说"专栏

江苏检察机关门户网站集群整合原有普法栏目，汇聚三级检察院普法资源，精心打造了江苏检察普法中心——"守护者说"专栏。通过发布典型案例、法律文书、检察官释法教育音视频，整合法治资讯，以图文稿件、短视频、H5、图解等形式，全方位、多角度展示检察机关的司法理念、司法善意和专业化水平。

一是打造以案释法、典型案例等六大模块。"以案释法"模块稿件一般分为"案情"和"检察官说法"两块，主要结合与老百姓生活比较贴近的案件进行普法。例如，《入职十几天盗窃两台电脑一部相机 南京市秦淮区检察官：赌博害人不浅》《首付几万块就能把奥迪轿车开回家？宝应县检察官：贪小便宜吃大亏》，案子不大，但就发生在普通老百姓身边，所以普法

---

① 本组数据来自"现场云"直播平台。

效果好，小栏目发挥普法大作用。"典型案例"模块汇聚全省检察机关发布的重要典型案例，直接展示了检察工作取得的成效，也起到示范效果。"文书说理"模块公开了三级检察机关不支持监督申请决定书、量刑建议书、检察建议书、出庭意见书及不批准逮捕理由说明书、不起诉理由说明书等多种类型的法律文书。"检察官说"模块重点发布检察官普法的图文、音视频作品。2020 年初疫情期间，7 名检察官用短视频形式"疫线普法"，告诫网友："销售不合格口罩后果严重！""野生动物吃不得！"，受到网友的广泛关注。"视听之窗"模块汇集全省检察机关制作的普法作品，用 H5、短视频、图解等生动鲜活的形式开展普法宣传。省检察院制作的超然短片《追问》《守护》，连云港市检察院原创微电影《我想有个家》等作品都产生了广泛影响。"法治资讯"模块汇聚全国重要法治信息和法治时评，以更宽广的视角进行普法宣传。

二是专栏注重创新、打造特色。普法方式多样，专栏包含文字、图片、音频、视频，通过短视频、漫画、H5、图解等多种方式进行普法宣传。集中效果突出，汇聚了全省 127 家检察院的普法资源，成为全省三级检察院一个重要的普法资料库，方便网友查看。更新速度较快，平均每天更新十余篇稿件，更新量大，速度快。该栏目自 2019 年 5 月份上线以来，已发布全省三级检察院优秀普法稿件 2800 余篇①。

3. 深化公益诉讼工作公开

2019 年 9 月，江苏省检察院在门户网站搭建了江苏检察公益诉讼专栏，汇聚展示全省公益诉讼的相关案件信息、新闻资讯，联通了 12309 江苏检察服务中心的公益诉讼举报通道，已收录相关资讯 1200 余篇②，全面展示江苏检察公益诉讼工作成效。

一是公益诉讼基础信息模块。包含什么是公益诉讼、人民检察院提起公益诉讼试点工作实施办法、关于检察公益诉讼案件适用法律若干问题的解

---

① 本数据来自中国江苏网 TRS 平台，结合人工统计。
② 本数据来自中国江苏网 TRS 平台，结合人工统计。

释、公益诉讼案件办案流程等内容，便于网友全面了解公益诉讼。

二是我要提供线索模块。联通 12309 江苏检察服务中心的公益诉讼举报通道，主要受理以下案件举报：生态环境和资源保护、食品药品安全领域侵害众多消费者合法权益等损害社会公共利益的案件；在生态环境和资源保护、食品药品安全、国有财产保护、国有土地使用权出让等领域负有监督管理职责的行政机关违法行使职权或者不作为，致使国家利益或者社会公共利益受到侵害的案件；其他依法属于人民检察院管辖的公益损害案件。

三是公益诉讼资讯模块。汇聚全省三级检察院公益诉讼相关信息，全面展示检察机关为保护生态环境所做的努力和成效。例如，《兴化、盐都两地检察机关携手行动保护大纵湖生态环境》《南京市鼓楼区检察院关于长江生态保护立法议案获采纳》《"公益诉讼 + 网格"，侵占河道 10 余年违法建筑终于拆除了！》受到了网友的广泛关注和肯定。

四是诉前公告模块。汇聚全省公益诉讼相关的诉前公告，如《江苏省宝应县人民检察院对孙德虎、陈昌国等人提起民事公益诉讼的公告》《江苏省苏州市吴江区人民检察院对吴江市裕睿纺织后整理有限公司、毛建明、毛雪青等提起民事公益诉讼的公告》，全面具体，一目了然。

江苏检察机关检务公开工作保持了良好发展态势，但也存在一些不足。省检察院新闻宣传部门与相关业务部门的沟通协同还不到位，网民互动交流功能还不够完善，各地区检务公开工作发展不够均衡，有的检察院检务公开工作机制有待完善，相关人员力量配备不足，上下沟通交流不够顺畅。

面对新形势、新任务，江苏检察机关将进一步围绕中心工作，加大检务公开力度，建好用好检察门户网站集群和检察新媒体平台，动员全省检察人员主动参与，全面宣传展示检察机关司法办案、司法改革、司法管理、队伍建设等方面的重要举措、重大案件、突出成效和先进典型，自觉接受外部监督，在推进国家治理体系和治理能力现代化中作出更大贡献。

# B.12
# 漳州相对集中管辖涉黑涉恶
# 案件的创新探索

李赏识 林娟娟*

摘 要： 漳州法院为破解办理黑恶案件面临的困境，开展相对集中
管辖试点工作。本文聚焦"1＋4"机制体系的探索建立和
运行情况，逐一审视机制构建的主要措施与落实情况。通
过考察发现，这一机制创新在提升办案质量效率、锻造专
业人才团队、破解专项斗争难点、巩固拓展斗争成果诸方
面取得了较好成效。克服存在的短板和困难，要从建立完
善侦诉审衔接机制、强化优化人员配置和考核评价办法、
拓展延伸集中管辖机制成效三方面加以优化完善。在此基
础上，应进一步探索推进相对集中管辖实践，融合推动审
判团队专业化、市域社会治理现代化以及刑事司法管辖制
度完善。

关键词： 涉黑涉恶案件 相对集中管辖 侦诉审衔接机制

## 引 言

涉黑恶犯罪案件是刑事诉讼领域专业性、复杂性、区域性特征最显著的

---

\* 李赏识，漳州市中级人民法院刑二庭审判员；林娟娟，漳州市中级人民法院研究室副主任。

一类案件。2019 年以来，随着扫黑除恶专项斗争进入全面纵深发展阶段，由抓捕侦办"攻坚战"转向起诉审理"法律战"，大量涉黑涉恶案件进入审判环节，对人民法院刑事审判工作提出了新要求新挑战。为此，中央政法委、最高人民法院未雨绸缪、因势利导，提出了重大涉黑涉恶案件相对集中管辖的顶层设计。福建高院深入调研，确定漳州法院作为福建开展涉黑涉恶案件相对集中管辖的试点法院。2019 年 3 月试点工作启动，5 月成立相对集中管辖审判团队，一年来试点工作取得了初步成效。本文以漳州试点实践为分析样本，对涉黑涉恶案件相对集中管辖机制创新进行了专题调研，探索相对集中管辖机制的优化路径、样本价值和融合效应。

## 一 动因：漳州法院试点涉黑涉恶案件相对集中管辖机制的创新基础

### （一）顶层指引：破解法院办理黑恶案件实践困境的有效路径

#### 1. 专项斗争中法院办理黑恶案件面临的挑战与困境

2018 年，漳州中院在市委政法委和市扫黑办的支持下，先后妥善协调了张某流等 8 人敲诈勒索案、张某毅等 18 人强迫交易案，最终实现对这两个案件的准确定性。这两个案件在侦查阶段已上报市、省乃至全国扫黑办，以涉黑案件立案侦查，这给协调会商工作带来很大压力。经过多次艰难的协调、针锋相对的会商，检察机关对两个案件均以恶势力集团犯罪向法院提起公诉，法院也以该定性作出判决，最终案件办理取得了良好效果。两个黑恶案件的会商解决，折射出法院办理黑恶案件面临的困境和挑战。2019 年以来，大量涉黑涉恶案件进入法院审判阶段，受制于黑恶案件特点、案件分布情况、审判力量配置、法官审判经验等因素，法院在审理中面临案件分布不平衡、审判资源不均衡、司法理念不一、法律适用不统一、裁判尺度不一的"五不"困境。直面问题困难，通过制度安排集中优势司法资源，在专项斗争中防范地域风险、克服打击短板、实现精准办案，成为漳州法院深度思考和调查研究的方向。

2. 中央对涉黑涉恶案件实行相对集中管辖机制的部署要求

就在漳州法院积极思考探索破解出路时，来自中央的顶层设计为创新扫恶除恶办案机制提供了指路明灯。2018 年 10 月 18 日，最高人民法院提出"要大力加强专业化建设，探索对重大涉黑涉恶案件实行相对集中管辖，不断提升涉黑涉恶案件审判能力和水平"[1] 的部署要求。2019 年 1 月 31 日，福建高院提出"进一步加强办理涉黑涉恶犯罪案件专业化团队建设，探索推进重大涉黑涉恶案件实行相对集中管辖"[2] 的具体要求。2019 年 2 月 20 日，中央政法委提出"创新完善办案机制，建立法检办理涉黑涉恶案件专业化团队"[3] 的重要部署。中央政法委、最高人民法院对创新涉黑涉恶案件办案机制、建立专业审判团队的顶层设计和福建高院明确有力的落实要求，为漳州法院提供了创新思路和实践动力：通过尝试开展涉黑涉恶案件相对集中管辖，打破旧有的黑恶案件受理局面，将全市范围内的重大、复杂、敏感黑恶案件指定到相对固定的若干个基层法院，由这些法院组建专业审判力量进行审理，以排除地域干扰，集中优势审判力量办好案件，取得当前审判条件下的最优效果。

### （二）制度渊源：集中管辖机制的实践积累与独特优势

#### 1. 部分司法领域实行集中管辖的实践经验

随着近年来部分领域案件专业性的凸显和审判实践的发展，集中管辖作为应对新的诉讼需求、有效调节审判资源的重要管辖机制，其地位和作用日益突出。当前，部分司法领域的集中管辖制度实践已经比较成熟，部分法院还在专业性较强、案件分布较零散的部分领域开展集中管辖的审判

---

[1] 参见《立足审判职能打准打深打透黑恶势力犯罪》，《人民法院报》2018 年 10 月 19 日，第 1 版。

[2] 参见《全省法院院长会议召开》，《福建日报》2019 年 2 月 1 日，第 2 版。

[3] 参见《推动专项斗争始终保持强大攻势不断实现新突破》，《人民法院报》2019 年 2 月 21 日，第 1 版。

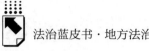
实践。在民事审判领域，知识产权案件、涉外民商事案件的集中管辖已经较为成熟①，部分法院对涉台民商事案件、涉自贸区民商事案件、民事公益诉讼、环境资源案件、破产案件等方面的集中管辖也在不断探索；在刑事审判领域，未成年人案件、涉台刑事案件也积累了较多集中管辖审判经验。特别是行政诉讼领域，跨区域集中管辖已经实施数年，这其中就包含了相对集中管辖的制度实践②，积累了丰富的审判素材和有益经验。这些都为涉黑涉恶案件实行相对集中管辖机制提供了制度模板和实践基础。

2. 涉黑涉恶案件实行相对集中管辖机制具备灵活性和适应性

在中国刑事管辖③制度中，集中管辖是指定管辖的一种表现形式，或者说是指定管辖的变通。而相对集中管辖，相对于集中管辖，在受理法院和案件管辖范围上则更具有灵活性，可以对某类案件的全部或部分实施集中管辖。通过针对不同性质、类型的案件，结合地域特点、人员配备等客观条件，有所区别地配置、调控审判资源，达到扬长避短、事半功倍的效果④。具体言之，涉黑涉恶案件相对集中管辖，就是在地级市范围内，将辖区内基层法院管辖的涉黑一审案件和重大、复杂、敏感的涉恶一审案件，通过中级法院统一指定的方式，集中交由若干个审判力量较强、审判经验较丰

---

① 参见武杨琦《行政案件相对集中管辖制度研究》，江西财经大学硕士学位论文，2017，第8页。

② 参见最高人民法院于2013年1月4日发布的《最高人民法院关于开展行政案件相对集中管辖试点工作的通知》（法〔2013〕3号）。

③ 刑事管辖作为管辖制度的一个重要组成部分，是指公安机关、检察机关、审判机关等在直接受理刑事案件上的权限划分以及审判机关系统内部在审理第一审刑事案件上的权限划分，即立案管辖和审判管辖。审判管辖可分为普通管辖和专门管辖，普通管辖可划分为级别管辖、地区管辖和指定管辖。集中管辖是指定管辖的一种，是在一定区域内将某类案件集中由特定的若干个法院统一进行跨行政区划的一审管辖。

④ 有法官认为，行政案件的相对集中管辖，在实践中就存在三种模式：一是均衡模式，即由中级法院根据辖区内各基层法院的办案数量和审判力量相对均衡地分配其行政案件的受理范围；二是固定模式，即中级法院事先确定了各基层法院行使行政案件异地管辖权的区域，如基层法院之间相互交叉或三个基层法院两两交叉；三是集中模式，即中级法院仅赋予辖区内少数基层法院行政案件异地管辖权，其余基层法院仅审理本地非指定管辖的行政案件。参见胡淑珠、郑红葛《行政案件相对集中管辖的实践与思考》，《人民司法》2013年第23期。

富的基层法院进行管辖和办理。因此，这一机制在设计初始就具备足够的灵活性和适应性，可根据专项斗争形势、案件受理情况、审判资源分布等予以调整应对。

### （三）价值基础：相对集中管辖深度契合法院当前扫黑除恶工作需要

1. 能够尊重并适应黑恶案件审判规律，提升专项斗争法治化水平

黑恶犯罪的认定需要明确犯罪组织的各个犯罪事实、各个罪名后予以系统性、综合性评价，对法官的法律素养、逻辑思维、审判经验提出较高要求。当前涉黑涉恶犯罪呈现新特点①，以"松散化""隐蔽化""合法化"组织伪装，更多采用寻衅、滋扰等"软暴力"，不断向网络、金融等新兴行业领域延伸。相对涉黑涉恶犯罪的复杂性和新动向，法院却面临审判力量捉襟见肘、审判经验有限的突出问题。以漳州法院为例，2014～2018年未审理过该类犯罪案件的有 7 家法院，审理过 3 件以上的仅有 1 家法院。从福建法院情况看，2014～2018 年，全省法院审理的黑社会性质组织犯罪案件呈现断崖式下降，84 个基层法院中有 49 个法院近五年未办理过涉黑案件。因此，探索相对集中管辖是针对人案不相宜的痛点精准施策，克服法官审判经验不足、部分法院审判力量薄弱的有效路径，符合涉黑涉恶案件审判规律。

2. 能够聚合优化办案力量，提升专项斗争专业化水平

涉黑涉恶案件普遍具有事实多、人数多、罪名多、难点多、争议多的特点，审理要求高、时间紧、难度大，办案的法律性、政策性、综合性强。虽然专项斗争开展以来，各基层法院都指定了专人或者专门合议庭审理黑恶案件，但由于专项斗争前承办案件不多、审判经验有限，不可避免地出现单打独斗的困境，严重制约专业化水平的提高。通过开展相对集中管辖，组建全

---

① 参见陈红卫、胡胜辉、周霞《当前黑恶势力犯罪的新特点新变化及其对策分析》，《检察调研与指导》2019 年第 3 辑，第 18～21 页。

市审理涉黑涉恶案件的专门审判力量，可以培养一批黑恶案件审判骨干，发挥"头雁效应"，带动带强全市黑恶案件审判力量，并放大人才集聚效应，突破办案瓶颈，提供人才储备和智力支撑。

3. 能够有效统一裁判尺度，提升专业斗争规范化水平

由于黑恶势力犯罪组织在当地关系盘根错节、人脉广泛，在一定区域、一定行业、一定领域中具有较大影响力。各地区治安形势不同，开展专项斗争面临的形势不同，加之涉黑涉恶犯罪法律规定的模糊性特征，司法实践中各县区的尺度把握确有差异。在2014~2018年的黑社会性质犯罪案件审理中，一审认定、二审改判的比例较高，漳州中院达到33.33%，同期福建省二审涉黑案件的发回、改判比例达47.37%，说明法院裁判尺度还存在不少问题。同时，由于受当地打击任务和考核指标的影响，一些黑恶案件的办理存在"拔高"认定风险。开展相对集中管辖，可以有效排除地域影响、人情因素及其他各种干扰，在全市统一司法尺度，实现精准定性、量刑均衡。

## 二 探索：漳州法院涉黑涉恶案件相对集中管辖机制的运行考察

### （一）机制建构与运作

试点实践中，漳州中院在确定总体原则、目标要求后，制定完善了案件管辖、团队建设、办案模式、配套工作四大机制，逐渐形成有机统一的"1+4"相对集中管辖机制。原则目标是相对集中管辖机制的"屋顶"，四大工作机制就是相对集中管辖机制的"四梁八柱"。

1. 确立总体原则、目标要求

专项斗争是以习近平同志为核心的党中央作出的重大部署，必须把党的领导贯穿到扫黑除恶专项斗争各方面和全过程。因此，开展相对集中管辖试点的总体原则是必须始终坚持党的绝对领导。目标任务是在全省法院率先推行全市涉黑涉恶案件相对集中管辖机制，迅速组建专业化、研究型审判团

队，努力解决扫黑除恶专项斗争中可能存在的地域风险和打击力度短板，高质量办好每一件黑恶势力犯罪案件，并及时总结经验，构建长效机制。

2. 建立案件管辖机制

①深入调研，确定管辖法院和案件范围。2019 年初，中院领导就带队到各基层法院考察座谈，报告市委政法委和市扫黑办，邀请省法院到漳州调研指导。最终确定由龙海市、漳浦县人民法院集中管辖全市涉黑案件、重大敏感复杂的恶势力犯罪案件及"保护伞"案件，监委指定的案件除外。②报告协调，出台试点实施意见。在省法院的指导和市委政法委的支持下，深入龙海、漳浦等地调研，向市直有关部门和各县区扫黑办征求意见，最终形成《漳州市中级人民法院关于开展全市涉黑涉恶案件相对集中管辖试点的实施意见（试行）》，并由市扫黑办转发全市于 2019 年 4 月 1 日起施行。

3. 建立团队建设机制

①多方统筹团队组建，推进前期协调工作。以试点为契机，一方面，主动报告市委政法委、市扫黑办获得支持，沟通协调漳州市人大和市委组织部、龙海市委和市人大、漳浦县委和县人大并获得支持；另一方面，指导龙海、漳浦法院对审判团队的人员管理、办公场所、后勤装备等方面做好前期准备工作。②落实挂职法官任命，完成审判团队组建。在漳州市人大、市委组织部协调支持下，以挂职锻炼形式，从各县、区人民法院精心选派优秀法官到相对集中管辖的法院挂职锻炼二年，并提请任命为该院审判员。2019 年 5 月，在龙海、漳浦法院先后挂牌成立第一、第二审判团队，创建由 22 名刑事法官组成的专业化、研究型审判团队。

4. 建立办案模式机制

①明确合议庭组成分工。在办案中创新审判组织构成，由相对集中管辖地法院的院庭领导为审判长、法官为主审人，与案件来源地法院挂职法官以及其他法官或人民陪审员共同组成合议庭，办理相应县、区法院移送管辖的黑恶案件。案件原则上在案件来源地法院公开开庭、公开宣判。挂职法官负责做好相对集中管辖案件的沟通协调工作。②开展联合提前介入。在相对集中管辖案件办理中，由案件来源地法院的法官和相对集中管辖地法院共同开

展提前介入工作，通过共同研判案情、共同探讨重点难点、共同解决问题，增强协作合力，力争在前置诉讼阶段实现对黑恶犯罪的精准打击。③补充侦查工作配合。对于相对集中管辖案件，补充侦查工作由相对集中管辖法院的案件主审人和案件来源地挂职员额法官，共同联系检察机关以及案件来源地的公安机关负责。

5. 完善办案配套机制

①建立案件移送起诉机制。由市中级法院提请市扫黑办会商市检察院，将非集中管辖县（区）的相关黑恶案件移送到相对集中管辖地龙海、漳浦检察院审查起诉；成立黑恶案件相对集中管辖工作指导小组，与扫黑办、检察、公安等部门在案件移送、工作衔接、开庭宣判、警力配合、提押还押等方面密切协调。②健全案件会商启动机制。在案件办理过程中，相对集中管辖地或案件来源地法院、检察院对于案件处理认识不一致的，由相对集中管辖地或案件来源地法院报告市中级法院，市中级法院提请市扫黑办会商研究。案件来源地扫黑办也可以提请市扫黑办启动会商机制。

## （二）实践成果与优势

涉黑涉恶案件相对集中管辖试点工作于2019年4月启动以来，取得了较好成效，入选"2019年度福建法院十大改革创新亮点举措"，在全国法院扫黑除恶专项斗争审判执行推进会上作典型经验介绍，得到中央政法委、最高人民法院主要领导的肯定。

1. 提升办案质效功能凸显

2019年4月以来，全市法院对涉黑涉恶案件12件111人实行集中管辖，已判决11件105人。①打击更精准，审判更公正。切断黑恶犯罪在当地的不良干扰，集中管辖法院对定罪量刑及各方面把握更准确，法律适用和裁判尺度更趋统一；在各审判环节驾轻就熟，落实"三项规程"，对黑恶案件被告人认罪认罚适用更规范。②法官更专业，办案更高效。发挥审判经验丰富的法院、法官的引领作用，提前介入更加有效，案件协调更有把握；高度重视首案效应，通过典型案件示范引领，有效进行类案指导。例如，龙海法院对涉及小区装修、物业管理领域的涉黑案件黄某辉等18人涉黑案妥善审理并解决相关难点问题后，对类似案件洪某华等8人涉恶案的处理也迎刃而解。

2. 锻造专业人才团队的优势凸显

培养扫黑骨干，建立人才储备。通过庭审观摩、专业法官会议、座谈会等形式，研判办案思路，统一裁判尺度，强化全市黑恶案件审判质量把关与效率提升。2019年5月以来三次举行审判团队理论与实务研讨座谈会，围绕集中管辖实务等开展专题调研，促进团队素养与审判能力提升。

贡献集体智慧，开展专题调研。依托团队平台和集体智慧，漳州市扫黑除恶审判团队针对黑恶案件财产处置执行等重点难点开展专题调研，深入交流研讨，为黑恶案件难点解决、办案机制完善而群策群力。

3. 破解专项斗争难点的成效凸显

着力"打财断血"。在审判团队持续攻坚、深入调研的基础上，漳州中院于2019年8月出台《关于涉黑涉恶案件财产处置与执行的实施意见》《涉黑涉恶案件产权财产处置的执行指引》，首次在黑恶案件中对林地承包经营权、滩涂承包经营权、海域使用权等七项产权财产处置进行规范指导，得到福建高院主要领导的批示肯定。

着力"打伞破网"。将办案与黑恶线索排查相结合，深挖彻查"保护伞"，依法惩处党员干部中的害群之马。在陈某南等13人涉黑案中，对于收受涉黑组织成员烟酒等物品、长期不依法履行职责的漳州市龙文区市场监督管理局某副所长谢某某，依法以纵容黑社会性质组织罪判处有期徒刑一年六个月。

4. 巩固拓展斗争成果的价值凸显

形成"一案一司法建议"制度，促进社会治理。在办案中加强对案件背景、成因、特点和社会影响等方面的剖析研判，针对社会管理漏洞提出司法建议。试点以来，全市法院已发出司法建议14条，涵盖加强监管非法采矿行为、禁止未成年人进入娱乐场所、加强村干部教育管理与征地拆迁监督管理等方面，均得到相关职能部门的采纳。

依法保护民营企业合法权益，优化营商环境。在开展专项斗争中，正确把握司法尺度，既依法严惩黑恶犯罪及"保护伞"，切实"打财断血"，又准确区分经营者自然人犯罪与单位犯罪、合法财产与违法犯罪所得、正当融资与非法集资等，保障民营企业和地方经济稳定发展。

## 三 进路：涉黑涉恶案件相对集中管辖机制的优化设计

检视漳州法院相对集中管辖试点运行情况，在取得较好成效的同时也存在一些困难短板。为此，着眼于专项斗争的长效常治，必须不断克服解决困难，建立健全相对集中管辖长效机制。

### （一）短板困难

1. 侦诉审配合衔接问题

①黑恶案件移送审查起诉尚需进一步理顺。开展相对集中管辖需要协调市检察院，将原来非相对集中管辖县区检察院的案件指定到相对集中管辖地龙海、漳浦检察院审查起诉。目前做法是，根据个案具体情况，中院需提请市扫黑办逐案协调，沟通协调工作量大，且效率较低。②会商机制启动需进一步明确。在案件办理过程中如果需要启动会商机制，由案发地政法委召集还是管辖地政法委召集，抑或是由上级政法委召集，仍需进一步协调。目前，集中管辖案件需要会商的均需提交到市一级扫黑办，提请会商的难度较大，需要上级文件支持。

2. 集中管辖地法院和案件来源地法院协调配合问题

①集中管辖地法院对异地黑恶案件的提前介入难度较大。主要困难在于涉黑恶案件往往案情重大复杂，因路途较远等原因异地开展提前介入工作需要花费大量的时间和精力，而龙海、漳浦法院的员额法官本身审判任务较重，往往力不从心。②案件来源地法院、挂职法官的作用需进一步发挥。由于相对集中管辖的黑恶案件由龙海、漳浦法院的法官担任主审人，有的案件来源地法官参与案件的动力不足、积极性下降，未能充分发挥应

有作用，影响两地法院的协调配合和办案质效，也难以实现预期的传帮带效果。

3. 审判力量配置、绩效考评不均衡问题

①审判力量亟待加强。目前龙海、漳浦法院刑事审判庭分别只有6名员额法官，年人均结案数均在100件以上，开展相对集中管辖后审判力量不足的问题更加突出。此外，非集中管辖法院的挂职法官均为一人，若案件出现回避情形、挂职法官无法参加合议庭，则其沟通联络作用将无法发挥。②绩效考核统计亟须平衡。在地区之间的"战果"统计中，案发地与集中管辖地党委及政法各部门的统计评估应兼顾两地的公平。在法院内部的绩效考评中，刑事案件由于数量占比偏低，绩效考评名次靠后，在一定程度上影响刑事审判人员的工作积极性。

## （二）优化路径

### 1. 建立完善侦诉审衔接机制

①健全移送审查起诉机制。一方面，通过各种渠道、途径建议加强沟通协调，由省公检法共同出台关于相对集中管辖机制的指导意见，从省一级的制度设计上理顺三家的配合关系；另一方面，积极争取市委政法委支持并寻求适当方式，将重大黑恶案件移送相对集中管辖地检察院审查起诉的做法，以一定形式固定下来，形成有效做法和配合机制。②完善"联合提前介入"机制。重大黑恶案件的提前介入工作，以案件来源地法院的法官为主；对于介入中遇到的问题，由案件来源地法院的法官和相对集中管辖地法院的法官进行沟通探讨、共同解决，增强工作合力；对于确实无法把握的，经两地法院研究后可以向中院请示汇报。③建立黑恶大要案会商督战机制。主动向党委、政法委汇报，定期召开大要案会商联席会议，确保解决好黑恶案件审理中的案件管辖、定性分歧、罪名认定等难点；及时报请党委政法委对黑恶大要案启动挂牌督战机制，确保案件审理质量与效率有机统一。④强化涉案财产查清查控。加强案件协调与会商研判，在提前介入时引导公安机关全面做好涉案财产证据的收集固定，创新完善查证手段；理顺工作衔接，做好涉案

财产证据的随案移送、附带清单工作，全力查清黑恶势力的经济状况。

2. 强化优化人员配置和考核评价办法

①充实加强专业审判团队。对黑恶案件审判团队实行动态管理，加大全市法院刑事审判业务骨干力量培养力度，对于成长、成熟起来的人员，进一步吸收、充实到审判团队中。②增加配备司法辅助人员。考虑到法院中员额法官人数有限以及普遍存在的案多人少问题，若增加刑事员额法官、法官助理难度较大，可以增配司法辅助人员（如聘用制书记员）分担部分工作。③健全绩效考评办法。应对办理黑恶案件工作量予以科学评价，对绩效考评办法进行修改完善，将扫黑除恶作为刑事审判庭的整体加分项目，在年度绩效考评中予以考虑；或者对于涉黑恶案件单列考评，进行加权处理，如一起涉黑案件折抵 10 件普通刑事案件，一起涉恶案件折抵 5 件普通刑事案件，提高干警工作积极性。

3. 拓展延伸集中管辖机制成效

①扩大相对集中管辖案件范围。加强与纪委监委的会商协调，将另案起诉的"保护伞"案件一并纳入集中管辖范围，统筹推进扫黑除恶专项斗争与反腐败斗争。②制定黑恶案件一审、二审办案流程规定。提升办案质量与效率，尽快制定黑恶案件一审、二审办案流程规定，加快案件办理节奏；依法提前介入的案件，一般应当庭宣判，特殊情况除外；一般黑恶案件当庭宣判率不低于 40%。③做好黑恶大要案案例教学。抓好精品工程，深化案例教育机制，选取已审结典型案例，由合议庭负责、主审法官执笔，编写黑恶大要案教学案例，作为黑恶案件审判团队理论与实务研讨的重要教材，在互学互动、体验探索中提升统一裁判能力。④建立黑恶大要案"一案一司法建议"责任制。强化监督管理，将司法建议的制作、反馈和落实情况作为员额法官的重要考核指标；靠前调研、"一线解剖麻雀"，形成针对性强、可操作、可落地、可建机制的高质量司法建议；加强沟通协调，推动漏洞问题得到切实整治，对于有关职能部门不作为、司法建议难以落实的情况及时报请党委政法委督办。

## 四　融合：涉黑涉恶案件相对集中管辖实践的多维延展

在深化试点过程中多维度、多层面丰富、拓展、延伸制度创新成果，必须进一步探索推进试点工作，形成、提炼可复制、可推广的创新经验，打造系统集成的相对集中管辖机制创新2.0版。

### （一）相对集中管辖实践与审判团队专业化建设

专业化是新时代推进政法队伍"四化"建设①的重要内容，也是纵深推进扫黑除恶专项斗争的必然要求。审判团队②在司法改革过程中应运而生，组建审判团队是优化配置审判资源、提升审判质效的重要举措，专业化是审判团队建设的重要方向。在漳州法院试点实践中，案件相对集中管辖、组建专业审判团队是机制创新的"车之两轮、鸟之双翼"，二者互为基础、互相促进。进一步推进相对集中管辖实践，要在专业化、研究型审判团队的建设、管理、运行上提供有力、全面的支撑。

1. 搭建搭好审判团队专业化建设平台

在深化试点实践中，通过召开审判业务指导会议、开展专项调研、发布类案指导规则，聚焦审判实务难点问题，统一审判思路，归纳裁判方法，确定裁判标准；以信息化手段提升专业化建设水平，克服审判团队成员分属不同基层法院的地域障碍，借助智慧法院建设，借力"互联网＋"，开展法律适用微课程、在线庭审观摩研讨，进行常态化的审判业务"头脑风暴"。通

① 习近平总书记在2019年1月15日至16日召开的中央政法工作会议上强调，要加快推进政法队伍革命化、正规化、专业化、职业化建设。参见《全面深入做好新时代政法各项工作，促进社会公平正义保障人民安居乐业》，《人民日报》2019年1月17日，第1版。

② 审判团队是指由高度专业化的审判人员（包括法官和审判辅助人员）组成，能够代表人民法院独立、完整地行使审判职权，以公正、高效审理案件作为唯一目标任务，能够有效进行自我激励和自我管理，实现分工协作、优势互补，坚持个人责任与集体责任相结合，正规化、标准化的法院内部组织结构形式。审判团队具有非行政化、独立性、专业性、协作性、管理性、规范性等基本属性。参见伍涛、丁少芃、张春城《中级法院审判团队正规化标准化建设》，《人民司法》2019年第19期。

过专业审判人才办案智慧的碰撞、交流、提升，跨法院专业审判人才的团队建设和素养培育，切实发掘"领军""智库"作用，锻造高层次审判人才，建立充实扫黑除恶法律政策专家人才库。

2. 建立健全审判团队专业化运行模式

在相对集中管辖机制框架下，不断摸索、形成专业审判团队的流程化、标准化运行模式。制定完善审判团队管理办法，充分发挥团队长"头雁"作用，明晰审判团队的工作职责，落实到具体诉讼流程节点中，实现办案环节互相咬合、高效运转。同时，综合考量黑恶案件审判业务难度系数、与其他刑事案件的可比性、跨县区办案的复杂性、提高办理难案要案积极性、可操作性等因素，建立审判团队考评规则体系。同时，加强审判环节、流程的信息化管理，跟踪指导、实时监督，及时解决程序、行为失范问题，确保监督制约落实到位。

## （二）相对集中管辖实践与市域社会治理现代化

市域社会治理现代化是推进社会治理现代化的战略抓手和重要内容。市域在国家治理体系中具有特殊地位，在矛盾风险防范化解中具有特殊作用，法治是市域社会治理现代化的重要保障①。推进市域社会治理现代化，必须健全市域社会治安立体防控体系，精准把握黑恶犯罪在市域范围滋生蔓延的特点，发挥市级优势，建立跨区域联合作战平台，提高对黑恶大要案的防范打击能力；必须健全市域社会矛盾多元化解体系，完善社会矛盾排查预警机制，强化行业治理、基层治理，建立完善扫黑除恶治乱常态化有效机制。进一步探索推进相对集中管辖实践，必须发挥独特优势，创新性助推市域社会治理现代化。

1. 发挥跨县区办案平台优势，夯实市域社会治安基层基础

社会治安是社会治理的基础性工程，扫黑除恶是对社会治安的一次大扫

---

① 参见陈一新《推进市域社会治理理念体系能力现代化》，https：//www.chinacourt.org/app/appcontent/2018/06/id/3326876.shtml，最后访问日期：2020年7月12日。

除。相对集中管辖机制的重要价值就在于在市域范围内建立跨县区办案平台,有效排除县域基层的人情干扰、信息泄露等不利影响,克服打击短板和地域风险。必须进一步加强黑恶犯罪类案研究,专题调研探索类案规律,形成类案治理方案,摸索市域范围内各类型黑恶犯罪形成、发展、成形的规律,有效扫除黑恶势力滋生土壤;必须创新轻微刑事案件矛盾源头化解,主动协同党委政府相关部门、乡镇司法所、基层组织等,综合运用经济、行政等手段化解引发轻微刑事案件的矛盾纠纷,有力助推违法犯罪预防、基层纠纷化解、矛盾隐患预警等社会治理工作。

2. 汇聚团队智慧堵塞管理漏洞,助推重点行业领域整治

当前,经济社会发展中的一些新情况新问题往往首先在市域显现,一些突出矛盾问题首先汇聚在市域。相对集中管辖实践必须进一步发挥审判团队的集体智慧,聚焦重点领域、重点行业,针对生态环境保护、校园安全、"套路贷"、基层组织建设等突出问题、薄弱环节,发出针对性、操作性强的司法建议,强化与被建议职能部门的双向沟通,提供咨询意见和必要的司法指导;还可以定期发布司法建议白皮书,通过府院联席会、座谈会等形式加强与政府部门的良性互动,提高司法助力治理决策的效果,积极促成问题联治、工作联动、标本兼治的社会治理格局,将重大矛盾风险解决在市域,打造新时代"枫桥经验"城市版①。

## (三)相对集中管辖实践与司法管辖制度立法完善

在现有司法管辖制度框架下,集中管辖是指定管辖的一种表现形式,而相对集中管辖是集中管辖的基本类型,是探索与行政区划适当分离的司法管辖制度的重要形式,受理法院和案件管辖范围更具有灵活性。进一步探索推进相对集中管辖实践,必须充分发掘机制优势,解决试点实践中的短板问题,积累更丰富的实践成果,制定一整套操作性强、内容全面的制度规范,

---

① 参见赵云《"枫桥经验":城乡基层治理法治化的路径探析——以 B 市法院近五年涉基层治理行政案件为样本》,http://www.bj–ls.com/xinwenzhongxin/20181211116.html,最后访问日期:2020 年 7 月 12 日。

摸索出完整的办案模式机制，为立法层面确立集中管辖制度包括相对集中管辖提供前期的实践储备和规范基础。

1. 总结相对集中管辖的机制优势和适用领域

进一步发掘试点实践与行政区划适当分离的独特优势，总结试点实践在克服地域风险、摆脱地方干扰方面的经验做法，开展专题调研，对相对集中管辖的适用领域、案件范围、管辖法院确定、审判团队建设、协调配合、经费保障等各方面进行系统调研总结，提炼共性和个性问题，提供有益经验做法。

2. 积累相对集中管辖的规范规则和实践素材

健全相对集中管辖机制，修改完善相对集中管辖试点方案，制定黑恶案件审判监督管理规定，细化提前介入、打财断血、优化团队、助力社会治理等方面的工作机制，由龙海第一审判团队、漳浦第二审判团队牵头对已审理黑恶案件进行分类总结，撰写典型案例，形成类案指导。

3. 推动相对集中管辖试点向更高层级、更深层次拓展

在最高人民法院充分肯定、省高级人民法院推广探索实践基础上，推动省人大、省公检法联合出台关于黑恶案件实行相对集中管辖的规范性文件，进一步规范机制运行、扩大试点范围；在与其他地市法院交流经验做法的同时，注重考察相对集中管辖机制复制、推广的实际效果，进一步总结机制的灵活性和适应性，完善机制各方面规定，为时机成熟时立法吸收做好准备。

# B.13

# 职业放贷人审判的晋城法院实践

职业放贷审判研究课题组*

摘　要：　近年来，随着晋城两级法院受理的民间借贷案件中职业放贷
人数量不断增加，体量也逐步增大，职业放贷的消极影响扩
大，对当地经济发展和营商环境建设均造成了一定不良影响。
为促进职业放贷健康有序发展，抑制和消除其痼疾，晋城法
院探索完善民商事审判的价值导向，发挥好教育警示作用，
开展了职业放贷人审判实践的创新和改革。

关键词：　民间借贷　职业放贷人　法律责任

民间借贷是古今中外社会经济生活中极其普遍的一种经济现象。中国社
会经济发展的不同阶段均伴随着规模不等的民间借贷活动，尤其是在经济发
展的增长期、转型期，社会对资金融通的需求越大，民间借贷活动的活跃度
越高，也容易催生大批以放贷为业的职业放贷人。成规模的职业放贷人可以
为金融市场提供相当规模且较为稳定的"资金池"，成为经济持续发展的有
力引擎。但职业放贷人的壮大也必然吸引更多的资金流入借贷市场，而粗放
发展、金融监管不完善、抗风险能力不足等因素交织，极易引发"跑路"、
非法集资、非法吸收公众存款、虚假诉讼、暴力催债、群体上访等恶性事

*　课题组负责人：焦二龙，阳城法院党组副书记、常务副院长。成员：马谭胜，阳城法院审委
会专职委员；刘飞峰，阳城法院阳西人民法庭庭长；李泽鹏，阳城法院法官助理。持笔人：
马谭胜、刘飞峰。

件，冲击社会和经济秩序稳定。近年来，套路贷、校园贷、裸贷、美容贷等形形色色的非法借贷不断曝光，与之相随的非法拘禁、殴打威胁、侮辱、骚扰等非法催债事件中，职业放贷人身影频现，引起了社会公众的关注。2018 年 4 月，中国银行保险监督管理委员会、公安部、国家市场监督管理总局、中国人民银行联合印发了《关于规范民间借贷行为　维护经济金融秩序有关事项的通知》，针对信贷规则、规范民间借贷、严禁严查非法金融活动等内容提出了具体要求。2018 年 8 月，最高人民法院也印发了《关于依法妥善审理民间借贷案件的通知》，要求各级人民法院针对披着民间借贷外衣而以非法方式侵占财物的"套路贷"诈骗等新型犯罪类型严格审查、识别，妥善审理各类民间借贷案件。2019 年 11 月，《全国法院民商事审判工作会议纪要》对职业放贷人首次作出审判实践适用的统一定义。2020 年 5 月 28 日公布的《民法典》在合同编借款合同一章中明确规定"禁止高利放贷"。2020 年 8 月 20 日，最高人民法院及时回应经济社会发展需求，依照《民法典》的最新精神，对民间借贷司法解释作出了修改，明确规定"未依法取得放贷资格的出借人，以营利为目的向社会不特定对象提供借款的"借贷合同无效。然而，职业放贷人虽已纳入法律规制范围，但对职业放贷人认定的具体标准、职业放贷人诉讼案件如何处理、职业放贷人如何监管等问题仍不明确，给人民法院的审判工作带来了很大困惑，各级各地法院的裁判标准也差异较大。一方面，纵容了部分非法的职业放贷人，扰乱了民间借贷市场和国家金融秩序；另一方面，也损害了人民法院的司法权威。

## 一　职业放贷人概述

### 1. 职业放贷人的历史变迁

改革开放以来，中国对民间借贷的政策和态度一直在支持和管控之间徘徊，相继出台了各类通知、意见及司法解释等文件。民间借贷蓬勃发展，职业放贷人群体不断壮大，但由此带来的不良影响和违法犯罪活动也日益增多，职业放贷人在法律上长期没有一个明确的地位，仅仅是学者研究的一个名词，也是难以确定其法律责任的问题所在。

2. 职业放贷人的概念

职业放贷人并非一个严格意义的法律名词，对其概念的理解也多有不同。近年来一些法院也对职业放贷人的概念作了表述，其行业化和实务性特征明显。例如，江苏省高级人民法院印发的《关于建立疑似职业放贷人名录制度的意见（试行）》规定："职业放贷人是指未取得金融监管部门批准，不具备发放贷款资质，但向社会不特定对象出借资金以赚取高额利息，出借行为具有营业性、经常性特点的单位，以及以放贷为其重要收入来源，经常性向不特定对象放贷并赚取高额利息的个人。"

为区别于普通的偶发性的民间借贷行为，通常将民间借贷活动中专职从事放贷的群体称为"职业放贷人"，但并非严格的专用名词。本报告认为，职业放贷人应指本人或本人通过其他方式，利用自有资金或其他来源资金，以赚取高额利息为主要目的和重要收入来源，主要或经常从事向社会不特定对象发放借款业务的单位或个人。这一定义不附加价值和法律评价，突出客观性和全面性。而涉诉职业放贷人则因实践需要须依据现有政策、法律法规和司法解释予以评价，最新修改的民间借贷司法解释即通过消极评价的方式对非法的职业放贷人进行了规定，即指"未依法取得放贷资格的出借人，以营利为目的向社会不特定对象提供借款"的自然人、法人和非法人组织。职业放贷人一般有如下特点或共性。一是以放贷为业或以放贷为主业、常业。普通的借贷多是互助性质，具有偶发性，而职业放贷人以放贷为生，以获取的利息作为主要收入来源。二是放贷行为的职业化、专业化。职业放贷人放贷业务多，资金流量大，清收事务多，逐步形成职业化、标准化的业务流程，分岗定责，公司化运营。三是诉讼案件较多。不同于普通借贷，职业放贷人债权数量多，但限于自身的风险评估和控制能力，放贷不良概率较高，职业放贷人需经常通过诉讼主张债权，利用执行程序回收资金。四是非法"催债"频发。基于诉讼程序偏低的效率因素，职业放贷人通常优先选择自主"催债"或雇用专业的催债人员，催债过程中常常发生不法行为，如威胁、辱骂、骚扰、非法拘禁、殴打等，社会影响恶劣。

3. 晋城职业放贷人涉诉案件情况

2017 年至 2019 年晋城市两级法院分别受理民间借贷案件（包括旧存）2026 件、2555 件、3078 件，受理借款合同案件（包括旧存）3411 件、3781 件、4661 件，受理各类民商事案件（包括旧存）15272 件、16556 件、18195 件。民间借贷纠纷案件受理数基本能够达到借款纠纷案件受理数的六成，与正规金融机构相比，民间借贷活跃度也较高，民间借贷活动数量和频次都处于较高位。以三年内在三次及以上民间借贷纠纷案件中成为原告为统计标准，原告有 15 人，涉及案件 139 件。以同一原告近三年民事诉讼案中涉及 15 件以上民间借贷或同一年度内涉及 5 件以上民间借贷为认定标准，对 2016 年 7 月 1 日至 2019 年 8 月的民间借贷案件进行检索发现，符合条件的有 11 个原告，涉及案件 111 件。

## 二　晋城法院审判实践介绍

职业放贷人往往关联着非法集资、非法吸收公众存款、非法讨债等行为，甚至涉及黑恶势力，如果任由其肆意壮大，不仅对金融秩序形成冲击，也会破坏当地的营商环境，成为大众创业和企业发展过程中如影随形的"吸血虫"。晋城法院在探索中首先确立了对职业放贷人支持、引导、限制、惩戒的裁判理念，通过民商事审判工作，让职业放贷人由一味"吸血"转变为持续"输血"，从灰色区域走进阳光地带，成为大众创业和企业发展的好帮手、合伙人，晋城法院在审判实践中开展了从探索试行、宣传发动到统一标准、制度等一系列创新和改革。

1. 审判案例

案例是最生动的普法教育素材。2019 年，阳城县人民法院在一起民间借贷案件中，根据《银行业监督管理法》第 19 条"未经国务院银行业监督管理机构批准，任何单位和个人不得设立银行业金融机构或者从事银行业金融机构的业务活动"的规定，认定原告未经金融监管部门批准，在一定期间内面向不特定对象，多次从事有偿民间借贷行为，违反了前述强制性法律规定；认定原被告签订的借款协议无效，支持了原告要求返还本金的请求，未支持原告要求利息的请求。此案宣判后，阳城法院确立了名录制度，将经生效裁判认定的职业放贷人纳入名录管理，并编纂案例集，向全院民事法官公布、推送、适用，形成了一定的震慑作用，对于规范民间借贷有积极的作用，也为此后类似案件的裁判提供了指引。

2. 宣传引导

晋城两级法院通过电视、广播、报纸等传统方式与微信公众号、微博、抖音、小视频等新媒体宣传"非法职业放贷"的相关法律法规及典型案例，宣传"非法职业放贷"违法犯罪的欺骗性、社会危害性，宣传各级部门在打击非法职业放贷方面采取的措施，广泛发动群众不涉足、不参与、积极监督、积极举报，在全社会形成了共同打击"非法职业放贷"的良好氛围。

3. 形成标准和制度

根据职业放贷人审判情况，晋城中院专门针对民间借贷纠纷案件指定了审理指南，目前正在向两级法院征求意见。该指南对职业放贷行为的审查和处理专门作了规定。这为进一步更好地处理民间借贷案件提供了规范。

## 三　审判实践中的问题和困难

1. 职业放贷人认定标准不易把握

如何认定放贷人具备"职业"性，即营利性和对象不特定性的认定标准如何把握，多数法院往往首先考虑案件数量因素，并将之作为认定职业放贷人案件的主要标准。诚然，对于人民法院的案件审理而言，从职业放贷人的诉讼数量出发，再结合涉案的标的额，能够直观地作出认定与否的判断。但在实践中，社会经济的发展时刻处于变化之中，对案件数量标准的测算和确定本身就有很大难度，而该标准又并非一成不变适用。此外，究竟是在省辖范围统一划定标准，还是各市县自由划定标准会产生很大差异，这些问题都会使单纯以案件数量认定职业放贷人的方法丧失其正当性、合理性的前提。

2. 职业放贷人关联人认定难

各地法院往往把案件数量作为认定的主要标准，但是职业放贷人为规避这一风险，通过其亲戚朋友来进行放贷业务，继而谋取高额利益。法院在审理此类案件过程中，通过在案证据很难认定其为职业放贷人。

3. 审判实践的预警效果不明显

两级法院在审判过程中，将发现的与职业放贷有关的情况向公众发出预警和建议，以此来保护群众的财产安全。这几年两级法院的宣传也做了不少，但效果不明显。

# 四 深层次原因分析

民间借贷纠纷向来是诉讼案件的主要来源，而职业放贷人的快速增长成为民间借贷中的一个新特点。职业放贷人的增多使得市场上的资金更加充足，为经济发展提供持续的资金动力，但职业放贷人畸形发展也引发了社会问题，一些地区甚至出现了"全民放贷"的狂热现象。综合分析，这种现象背后有深层次的原因。

1. 职业放贷人群体的发展和壮大

一是市场需求与银行信贷门槛的冲突。改革开放以来，民营经济和民营企业家在市场竞争中快速成长和发展，在经济社会发展、增加就业岗位、创造社会财富等方面起到了重要作用。但民营企业的融资难一直是困扰其发展壮大的难题。相比国有企业，民营企业的规模、发展前景等在创立之初都处于劣势，而要度过生存期必须有持续的资金支持，但银行类金融机构的信贷门槛过高、审批程序复杂、信贷手续烦琐、效率较为低下等因素导致民营企业很难从中获得融资，遑论持续取得信贷资金，需求决定市场，职业放贷人应运而生。

二是资金积累与流通渠道狭窄的冲突。改革开放 40 多年来，中国经济保持了持续的高增长态势，中国经济奇迹催生了大量的"创一代"和"富二代"。据《2019 胡润全球富豪榜》统计，中国富豪数量位居世界第一。民间已经积累了数量庞大的资金。与此相比，民间资金的流通渠道过于狭窄。在中国，相比投资实体经济要面临的高风险和漫长周期，人们通常的投资理财选择主要有两个：银行存款和不动产投资。但对于空闲资金较多的人来说，银行存款收益太低，而不动产投资收益周期又太长，二者的资金利用率和收益率都不高。于是，许多人将目光转向了低投入、高回报、周期短、需求大的民间借贷市场，资金雄厚者加入职业放贷人群体赚取高额利息，资金实力稍弱者则将资金借给职业放贷人获取不菲的利息收益。

三是高利率的"诱惑"。"天下熙熙皆为利来，天下攘攘皆为利往。"民间借贷蓬勃发展与巨大的市场需求密不可分，在这种旺盛的需求支配下，卖方市场处于绝对的优势地位，拥有借款利率的定价权，而借款人只能被动接受。因此，高利率是世界各国民间借贷的共性，也成为助推职业放贷人群体不断发展和壮大的动力。

2. 职业放贷人经营管理和风险控制的落后

职业放贷人之所以冠以"职业"之称，便在于其已不是熟人之间偶发性的互助性借贷，而是将放贷作为产业来经营。众所周知，民间借贷虽然兼具便利性、高收益的特点，但伴随而来的是巨大的资金风险，浙江温州的借款人"跑路潮"便是印证。一旦借款人丧失清偿能力或者携款出逃，职业放贷人便血本无归。目前职业放贷人尚未取得明确的法律地位，但无论合法与否，职业放贷人事实上已经在依托各种组织形式开展放贷业务。而当前的职业放贷人并未建立企业化的经营管理制度，也没有类似金融机构完善的风险控制机制，仍然依靠传统的方式和理念来管理，没有对借款人资信的风险评估，必然产生大量的不良贷款。实践中经常出现无清偿能力的借款人在多个职业放贷人处反复借款的案例。

职业放贷人群体的快速发展和壮大，与之不相匹配的经营管理和风险控制水平，导致了目前庞大的民间借贷纠纷诉讼案件。

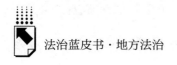

## 五 研究意义

职业放贷人涉诉案件处理的难点在于当前对职业放贷人法律责任问题研究的缺失,对这一课题的研究有补足空白的重要意义。

1. 理论意义

(1) 自由和公平价值的平衡

职业放贷人未经审批违法从事发放贷款业务的单位和个人越来越多,套路贷、校园贷等非法放贷现象愈演愈烈,威胁、殴打、非法拘禁等暴力讨债恶性事件持续曝光,经常造成债务人救济无门而自杀。而过往在一切以经济发展为先的理念指导下,许多地方监管部门对这些"灰色地带"听之任之,涉及的纠纷多被政法机关定性为民间经济纠纷,债权债务凭证也均被认定为债权人与债务人之间的自由合意,基本交由人民法院按民事诉讼处理,这种自由优先的价值选择一定程度上助推了职业放贷人自由放任式的发展。

2013 年,习近平总书记在中央政治局第四次集体学习时提出明确要求:"努力让人民群众在每一个司法案件中都感受到公平正义。"这一要求简单明了地反映了党中央司法价值的选择,即对公平原则的追求。不同部门对民间借贷活动进行规范的文件资料中也都出现了"维护或保护人民群众合法权益"的表述。对于职业放贷人的法律责任问题,不仅要注重保护债权人的合法权益,同时也要平等地维护债务人的相关权益,只有依法、公平开展民间借贷活动的职业放贷人才应得到法律保护,在确定职业放贷人的法律责任时必须秉持公平前提下的自由原则。

(2) 裁判理念主观主义和客观主义的平衡

倍受社会关注的莫某玩忽职守案中,莫某担任法官期间审理了一起民间借贷纠纷案件,诉讼中,被告夫妇二人辩称借条是被李某及冯某持刀威逼所写,如同所有的中国民事法官一样,莫某在查明被告夫妇未曾向公安机关报案也无其他证据可证明受到威逼的事实后,依法确认借据有效,判决被告归还借款。判后被告夫妇在法院门口服农药自杀死亡,引起社会广泛关注。公安机关介入后，原告承认了持刀威逼的事实而被判处刑罚。检察机关以涉嫌玩忽职守罪将莫某拘留。

该案一定程度上反映了当前人民法院在民事案件中偏重客观主义的裁判理念。从中国法院庭审方式的变化中也可窥见这种主观主义和客观主义的交织纠缠。以往，受大陆法系国家的影响，中国主要采取职权主义的民事诉讼模式，强调法官在诉讼活动中的主导地位，具体表现为要求法官依职权主动调查案件事实，法官是庭审的主角，主导诉讼活动的进行，当事人不具有独立的诉讼地位。这种模式下，法官如同侦探一样逐步探明事实的真相，力求获取当事人的主观思想情况。但由于侦探水平参差不齐，而当事人的主观思想又捉摸不定，这种主观主义的裁判理念极易造成错案，引起了批判和反思。如今，由于当事人主义民事诉讼模式的兴起和适用，加之案件数量激增、司法环境不佳及惧怕责任追究等实际因素影响，法官在审判中恪守中立的原则发生了异化。如怕授人口实而不愿意行使释明权，不依职权调取重要证据，忽略或无视当事人的主观思想状态而机械按证据裁判等。过度追求客观主义会使得当事人的真意被可任意包装的表面事实所掩盖。

2. 现实意义

（1）维护经济金融秩序的需要

中国的金融活动包括民间金融活动和官方金融活动，或被称为正规金融和非正规金融，这种非正规金融或民间金融活动实际就是民间借贷法律行为的外在形式。由于商业银行等正规金融机构存在高门槛、低效率问题，大量的民营经济体无法从中获取高速发展中所需的资金，因此即使在长期的压抑政策下，非正规金融仍然爆发出蓬勃的生机，不断发展壮大，这也恰好填补了中国金融体系的空缺。但也正是中国金融体系及相关法律法规的不完善，导致民间借贷自发成长过程中始终夹杂着不稳定的风险隐患。

作为民间借贷的主要参与主体，职业放贷人的法律责任问题必须予以明确，才能推动民间借贷的法治化发展进程，才能确保中国经济金融秩序的健康发展。

（2）维护人民法院司法权威的需要

人民法院是维护社会公平正义的最后一道防线，然而在民间借贷领域，诉讼程序正成为一些职业放贷人谋取非法利益的正当工具。例如，在原先关于夫妻共同债务认定规则之下，大量以夫妻一方名义出具借据却一起成为被告的民间借贷纠纷出现在诉讼案件中，由于举证规则限制导致人民法院在裁判中基本都支持了债权人的诉讼请求，而放贷人事实上明知夫妻另一方不知情或不会签字同意这一情况，尤其是涉及一部分夫妻一方借款赌博或恶意制造债务的情况，"被负债"屡屡成为网络的热点和两会的焦点；还有一些高利贷、套路贷、暴力催讨案件被草率地定性为经济纠纷，大摇大摆地走进法院向受害人主张非法利益，国家司法资源沦为其免费的"讨债"工具，如莫某案件中逼迫他人出具虚假借据的犯罪分子。这些具有恶劣社会影响的案件，不断在网络、媒体上被广大群众议论、曝光，动摇着人民法院的司法权威和公信力。

## 六　思考和建议

### 1. 将职业放贷人纳入法律规制范围持牌经营

改革开放以来，随着金融领域的快速发展，民间金融活动在促进经济发展、推动改革创新中起到了支持作用，与此同时，由于管理体制问题，自发、粗放的民间金融活动也产生了一定的负面影响。为规范民间金融活动，维护金融秩序，国家也出台过一些通知、批复、部门规章和司法解释等文件，如2008年5月中国银行业监督管理委员会、中国人民银行联合制定的《关于小额贷款公司试点的指导意见》《典当管理办法》及审理民间借贷纠纷相关司法解释等。但这些零散的规定仅能作为处理民间金融活动相关案件或具体问题的权宜之计，无法实现系统性的法律规制。早在2007年3月，中国人民银行就组成了"中国（放贷人条例）立法研究"课题组，选择广东、浙江、山西等九个省份作为样本，对国内民间借贷及小额信贷公司的状况进行调研。随后又初拟了《放贷人条例（草案）》，递交国务院审批。然而，由于诸多条款存在较大争议，"放贷人条例"迟迟未能出台。"放贷人条例"搁浅后，民间金融依然不断蓬勃发展，但暴露出的问题也日益凸显，职业放贷人法律地位不明确、法律规制乏力，使其发展前景不明，行业的规范发展乃至壮大受到了一定的负面影响。学者李征对"放贷人"立法的国际经验深入研究后发现：综观国际社会，无论是在金融体系相对完善的美国、英国等发达国家，还是在金融市场发展滞后的印度、文莱、圭亚那等发展中或不发达国家，为规范此类借贷活动的开展，大多数国家都制定了放贷人条例或消费信贷法，并且，为适应国内经济发展水平和信贷格局的变化，各个国家还陆续出台了相关的修正法案。中国香港地区制定的放债人条例也是可借鉴的成功立法例子。因此，本报告认为，应尽快出台放贷人条例。一方面，能够通过登记注册来规范市场准入，明确监管主体，"堵不如疏"，将职业放贷人纳入监管范围，引导民间金融市场主动接受监管，依法经营，良性发展。另一方面，能够对借贷市场形成明确的法律指引，减少民间借贷纠纷的发生，明确罪与非罪的界限，准确认定和打击违法犯罪行为。

2. 加大宣传教育力度，发挥案件警示作用

对于职业放贷人而言，降低债权实现的风险和及时回收资金及利息是其业务核心。以此为落脚点，不仅要通过法律规制使其自觉在法律红线内开展业务，还要通过宣传教育等方式，引导职业放贷人树立科学的风险管理理念，以自我管理水平的提升来促进其自我监管意识和能力的提升，从根本上减少违法违规经营的职业放贷人数量，促使整个行业逐步走上规范发展的道路。

3. 改革地方金融监管制度，强化预警机制

中国小贷公司、典当行业及其他投资理财公司分别由不同的部门进行监管。监管职能交叉、职责重叠，未能形成统一的监管体系，削弱了监管的力度和效果，这也是近年来非法集资案件频发却越管越多的原因之一。故此，建议在现有制度框架下，整合各部门金融监管职能，交由统一的监管部门统筹开展监管工作，或试行联合监管工作机制，消除多头监管的问题，提升监管的效率和效果。

4. 引导和支持行业协会的设立和自律

在当前各国的社会管理中，引入行业协会来克服"双重失灵"，对政府监管的局限是有益的补充，已成为普遍的做法。规范职业放贷人的发展，仅靠政府部门的行政监管是远远不够的，尤其是职业放贷人群体门槛低、隐蔽性强、流动性大等特点突出，对政府监管体系形成了很大的压力。因此，引导和支持职业放贷人成立行业协会，通过行业协会的自律功能来最大限度、最大范围地实现职业放贷人监管，是一个不错的解决方案。"行业协会应当是同行业企业及其他经济组织，为实现行业共同利益而依法自愿成立的，非政府的、自律性、非营利性的社会团体法人。"基于行业协会的这些优点，政府在行政监管之外，加强对行业协会的引导和支持，强化其对职业放贷人行业活动的自律性约束和监管，便可形成一种良性的约束机制。

# B.14
# 民事再审申请审查程序的反思与完善

刘家梁*

**摘　要：** 民事再审申请审查程序是案件进入再审审理的前置程序。中国
对民事再审申请审查程序的立法供给严重不足，随着人民群众
司法监督的能力及水平不断提高，民事再审申请的案件数量逐年
大幅增加，出现诸多现实问题，亟须进行立法重构。建议重新构
建一套完备的审查程序敞开入口，并通过审理程序适当收紧出
口，实现当事人申请再审法律需求与人民法院生效裁判稳定性的
有效统一，为民事审判监督程序功能的发挥打下坚实的基础。

**关键词：** 民事再审　再审申请　审查程序　立法供给

民事再审申请审查程序是人民群众行使司法监督权，促进人民法院纠正
错误的重要途径。长期以来，受制于立法滞后、程序观念缺失等因素，加之
人民群众司法监督的能力及水平不断提高，民事再审申请的案件数量逐年大
幅增加，出现诸多现实问题。这一制度未能充分发挥应有的作用，严重影响
了当事人的再审权利。

## 一　民事再审申请审查程序的现实困境

### （一）司法实践中的现实问题

案例一：2015 年 12 月 31 日，豫 E15999 车辆在行驶中发生单方交通事

---

* 刘家梁，河南省安阳市殷都区人民法院干部。

故，造成车辆损失及货物等损失，原审申请人林某（实际车主）与原审申请人安阳市某财产保险有限公司共同向法院提出申请，请求依法确认双方达成的调解协议。2016年6月16日，安阳市殷都区法院出具（2016）豫0505民特7号民事裁定书，确认申请人达成的由安阳市某财产保险有限公司于15日内赔付林某车辆损失、施救费、财产损失等共计170000元的调解协议合法有效。利害关系人（案外人）安阳市某运输公司（车辆名义车主）认为原审民事案件实际车主林某与安阳市某财产保险公司达成的赔偿协议，未经利害关系人书面授权，以侵犯其作为名义车主的权益为由，提出民事再审异议审查。安阳市殷都区人民法院依法受理此案，法院经审查后认为，原审民事裁判未审核林某的书面授权手续，程序存在重大瑕疵，裁定撤销原审民事裁定①。

案例二：原告许某以被告庞某长期未偿还借款为由，起诉要求被告庞某偿还借款6070000元及利息，经安阳市殷都区人民法院调解出具（2015）殷民初字第348号民事调解书，约定被告庞某分期偿还原告许某借款607000元。再审申请人（案外人）史某系原审被告庞某的其他普通债权人，其再审申请称原审原告许某与原审被告庞某之间不存在真实的借贷关系，在证据明显不足的情况下主动迅速达成调解协议，明显存在虚假诉讼情形。原审当事人达成的调解协议是原审原告许某与原审被告庞某互相串通、恶意逃避履行债务的行为，请求人民法院依法撤销原审民事调解书。法院经再审审查认为原审民事调解未违反自愿原则，民事调解书的内容未违反法律的强制性规定，经法院再审调查取证、审核原审证据等均未发现原审当事人之间虚假诉讼的情形。再审申请人史某也没有提交原审当事人虚假诉讼的证据，其请求撤销原审民事调解书的理由不足，法院经审查后依法驳回了再审申请人史某的再审申请②。

《民事诉讼法》规定，提起民事再审申请的主体为当事人，而以上两起

---

① 参见河南省安阳市殷都区人民法院（2018）豫0505民特监1号民事裁定书。
② 参见河南省安阳市殷都区人民法院（2017）豫0505民再7号民事裁定书。

案例提出再审申请的均为案外人。从公平正义及化解矛盾角度出发，笔者对上述两起案件依法审查并作出裁判进行了探索。关于《民事诉讼法》的再审申请主体等方面，现有法律规定缺失或较为简略，而现实中此类需求却十分强烈。上述案例反映了法律供给在现实需求面前的尴尬，民事再审申请程序现有的规定已难以满足社会的实际需要。随着社会的不断发展进步，这一程序在立法层面应及时作出相应的调整规范。

### （二）民事再审申请程序面临的挑战

民事再审申请程序，是连接当事人再审诉求与再审审理的纽带与桥梁，也是人民群众行使司法监督权的重要体现。它对于保障人民群众正当利益诉求、促进人民法院公正司法具有重要意义。

让人民群众在每一起案件中都感受到公平正义，是司法机关永恒的追求。具体到微观制度层面，要在司法过程中让人民群众有说话的权利和渠道，本身也是司法公正的重要组成部分。司法制度设置要尽量更完备、更有可操作性、更能体现公平正义，就需要考察具体法律规范在实际操作层面的效果。不可否认，《民事诉讼法》关于民事再审申请的现有规定在增加人民群众的司法获得感、提升人民法院司法公信力等方面发挥了重要作用，尤其是小额诉讼制度实行以来，这一制度的作用会越来越大。不过，这一程序与人民群众的实际需求还存在一定差距，主要表现是再审申请的范围过窄、标准过高、内容不明确、程序缺失等问题。这些问题的存在，严重影响了民事审判监督程序的整体功能发挥。民事再审申请程序的现有法律规定已不能完全适应社会现实的迫切需求，亟须大力推进改革。

## 二 现行民事再审申请审查程序的缺陷及成因

中国现行的民事再审申请审查程序，虽然就再审申请的主体、标准、程序等方面作出一系列规定，但总体还比较简略、模糊，缺乏可操作性，所发挥的作用十分有限。具体来看，其深层次原因如下。

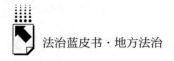

## （一）民事再审申请的主体范围过窄

《民事诉讼法》第197条规定，当事人对已经发生法律效力的判决、裁定认为有错误的，可以向上一级人民法院申请再审；当事人一方人数众多或当事人双方为公民的案件，也可以向原审人民法院申请再审。第201条规定，当事人对已经发生法律效力的调解书，提出证据证明调解违反自愿原则或者调解协议的内容违反法律的，也可以申请再审。从以上规定可以看出，当前《民事诉讼法》将民事再审申请的主体主要限定为当事人，当事人之外的主体被排除在外。然而，在司法实务中有两类案外人主体的民事再审权利救济渠道亟须加以注意。

1. 原审案件未参加诉讼的"第三人"

第三人是与原审当事人争议的标的有关，或案件处理结果与其有法律利害关系的人。第三人未参加诉讼，如果是非归责于其本人的原因，是否应享有对原审裁判的再审申请权？其合法权益应如何加以保护？对这种情况，《民事诉讼法》第297条规定，第三人对已经发生法律效力的判决、裁定、调解书提起撤销之诉的，应当在知道或者应当知道其民事权益受到损害之日起六个月内，向作出生效判决、裁定、调解书的人民法院提出。第三人撤销之诉虽然赋予第三人在一定期限内对人民法院的生效判决、裁定、调解书提起民事诉讼要求撤销的权利，但在司法实践中却存在如何认定案外人的第三人身份问题。第三人的身份认定问题，在司法实践中经常引起争议。认定案外人在原审中是否作为第三人，是司法认定问题，脱离具体的民事案件来讨论案外人在原审中是否应为第三人，有越俎代庖之嫌。案外人在原审中是否应作为第三人，不同的法官认识可能不一。这一制度虽然可以在一定程度上对第三人提供司法帮助，但因其自身存在的诸多问题决定了不能彻底解决第三人的民事权益救济，因此需要通过其他途径来弥补第三人撤销制度之不足。

2. 原审案件债务人的普通债权人

原审案件的普通债权人，是否应享有对债务人与他人的民事争议所作出的判决、裁定、调解书申请再审的权利，在理论界是一个争议很大的问题。以往传统观点认为，债务人的普通债权人，因与债务人与其他主体之间的民事争议无法律或事实上的联系，不宜赋予其再审申请的权利，否则容易导致案外人的权利过大，损害生效裁判的既判力。这种担心不无道理。但是我们也不能因噎废食，因为担心权利滥用而将债务人的普通债权人申请再审的权利完全抹掉。这会导致债务人违背诚信原则，非法转移财产、逃避履行债务，通过合法途径非法侵害他人合法权益。《合同法》第 74 条规定，因债务人放弃其到期债权或者无偿转让财产，对债权人造成损害，并且受让人知道该情形的，债权人也可以请求人民法院撤销债务人的行为。《最高人民法院关于适用〈中华人民共和国合同法〉若干问题的解释（一）》第 25 条规定，债权人提起撤销权诉讼，请求人民法院撤销债务人放弃债权或者转让财产的行为，人民法院应当就债务人的主张部分进行审理，依法撤销的，该行为自始无效。债务人放弃其到期债权或者转让财产，债权人行使撤销权的，是以债务人放弃债权或者转让财产的行为尚未通过诉讼程序确认为前提条件。如果债务人通过民事诉讼的方式放弃债权或者转让财产，人民法院为此出具的裁判发生法律效力，那么债权人此时就难以通过撤销之诉来寻求保护。那么，债权人能否通过执行异议之诉来保护其合法权益呢？《民事诉讼法》第 304 条、305 条规定，案外人对执行异议裁定不服，自裁定送达之日起 15 日内可以向人民法院提起执行异议之诉，该诉讼须有明确排除对执行标的执行的诉讼请求。原审民事案件债务人的普通债权人，对执行标的不一定享有明确的排除执行权，并且很多案件也无执行内容，或者即便有执行内容也并非一定进入执行程序，债权人无法就诉讼标的提出相应异议申请，也难以提起执行异议之诉。因此，在债务人的普通债权人合法权益遭受侵害的情况下，尤其是在债务人通过诉讼途径非法侵害其权益时，债务人的普通债权人很难通过合法途径维护自己的民事权益。

## （二）民事再审申请的标准过高

《民事诉讼法》第 200 条、第 201 条规定了当事人申请再审的条件，主要包括：有新的证据，足以推翻原判决、裁定，或者原判决、裁定依据的基本事实缺乏证据证明，等等。总体来说，民事再审申请的标准过严、门槛过高。如果民事再审申请审查设定的标准过高，就会减少进入审理程序的案件数量，民事审判监督程序的纠错功能就会受到影响。民事再审申请审查和审理程序长期以来共用一套标准，混淆了再审审查和审理不同的功能定位。审查程序主要是为了发现生效判决、裁定、调解书可能存在的错误，并将这种可能存在的错误引入再审审理程序，通过审理程序最终确定原审裁判是否存在错误。从功能定位上来讲，审查程序的标准应适当低于审理程序。但由于民事再审申请审查程序和审理程序标准混淆，在司法实践中把审查程序的标准等同于审理程序的标准，在很大程度上消解了民事审判监督程序的纠错功能。

### （三）民事再审申请审查的内容模糊

人民法院对于当事人申请再审的案件，在审查程序中审查内容是限于当事人的申请还是进行全案审查，《民事诉讼法》没有明确规定。司法实践中对这一问题处理方式不一。有观点认为，人民法院本着有错必纠的原则，在审查时应遵循全案审查，并不限于当事人的申请内容，只要发现原审存在错误的，应一律按照人民法院主动发现错误处理，通过这种程序转换解决这一难题。另外有观点认为，当事人的再审申请权本质上类似于诉权，因此人民法院应当围绕当事人的申请内容进行审查，包括形式审查和实质审查，人民法院不能违背当事人自主原则，任意扩大审查的范围；如果经过审查发现当事人的申请理由成立的，裁定案件进入再审审理程序；当事人再审申请理由不成立的，依法裁定驳回申请。由于长期以来各地人民法院应对这一问题的做法各异，已严重影响了法律适用的统一性，造成很多民事再审案件同案不同判。在处理当事人民事再审申请审查案件时，应当认清当事人申请再审只是引起人民法院再审审理的一种方式，并非唯一方式，发现原审裁判确实存在错误需要纠正的，人民法院还可以通过其他法律途径予以解决，而并非必然在这一程序中予以纠正。

### （四）民事再审申请审查的程序缺失

《民事诉讼法》第203条规定，当事人申请再审的，应当提交再审申请书等书面材料。人民法院应当在收到再审申请书之日起五日内将再审申请书副本发送给对方当事人，对方当事人应当在收到再审申请书之日起15日内提交书面意见。不提交书面意见的，不影响人民法院的审查。人民法院可以要求申请人和对方当事人补充有关材料，询问有关事项。《最高人民法院关于适用〈中华人民共和国民事诉讼法〉的解释》第397条规定，人民法院根据审查案件的需要决定是否询问当事人。有新的证据可能推翻原判决、裁定的，人民法院应当询问当事人。从上述规定来看，人民法院对当事人申请再审的审查程序，遵循书面审查的原则，只有在必要时才启动询问程序。民事再审申请审查程序是一项非常重要的诉讼程序，无论对当事人还是对人民法院，都具有极为重要的意义。因此，对于当事人是否提交申请，以及人民法院决定是否将案件纳入再审审理程序，都应当非常慎重，坚决杜绝随意驳回申请或者启动再审审理程序的错误做法。而要避免人民法院在再审申请审查程序中出现错误，就需要切实增加审查程序的透明度，以程序公正促进实体公正。如果仅依书面审查原则，未让当事人充分行使程序权利，就难以保证审查结果正确，而且即便人民法院的审查结论正确，也难免给人以暗箱操作的嫌疑，不符合程序法治的理念。

## 三　民事再审申请审查程序的完善

民事再审申请审查程序，是连接裁判公正与效率的桥梁与纽带，其功能发挥好坏直接影响到民事审判监督程序的设定目的，因此应当最大限度地实现其过滤、甄别、化解功能，为民事再审审理打下良好的基础。当前民事再审申请审查程序存在的上述问题，已严重阻碍了民事审判监督程序总体功能的正常发挥。要从根本上扭转这种不利局面，亟须从以下几方面予以规范。

## （一）适当扩大民事再审申请的主体范围

法治不仅是公共秩序，还是基于公共秩序的社会正义。民事再审申请审查程序作为民事再审审理案件的前置程序，起到筛查、识别的重要作用，因此其入口应当适当放宽。立法者应及时回应社会的再审申请权利需求，让更多民事案件进入该程序中，并通过人民法院的审查、审核，去伪存真，把真正符合审理条件的民事案件引入再审审理程序。

1. 赋予利益相关人再审申请权

利益相关人是对当事人双方的争议标的有独立的请求权，或者对诉讼标的虽然没有独立的请求权，但与案件处理结果在法律上有厉害关系的人①。如果原审民事案件非因利益相关人的原因未参加诉讼，利益相关人认为原审裁判侵犯其合法权益的，可以向作出原审裁判的人民法院申请民事案件再审。这也是利益相关人维护其合法权益应该享有的权利。但是，由于长期以来囿于传统观念，没有突破民事再审申请主体的束缚，通过扩大民事再审申请主体方式解决这一问题，反而在民事审判监督程序之外新增加规定第三人撤销之诉。而第三人撤销之诉的诉讼请求是撤销人民法院的生效裁判，诉讼标的是人民法院的生效法律文书。但其本质是行使再审申请权，宜通过申请再审的方式请求撤销，而不是通过民事诉讼的方式申请撤销。如果认为原审民事案件侵犯其合法权益，以第三人的名义提起撤销之诉，那么如何证明其在原审民事案件中应为第三人的身份？这是一个逻辑悖论。因此，在《民事诉讼法》中可以取消第三人撤销之诉，代之以利益相关人的再审申请权。

2. 给予债务人的普通债权人相对的再审申请权

原审民事案件债务人的普通债权人，如果认为债务人与他人通过诉讼方式对债权或者财产进行的处分行为，对其合法权益造成损害的，可以向人民

---

① 利益相关人的地位相当于第三人，由于在原审民事案件中其未参加诉讼，其第三人的身份存疑，因此在再审申请时使用该称谓更为合适。

法院提起民事再审申请。规定债务人的普通债权人以民事再审申请权，有助于发现原审民事案件债务人与他人虚假诉讼、非法逃避债务等违法行为。如果债务人的普通债权人不享有再审申请权，在民事诉讼中就没有其他适当的方式维护其合法权益，也就对债务人恶意逃避债务的行为无能为力，这显然不符合民法的公平原则。债务人的普通债权人是其合法利益的最佳守护人，对原审债务人非法放弃债权或低价处理财产是否可能侵犯其合法权益，最为关心，也最有发言权，因此立法者应及时回应诉求，及时赋予其民事再审申请资格。当然，对民事再审案件债务人的普通债权人行使再审申请权，也应有一定的限制，并非所有再审案件债务人的普通债权人都享有此权利，只有符合一定条件的普通债权人才享有该项权利，否则容易损害生效裁判的既判力，动摇诉讼秩序的稳定性。

### （二）适当降低民事再审申请的标准

民事再审审查程序的功能，是发现生效判决、裁定、调解书中可能存在的问题。这种发现只是一种初步判断，并非最终判断，原审案件是否存在错误及错误的程度，需要在民事再审审理程序中加以判断。民事再审申请和再审审理的标准应该有所不同，再审审理适用的标准应远远高于再审申请适用的标准。也就是说，民事再审申请的门槛不能过高，要适当低于民事再审审理的标准。《民事诉讼法》只规定了再审申请的标准，并未规定再审审理的标准。司法实践中民事再审申请程序和再审审理程序适用的标准是重合的，再审申请程序审查的结论与再审审理的结论也是高度吻合的。民事再审申请程序中发现的问题，在很大程度上也是民事再审审理程序中发现的问题。民事再审申请程序发现问题的功能被严重弱化。因此，适当降低民事再审申请的标准，让更多的民事案件进入这一程序，才能在更大范围内发现人民法院审判中存在的问题。

### （三）明确民事再审申请审查的内容

由于《民事诉讼法》对当事人民事再审申请的审查内容没有作出明确

的规定，直接导致司法实践中的适用混乱，严重损害了司法的统一性。民事再审申请审查的实质，是对申请人提出的申请有无事实及法律依据依法审核，因此程序应围绕该主线，不宜脱离这一主线附带审查其他东西。再审申请人的申请理由成立的依法裁定案件再审审理，申请理由不成立的依法裁定驳回申请。这种做法可能有人担心，如果审查仅仅限于当事人的申请，会不会漏审，发现错误不予纠正是否违背实事求是、有错必纠原则。对于这一问题，《民事诉讼法》第198条第1款规定，各级人民法院院长对本院已经发生法律效力的判决、裁定、调解书，发现确有错误，认为需要再审的，应当提交审判委员会讨论决定。如果在审查过程中发现原审民事案件存在再审申请中没有载明的错误，确有纠正必要的，可以提请本院院长，由院长依据《民事诉讼法》第198条的规定，依职权启动主动审查程序。本文认为，民事再审申请审查的内容应仅限于当事人的申请，审查时不应遵循全面审查原则。对于在审查过程中发现的其他问题，应通过《民事诉讼法》第198条规定的途径另行处理。

### （四）增加民事再审申请审查过程的透明性

司法公开是当前司法改革的重点。阳光是最好的防腐剂。人民法院的司法活动，只有置于人民群众的监督之下，所作出的司法结论才具有可接受性。司法公开不仅具有程序正义价值，同时还具有实体正义价值。司法公开的价值，在中国以往民事再审审查立法过程中的受重视程度低，立法内容简单、粗略，缺少可操作性。当前中国民事再审申请审查主要是书面审查，当事人表达意愿的机会少，处于消极被动地位，司法公开的程度不深。为贯彻司法公开原则，民事再审申请审查程序可规定以下内容。①审查过程公开。在审查过程中引入听证程序，或者审理程序①，让当事人充分表达诉求，增加审查结论的准确率。②证据公开。要组织当事人交换证据，对证据发表辩

---

① 民事再审申请引入审理程序，进行诉讼化改造，赋予再审当事人各项诉讼权利，可以更好地发挥审判监督程序的制度价值。

论意见；法官应改变坐堂问案的审查方式，关口前移，在审查过程中主动、积极搜集证据，采纳当事人的辩论意见。法官要听取意见并提供关于裁判正确性的优质论证，并使裁判以此为基础和理由①。③说理公开。目前对再审审查裁判文书的说理性重视不够，说理程度普遍不足。要加强裁判文书的说理性，避免简单、简略或者含糊其词的表述方式。④文书公开。人民法院应及时将裁判文书通过适当的方式向社会公布，接受社会各界的监督。

# 结　语

民事再审申请案件数量近年来呈现不断增长趋势，特别是民事小额诉讼程序施行以来，民事再审申请案件数量激增，当事人对民事再审申请的法律需求不断攀升。这一程序在民事诉讼中的地位和作用也不断上升，其重要性日益显著。在维护生效裁判的稳定性与追求公平正义方面，立法者应制订一套完整的规则体系，努力寻求二者的平衡。通过重新构建一套完备的审查程序，敞开入口，让尽可能多的民事案件进入这一程序。经过这一程序的甄别、过滤，让那些确实符合条件的案件进入再审审理程序，并通过审理程序，适当收紧出口，二次过滤，对确有重大错误的生效裁判依法予以纠正。通过这种制度安排，可以实现当事人申请再审法律需求与人民法院生效裁判稳定性的有效统一，为民事审判监督程序功能的发挥打下坚实的基础。

---

① 〔英〕尼尔·麦考密克著《修辞与法治——一种法律推理理论》，程朝阳、孙光宁译，北京大学出版社，2014，第 121~126 页。

# B.15
# 回顾与展望：一站式多元解纷机制建设的江西实践

江西省高级人民法院立案一庭课题组[*]

摘　要：　人民法院是社会治理的重要主体。近年来，江西高院在充分
发挥审判职能作用的同时，针对辖区收案数量逐年攀升的现
状，坚持"四合三分"思路，在全省法院全面推进一站式多
元解纷机制建设，实现"四个转变"，形成"三大模式"，走
出了一条融合时代特征和江西特色的多元解纷新路径，纠纷
解决呈现"三升三降"良好局面。江西经验对于进一步健全
一站式多元解纷机制具有借鉴意义，本文在实证调研的基础
上，分析影响机制健全的五大关系，并就下一步改进完善提
出建议。

关键词：　一站式多元解纷　　"四合三分"　　五维支撑

## 一　实践背景：时代与现实的必然选择

人民法院作为国家审判机关，是推进国家治理体系和治理能力现代化的
重要力量。2019年6月，最高人民法院在江西南昌召开会议[①]，部署推进一

---

[*]　课题组成员：赵九重、陈健、吴志华、孙明、张冰华。主要执笔人：孙明，江西省高级人
民法院员额法官。
①　《全国高级法院院长座谈会在昌召开》，《江西日报》2019年6月15日，第1版。

站式多元解纷和诉讼服务体系建设，随后下发了《关于建设一站式多元解纷机制 一站式诉讼服务中心的意见》，要求到 2020 年底全国法院全面实现基本建成一站式多元解纷机制。从此，一站式多元解纷机制建设在全国法院全面展开。

"南昌会议"以前，江西法院积极健全多元化纠纷解决机制建设，取得了一些成绩，先后总结推出了"三治结合"的赣州寻乌经验、吉安永丰党政主导联合化解模式和南康区法院"1135"矛盾纠纷源头化解工作机制，被省委政法委评为新时代"枫桥经验"江西实践优秀成果，并在全省法院大力推广。但总体而言，诉源治理成效不够显著，多元化解案件体量不大。近五年统计数据显示①，江西法院新收案件数量从 2015 年的 36.2 万件上升至 2019 年的 66.8 万件，增加了 84.5%，多元化解案件数也从 2015 年的 3560 件上升至 2019 年的 6.8 万余件，但与新收案件总量相比占比不高，未能从根本上改变诉讼案件持续攀升的现状（见图 1）。主要问题表现在：一是部分法院向党委政府主动汇报不够、争取支持力度不大，多元化解工作是否取得成效往往具有偶然性，局部亮点突出但推进不平衡、缺乏规模效应；二是部分法院大局意识不强，不能找准与当地党委政府中心工作的联结点、切入点，进而立足司法职能主动提供服务和保障；三是与外部单位对接衔接不畅、运转失范，主要还是依靠自身力量化解矛盾纠纷，部分法院建立了特邀调解队伍，但特邀调解组织、人员实际参与情况不够理想；四是诉讼服务体系建设成果服务和保障纠纷能力有待加强，部分诉讼服务平台存在不好用、不会用、不愿用等问题。所以，整体推进一站式多元解纷机制建设，主动融入社会治理大局，积极回应群众多元司法需求，对外凝聚解纷合力，对内提升审判效率，成为江西法院破解"案多人少"

---

① 2015～2019 年江西法院新收案件总数分别是 361990 件、402533 件、461813 件、581834 件、668488 件，其中 2015 年收案数据来源于人民法院司法统计单机版，2016～2019 年数据来源于人民法院大数据管理和服务平台。2015～2019 年江西法院多元化解数据分别是 3560 件、4997 件、7002 件、15602 件、68324 件，其中 2015～2018 年数据来源于各地统计上报的数据，2019 年数据来源于江西法院多元化解 e 平台。

矛盾的不二选择。调研组通过实地调研、召开座谈会等方式，总结出江西法院推进一站式多元解纷机制的基本思路和经验模式，并就存在的问题与不足，有针对性地提出解决方案。

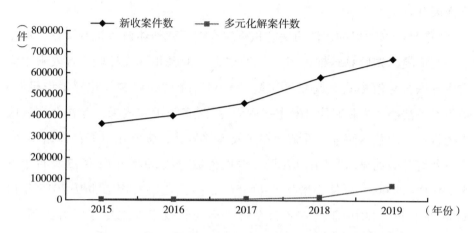

**图1　2015～2019年江西法院新收案件和多元化解案件情况**

## 二　基本思路：坚持"四合三分"实现"四个转变"

"南昌会议"以来，江西法院认真学习贯彻中央决策部署，紧扣最高人民法院一站式多元解纷和诉讼服务体系建设目标任务，坚持"四合三分"工作思路，深入开展矛盾纠纷源头治理和快速多元解纷，走出了一条融合时代特征和江西特色的多元解纷新路径，纠纷解决呈现"三升三降"良好局面①。江西法院在人民法院诉讼服务指导中心信息平台质效评估中指标得分长期稳居全国前列，最高人民法院主要领导三次批示肯定江西法院"一站式"建设经验和成效。

---

① "四合三分"中"四合"是指系统融合、资源聚合、力量整合、平台组合，"三分"是指诉非分流、调裁分流、繁简分流。"三升三降"即解纷服务能力、审判质效、群众满意度"三提升"，案件总量、办案周期、赴省进京访数量"三下降"。

## （一）坚持系统融合，从"单兵突击"向"融入配合"转变

习近平总书记强调："要善于把党的领导和我国社会主义制度优势转化为社会治理效能。"① 人民法院一站式多元解纷机制建设是社会治理的重要组成部分，不能仅靠法院一家"单打独斗"，主动融入党委领导下的社会治理体系是其题中应有之义。江西各级法院主动向同级党委政法委报告争取支持，各级党委政府关心、支持一站式多元解纷的良好局面基本形成。省委政法委牵头成立了矛盾纠纷多元化解领导小组，24 家省直单位参与，负责领导、统筹、协调全省多元解纷工作，117 家法院推动同级党委政法委将万人成讼率、诉前调解质效等指标纳入当地平安建设考核，2019 年所有法院均落实了当年多元解纷经费保障，截止到目前，大约一半的法院将多元解纷工作列入当地财政经费预算②。

## （二）坚持资源聚合，从"被动受理"向"主动延伸"转变

面对收案量逐年攀升的现状，如何通过机制改革将案件数量降下来，成为江西法院面临的重大难题。江西法院一改以往被动受案的状况，主动融入党委领导下的诉源治理机制体系，在全省法院大力推广"联村共治、法润乡村"的"寻乌经验"，将司法资源下沉到基层，将工作重点延伸到源头、诉前，积极推动诉源治理走深走实。2019 年全省共有无讼村（社区）576个，诉讼案件 2 件以下的少讼村（社区）764 个③。反映到诉讼末端，2019年全省法院新收案件数量增幅下降约 11.5 个百分点，近 1/5 的法院收案绝对数量下降。2020 年上半年，全省法院新收案件数量平均下降 10% 左右，下降幅度超过 15% 的约占 1/3④。例如，上高县法院主动融入"十百千"工

---

① 2017 年 9 月 19 日，习近平在全国社会治安综合治理表彰大会上的讲话。
② 相关数据来源于 2020 年 7 月 12 日人民法院诉讼服务指导中心信息平台。
③ 数据根据江西各中级法院统计上报汇总。
④ 数据来源于人民法院大数据管理和服务平台。

程建设①，2020 年上半年诉讼案件数量同比下降 36.7%；鹰潭余江区法院积极参与"无讼乡镇"建设，上半年该县中童镇诉讼案件仅为 14 件，同比下降 40%。部分法院针对辖区重点案件开展诉源治理取得明显成效，如鹰潭月湖区法院在政府金融产业园设立金融纠纷化解 e 中心，诉前化解了大约一半的金融纠纷，抚州乐安法院将"法通村"工作品牌延伸至十二大行业，交通事故案件收案数量下降 64.4%。

### （三）坚持力量整合，从"以我为主"向"非诉挺前"转变

为深入贯彻落实习近平总书记提出的"要坚持把非诉讼纠纷解决机制挺在前面，从源头减少诉讼增量"要求，江西法院坚持非诉挺前，健全诉非分流、调裁分流、繁简分流工作机制，努力实现在党委的统一领导下，让诉讼与非诉讼纠纷解决机制积极参与、各司其职、有序协同，基本形成以"诉非分流为基础、调裁分流为补充、繁简分流为后盾"的递进解纷模式，构建起"社会调解在先，法院诉讼在后"的纠纷解决格局。"2019 年以来，全省法院多元调解成功和速裁结案各类案件 33.6 万件，其中一审民事、行政案件分调裁审占比约为 54.6%，简案审理周期较以往缩短 19.8 天。"②

### （四）坚持平台组合，从"诉讼服务"向"实质解纷"转变

江西法院按照"以一站式诉讼服务保障一站式多元解纷"的理念，全面升级解纷基础平台。拓展"厅网线巡"诉讼服务渠道，实现所有诉讼事项线下"一站服务"、绝大多数事项线上"一网通办"，服务和保障纠纷解决。积极推动诉讼服务中心转型升级，所有法院诉讼服务大厅基本完成现代化改造升级，集成 90 余项服务功能，确保"走进一个厅，事务全办清"。全面建成江西移动微法院，完善诉讼服务网功能，增设 12368 语音功能，实

---

① 即优化十大调解平台、创建百个无讼村、组建千名调解员队伍。
② 胡佳佳、孙明：《矛盾源头化解　纠纷一线平息》，《人民法院报》2020 年 8 月 8 日，第 1 版。

现绝大多数诉讼事项可以通过网络办理。当前，江西法院以诉讼服务中心为基础平台，以多元化解 e 平台为线上平台，与社会基层解纷网络和专业解纷平台联动，构建起院内院外、线上线下、一体两翼解纷格局。

## 三 三大模式：形成解纷新型格局

江西法院按照"四合三分"思路整体推进一站式多元解纷机制建设，在实现"四个转变"的基础上，形成了深度参与乡村治理型、党政主导综合型、法院主导联动型三种模式。这三种模式中，深度参与乡村治理型以"寻乌经验"为代表，侧重于诉源治理，是江西法院深度参与基层社会治理的生动实践。党政主导综合型以永新法院为代表，依托"党委主导、政府支持、法院承接、多元参与"的县级矛盾纠纷预防调处中心，构建起诉讼与非诉讼二元分治、衔接配套的解纷格局。法院主导联动型是各级法院紧紧依靠党委领导政府支持，由法院主导按照"三分流"机制建立分层过滤、递进解纷模式。

### （一）联村共治：深度参与乡村治理型

江西作为中部地区农业大省，发展不足、相对落后是基本省情和最大现实。乡村纠纷呈现以下特点：纠纷主体多元化，纠纷数量明显增加；纠纷成因复杂化，群体性纠纷逐年递增；理性化与极端化解纷方式并存[①]。近年来，赣州寻乌法院探索总结出"联村共治、法润乡风"的"寻乌经验"[②]，该县建成无讼村 16 个、少讼村 67 个。为加强纠纷的源头预防和化解工作，江西高院制定推广"寻乌经验"参与乡村治理、人民法庭"双达标"建设

---

[①] 参见孙玉娟、丁宁宁《农村社会治理视野下纠纷多元化解机制探析》，《知与行》2016 年第 9 期，第 113~114 页。

[②] "寻乌经验"得到最高人民法院主要负责同志批示肯定，2018 年、2019 年连续两年被写入最高人民法院工作报告。

以及人民法庭推进"一站式"建设等指导意见①，在全省法院大力推广"寻乌经验"，建成228个"全面双达标"人民法庭，将人民法庭作为推进一站式多元解纷机制建设的前沿阵地，织密"以人民法庭为中心，以巡回审判联系点为纽带，以乡镇村组常态化联系机制为关键，以连村减讼视频指导平台为支撑，以乡贤、'五老'、司法协理员等为骨干成员的治理网络"②，将大量矛盾纠纷化解在法院外。主要做法如下③。

1. 以自治为基，打造群众合力治理机制

一是联手村民自治组织化解纠纷。指导民情民意会、村民理事会、红白理事会、禁毒禁赌会、六星家庭创评会等群众自治组织制定议事规则、组织章程，通过担任顾问、列席议事、常态联系等方式，联合化解矛盾纠纷④。二是邀请农村"五老"评事说理。发挥老干部、老党员、老劳模、老教师、老退役军人在化解矛盾纠纷方面的天然优势，依托"五老"人员联系站，邀请"五老"人员共同化解矛盾纠纷⑤。三是激活陪审、陪执"两员"作用。选聘人民陪审员40名、人民陪执员30名，广泛参与送达执行、法律宣传、廉政监督等活动。

2. 关口前移，促进矛盾纠纷源头治理

一是织密驻村工作联络网。在全县173个村委会、11个居委会建立

---

① 即《关于推广"寻乌经验"提升全省法院深度参与乡村治理工作水平的实施意见》、《关于加强"双达标"人民法庭规范管理的实施办法（试行）》和《人民法庭推进一站式多元解纷和诉讼服务体系建设的指导意见》。

② 参见胡佳佳、孙明《矛盾源头化解　纠纷一线平息》，《人民法院报》2020年8月8日，第1版。

③ 这是寻乌法院深度参与乡村治理的主要做法，"寻乌经验"在向全省法院推广过程中不断深化和拓展，逐步从乡村走向城镇社区，从线下延伸至线上。例如，2019年赣州地区法院开展"人民法院在身边"行动，在全市范围内实现"民情走访、宣传普法、巡回审判、企业服务"四个全覆盖，深度参与基层社会治理。抚州地区推动江西法院多元化解e平台在全市各级政法单位、综治部门部署，延伸至乡镇调处中心，完成平台与全省综治平台的对接工作，为各部门参与纠纷化解提供了全流程智能化的服务，实现诉讼服务现场与远程、网上与网下、实体与网络的立体衔接。

④ 参见蓝玉林《联村共治　法润乡风》，《赣南日报》2019年8月27日。

⑤ 参见王珊珊《集约高效　便民利民》，《人民法院报》2020年5月28日。

"一村一法官"制度，推行"一线工作法"，即"诉讼服务在一线、调查研究赴一线、巡回审判到一线、判后回访去一线"，实现司法联系群众服务群众全覆盖，将大量矛盾纠纷化解在乡村、基层。二是共建公共法律服务室。依托县、乡、村三级综治中心，与公安、司法及村各类自治组织在全县173个村，合力打造公共法律服务室，共建矛盾纠纷调解室。三是设立诉前调解办公室。与15个乡镇、2个工业园区和10家单位联合设立诉前调解办公室，与行政调解、人民调解、行业调解联动化解纠纷。

3. 德法融合，不断醇化乡风民风社风

一是活用客家风俗。外地干警将会讲"寻乌土话"作为做群众工作的首要环节，自觉学说"寻乌土话"，从语言上拉近与群众的情感。运用"请吃茶"工作法，在调解中为当事人泡上一杯茶，问问情况摸摸底，不少纠纷得以化解①。二是巧用客家俗语。搜集整理了近100条客家常用俗语，并将这些反映客家人人生观、价值观的俗语融入调解审判执行工作。三是推进乡风整治。对赡养、抚养、抚育、彩礼、赌博等相关案件广泛开展巡回审理，邀请当地村民旁听庭审，通过一案教育一片。四是加强法治宣传。定期组织法官、邀请群众身边乡贤深入村组讲解典型案例，宣传法治故事。

## （二）多元共治：党政主导综合型

2016年10月，吉安永丰县在法院设立"县委主导、政府支持、法院承接、多方参与"的矛盾纠纷联合化解中心，为群众提供一站式纠纷解决服务，各乡镇建设相应的化解中心，形成了"小事不出村、大事不出乡、难事不出县、矛盾不上交"的良好局面。近年来，吉安市委政法委在全市推广"永丰经验"并列入综治考核，市县两级全部成立矛盾纠纷联合化解中心。其中，设在永新县法院的矛盾纠纷联合化解中心（以下简称"联化中心"）与该县综合治理中心（以下简称"综治中心"）、司法行政部门公共法律服务中心（以下简称"法服中心"）、法院诉讼服务中心、执行服务中

---

① 参见王珊珊《集约高效 便民利民》，《人民法院报》2020年5月28日。

心合并运行,覆盖全县所有县直单位、乡镇和村委,构建起"五心合一""三级联动"的网格化治理大格局。2019年该县无进京越级上访、无大规模集体上访、无因上访问题引发极端事件或较大影响事件,永新法院案件数量长期低位运行,公众安全感满意度连续七年保持全省前列。主要做法如下。

1. 整合力量搭平台

联化中心由县委常委、政法委书记担任主任,负责指挥调度;公检法三长任副主任,负责相应法律矛盾纠纷化解的具体安排部署;从政法委、司法局、信访局、检察院、法院、交通警察局、住建局、律师事务所、志愿者协会和资深政法工作者中抽调10名专门工作人员常驻办公。综治中心、法服中心分别由乡镇综治办、司法所轮流抽调人员入驻办公。此外,还特别引入了"老谭工作室"等民间调解组织辅助解纷。

2. 分工明确强调度

在总分工方面,综治中心由政法委主导,联化中心由法院主导,法服中心由司法局主导,法院各部门通过分区包干形式全程参与矛盾化解。在具体责任调度方面,综治中心负责制度规范、力量配备、网格员管理和"天网地网"信息监控以及矛盾纠纷排查、预警、登记分流、分析研判、重点人群管控等高端管理,对各方资源起到总调度作用。联化中心发挥公检法司各政法部门的业务专长,以及涉事乡镇和部门、行业等社会资源的作用,多方联合发力达到快速定纷止争的目的。法服中心则全方位提供咨询、公证、法律援助、社区矫正等司法服务,让联化中心能够从解纷辅助事务中剥离,专注于调解事务。

3. 递进解纷聚合力

综治中心负责矛盾纠纷隐患的排查登记和分类分流。社会解纷力量化解不成的重大矛盾纠纷,流转为法院多元化解登记案件,逐一完成类案分流、联动化解、司法确认和诉调对接。形成了简单矛盾由村、居调解,复杂矛盾选择委派委托调解或公证、仲裁等方式分流,重大纠纷由政法委调度、法院主导、各成员单位参与联合化解的阶梯式立体化解纷模式。

4. 数据连融提质效

推广应用江西法院在线调解平台即多元化解 e 平台，让身处不同地域的矛盾主体可以不受时空限制尽快解决矛盾，打通服务人民群众"最后一公里"。整合入驻单位信息化资源，将公安部门"天网地网"监控技术和身份信息查询、民政部门婚姻登记查询、交通管理部门车辆出入查询等各部门信息查询系统统一到综治中心，打通法院和公安机关、检察机关、行业协会等部门的信息渠道，扩大信息资源共享，行业数据共融。借助平安江西 App 实现网络化管理，收集群众通过 App 反映的问题。

## （三）非诉挺前：法院主导联动型

纠纷解决的理想状态，就是推动诉讼与非诉讼纠纷解决机制各就其位，一般纠纷由当事人自行和解或基层组织化解，专业性、类型化纠纷由专业性、行业性调解组织化解，特殊类型的纠纷引导走仲裁、公证、行政裁决、行政复议等程序，重大敏感、群体性纠纷由党政机关综合协调化解，经过层层过滤，尖锐复杂、不可调和的矛盾，才来到法院通过诉讼程序解决。但从当前情况来看，人民群众更多的是直接走进法院解决纠纷，这就意味着大量纠纷并未经过非诉讼纠纷解决机制的调处。法院主导联动型就是始终坚持党委领导政府支持，坚持把非诉讼纠纷解决机制挺在前面，从科学分流、配强队伍、健全机制、搭建平台四方面着手，由法院主导构建起"三分流"工作机制，即健全和完善诉非分流、调裁分流、繁简分流分层递进、紧密衔接的工作机制，充分发挥非诉讼解纷力量的作用，推动"人民内部矛盾由人民解决，社会矛盾由社会解决"。主要做法如下。

1. 科学引导，重点解决"被动解纷"现状

通过法院诉讼服务中心、新媒体或者传统媒体，加大对非诉讼纠纷解决机制的宣传力度，引导和鼓励当事人选择非诉讼方式解决纠纷。在诉讼服务中心设立诉讼辅导区，配备诉讼辅导员和相应智能设备，对纠纷进行引导分流。发挥立案人员纠纷分流的主体作用，对于适宜调解的一审民事、行政案

件，在征得当事人同意的前提下，原则上先委派特邀调解组织、人员调解或由法院专兼职调解员进行诉前调解。对于适宜调解的二审民商事案件，推广鹰潭、赣州等地经验做法，在上诉阶段进行调裁分流，由二审法院在案件移送前先行组织调解，或者实行庭审当日"多元化解在前，开庭审理在后"模式。

2. 配强队伍，重点解决"九龙治水"问题

组建并动态更新法院特邀调解员队伍，常态化接受法院委派委托调解。近年来，各级法院立足自身实际，以各自矛盾相对突出的纠纷类型为重点，主动对接工青妇、工商联、金融、仲裁等调解组织、单位，每家法院至少对接 5 家基层解纷力量，全省共对接各类调解组织 600 余家、特邀调解员 3575 名，建立起法院主导的"1 + N"诉前联动多元解纷机制。同时，组建本院专兼职调解队伍，由本院在编在岗人员或退休返聘法官担任，在诉讼服务中心开展婚姻家庭、商事纠纷、物业服务或侵权等特色调解工作。同时，将调解人员编入速裁快审团队，由法官对调解全程进行指导，"能调则调，当判则判"，提高工作效率，所有调解人员由诉讼服务中心统一管理、统一培训、统一考核。

3. 健全机制，重点解决"分流失序"现状

在组建多元化解团队的基础上，江西高院先后出台《立案阶段多元化解工作指导意见（试行）》《全省法院矛盾纠纷多元化解操作规程》《全省法院诉非、调裁、繁简三分流运行指导意见》，对委派委托调解、法院专（兼）职人员调解、诉调对接和管理指导等方面进行全面规范，重点理顺诉非分流、调裁分流、繁简分流三大工作机制，明确工作重点和承接关系。以诉非分流为基础，对于适宜调解的来院纠纷，经当事人同意，在立案前一律先进行诉非分流，推动纠纷尽可能在诉前得到化解。以调裁分流为补充，对于当事人拒绝诉非分流但同意诉中调解或者虽经诉非分流没有达成协议但明确同意进行诉中调解等案件，在案件立案后、分配到审判团队前，以特邀调解组织的委托调解和法院专兼职调解团队的立案后调解为主体，推动纠纷通过调解方式在诉中得到化解。以繁简分流为后盾，对于进入诉讼程序的案

件，全省法院统一机制、统一场所、统一团队、统一模式，建立起覆盖全类型、全审级、全流程的"分调裁审"机制，以机制改革促审判提速的作用逐步显现。

**4. 搭建平台，重点解决"多元不聚"现状**

全省法院均在诉讼服务中心开辟专属区域，打造了常态化运行的调解速裁区，集中开展引导分流、诉前调解、诉调对接、简案速裁等工作。引入人大代表、政协委员、人民调解员、律师等社会力量，在法院诉讼服务中心设立"两代表一委员"、人民调解员等特色工作室 225 个。自主研发多元化解 e 平台，与"人民法院调解平台"、办案系统信息互通，"进"可以司法确认、登记立案，"出"可以委派委托调解，实现案件全流程信息化办理、在线调解，调解资源丰富多元，纠纷解决规范高效。同时，借助多元化解 e 平台突破场地、人员限制的特点，拓展在线调解场所。2020 年疫情期间，再次优化平台应用，及时升级扩容服务端优化视频流，开发升级电子签名功能，主动对接人民调解、行业调解、行政调解等线上调解平台，激发调解组织活力，释放调解工作效能，吸引越来越多的当事人选择在线调解，降低纠纷解决成本。

# 四　实证扫描：影响实施效果的五大关系

**1. 对社会治理大局与法院一站式解纷关系认识存在误区**

人民法院一站式多元解纷机制建设是社会治理的重要组成部分，要置于社会治理现代化大局中去谋划、去部署和去推进。一些地方、一些部门存在认识偏差，认为诉源治理、一站式多元解纷机制建设是法院一家的事，甚至认为运用法治思维和法治方式解决纠纷就是要到法院起诉。部分法院将一站式多元解纷机制建设作为减轻审判压力的应急举措，没有从推进国家治理体系和治理能力现代化的高度来理解和把握，进而找准"一站式"建设与推进社会治理现代化的结合点、切入点。部分法院存在"等、靠、要"思想，在工作推进过程中遇到阻力或困难，更多强调外部原因，结合自身实际，向党委政府主动汇报、争取支持的力度不够，与其他单位、组织沟通联络、对接衔接的积极性、主动性不足。

2. 参与乡村社会治理与城镇社区治理推进不平衡

积极推进市域社会治理，要做实做强基层基础工作，狠抓乡镇、街道这个基本单元。近年来，江西法院深化推广"寻乌经验"，积极参与乡村治理，为服务和保障乡村振兴起到了积极作用。但是，随着经济社会的迅猛发展，全国范围内人口流动愈加频繁，江西人口向东南沿海省份聚集趋势明显，省内也呈现人口向城镇、城市聚集的趋势，不少乡村社会大量青壮年搬离故土，农村、乡镇出现"空心化"现象，由此带来纠纷格局的重大变化。一方面，不少地方出现"无讼村"，另一方面，城镇社区的纠纷案件呈增加趋势。如何将乡村社会的治理经验向城镇社区移植和延伸成为不少地区深度参与基层社会治理的关键所在。

3. "诉讼"与"非诉讼"二元解纷格局有待深化

在社会治理中，诉讼与非诉讼纠纷解决方式应当各司其职、协同治理。当前，社会矛盾纠纷向法院聚集的趋势并未根本改变，"诉讼"与"非诉讼"二元解纷格局还有待进一步深化。就江西法院而言，一方面，县级层面党政主导综合型矛盾纠纷联合化解模式仍属于区域性经验；另一方面，法院主导联合型化解模式，由于法院在现实权力架构中缺乏权力支配、物质激励或者考核倒逼等机制优势，存在解纷合力形成难、人员经费保障难、监督考核考评难等问题，在一定程度上影响了委派委托调解工作实效。就整个社会而言，不同渠道的解纷资源很多还处在"各自为战"状态，资源整合和优化配置仍有较大空间，工作合力尚未充分发挥，非诉解纷的前端化解功能还没有完全发挥出来。比如，民间调解力量逐渐衰落并被边缘化，部分人民调解、行业调解等组织松散、人员不强，化解案件数量偏少，部分解纷主体职责不清甚至相互推诿，相互之间程序衔接转换不畅、联动解纷效果不佳，分层递进、配套衔接的纠纷解决体系还有待进一步健全。

4. 法院内外纠纷解决配套保障机制有待健全

一站式多元解纷机制能否构建好、完善好、发挥好，在一定程度上取决于经费保障、考核考评、激励约束等配套保障机制是否健全。目前，全省还有超过一半的法院尚未建立起可持续的多元化解财政经费保障机制，不少法院需要每年向财政部门报告争取经费保障，经费补助补贴标准不一、保障不到位，已在一定程度上制约了多元解纷工作的整体推进和持续发展。部分地区尚未建立科学的多元解纷考核考评机制，如平安建设中有关社会矛盾预防化解工作的考核指标设置还不够科学，没有将诉前调解率、诉前调解成功率等指标纳入考核指标体系并赋予法院考核权，欠缺诉讼后端对前端非诉讼纠纷解决机制运行质效的衡量评价，以致有关单位、部门对多元解纷主体责任落实不到位、多元解纷工作流于形式。有关单位、部门对调解组织、人员尚未建立起统一合理的考核评价制度，缺乏有效的正向激励和反向约束机制，导致部分调解人员对调解工作不够重视，工作积极性受到了影响。此外，多元解纷信息化平台建设还不够完善、不同解纷主体之间平台对接不全面，整个社会矛盾纠纷化解底数不清，给分析研判、业务指导、工作决策等带来困难。

5. 法院分流积极性高与部分群众非诉接受度低并存

不少法院从缓解审判执行压力的需求出发，开展诉非分流、调裁分流的积极性很高，或者说主观意愿很强烈，但是由于欠缺科学的引导分流举措，分流失序、效果不佳等问题还在一定程度上存在。不少群众对非诉讼纠纷解决方式不了解、不认同，仍习惯于走进法院解决纠纷，部分当事人及诉讼代理人对法院推行一站式多元解纷机制特别是诉前调解工作接受度不高，甚至认为这是法院拖延立案的一种手段。法院在引导分流方面的压力较大，宣传引导需要进一步加强。

## 五 未来展望：健全机制的五维支撑

针对上述问题，课题组认为，江西法院要继续坚持"四合三分"工作思路，坚持把非诉讼纠纷解决机制挺在前面，主动融入"党委领导、政府负责、民主协商、社会协同、公众参与、法治保障、科技支撑的社会治理体系"，着力从以下几方面健全一站式多元解纷机制。

## （一）积极争取党委领导，统筹纠纷预防调处

一般而言，凡是多元解纷工作做得比较好的地区都是当地党委、政府高度重视支持的地区。从全国来看，浙江、北京如此，从江西来看，吉安、赣州等地无不如此。下一步，江西法院一方面要坚持党对人民法院工作的绝对领导，不折不扣贯彻落实党中央关于社会治理现代化的决策部署，促进形成共建共治共享的现代社会治理格局。充分发挥司法职能作用，将一站式多元解纷机制建设融入市域社会治理和经济社会发展大局，主动提供司法服务保障。另一方面，继续推动省委政法委成立高级别的矛盾纠纷多元化解领导小组，强化组织领导，统筹辖区矛盾纠纷多元预防调处化解工作，健全完善多元化纠纷解决机制，组织开展调查研究、了解掌握、分析研判地区矛盾纠纷发展态势，协调处置辖区内或者跨辖区的重大复杂矛盾纠纷等。督促各类负有解纷职能的单位、组织和个人积极履行相应职责，做到既不缺位、不越位、不错位，又不推诿、不回避，及时有效化解矛盾纠纷。

## （二）推广党政主导模式，重塑纠纷解决格局

在全省深化推广永新经验，在县级层面普遍设立党政主导综合型矛盾纠纷调处中心，整合县级综治中心、人民来访接待中心、诉讼服务中心、公共法律服务中心、行政争议调解中心、12309检察服务中心等线下线上工作平台，完善"党委领导、政府支持、多元共治、资源共享、调解优先、诉讼终局"的一站式解纷平台，推动社会矛盾纠纷靠前化解，努力把重大矛盾纠纷控制在县域范围内。线下平台采取常驻、轮驻、有需随驻相结合的方式，整合有关部门力量，发挥平台的指挥分流作用，着力解决各部门互不统属联动、遇到复杂矛盾纠纷容易推诿扯皮的问题，鼓励和引导当事人选择最适宜的方式解决纠纷。吸引人民调解委员会、行业性专业性调解委员会、法律咨询、心理服务、仲裁、公证等社会力量进驻，为群众提供全覆盖、全领域、全流程的纠纷解决服务。完善综合性多元解纷信息平台的建设与对接，集成汇聚各解纷主体登记的矛盾纠纷多元化解数据，实现信息互通、数据共

享、成果共用，构建起智能解纷新模式。同时在乡镇设立分中心，对接乡镇有关部门。

## （三）发挥推动保障作用，完善诉调对接机制

在党政主导综合化解模式全面推广前，多数法院要继续发挥中枢作用，按照"一源头、二维度、三分流"工作理念，不断优化"递进式"纠纷分层过滤体系，推动纠纷尽可能在进入诉讼程序前得到化解。一是深度参与基层社会治理，从源头上防范化解矛盾纠纷。深化推广"寻乌经验"，一体参与推进乡村治理和城镇（社区）治理，全面落实法官挂点村居社、乡镇（街道）等制度，参与实施"法律明白人"培养工程，建立"一对一"结对辅导工作机制，提高基层自治组织、人员化解矛盾纠纷的能力和水平。送法下基层，广泛开展巡回审判，定期或不定期开展法治宣传活动，提高社会公众法治素养，从源头上预防纠纷发生。二是发挥司法专业优势，协助提升非诉化解能力水平。联合司法行政机关及其他有关部门，指导人民调解委员会、行业性专业性调解委员会以及其他非诉讼纠纷解决组织加强机构建设，在各单位、各社区（乡镇）、各行政村普遍建立人民调解组织，在纠纷高发、易发、频发领域建立行业性、专业性调解委员会，推动建立行政争议调处中心，建立新型调解组织培育孵化工作平台。联合司法行政部门、法学教育部门、各类调解组织、社会培训机构等，探索建立地区职业调解员准入制度，完善调解员水平评价体系。加大调解人员培训力度，为非诉调解组织提供法律指引或示范裁判案例，提升非诉解纷力量化解纠纷的能力和水平。三是强化诉调对接机制，促进非诉讼与诉讼顺畅衔接和高效流转。深化特邀调解实践，健全委派委托调解工作机制，推进调解资源整合和集约化管理，提升委派委托调解成功率和自动履行率。加强司法确认工作，建立司法确认联络员机制，实现人民调解司法确认快速立案、快速办理，发挥司法确认程序在保障调解成果方面的独特优势，激发非诉讼方式解决纠纷的活力。优化无争议事实记载、无异议调解方案认可等制度，形成有效的调解成果运用和激励机制。

当地建立了党政主导综合化解模式之后，法院要作为重要一员参与其中，其角色由诉非分流的"中枢"回归为解纷体系的后端定位。同时，发挥司法的专业优势，通过调解指导、联席会商、典型案例指引、类案审理示范、专题培训等多种方式对综合化解中心前端的纠纷调处提供专业保障。

## （四）健全配套保障机制，提升纠纷解决实效

必要的经费保障、科学的考核考评、有效的激励约束等机制是一站式多元解纷机制高效运行的重要保障。一是积极争取政府支持，建立起常态化、可持续的多元解纷经费保障机制，当前法院主导建立的委派委托调解机制，也是非诉讼纠纷解决机制的重要组成部分，应当纳入各地矛盾纠纷多元化解整体经费统筹安排。二是发挥考核指标"指挥棒""方向盘"作用，进一步推动将万人起诉率、诉前调解率、诉前调解成功率等多元解纷指标纳入平安建设（综治工作）考评体系，并赋予法院相应的考评权。三是完善激励约束机制，联合有关部门开展优秀调解组织和调解能手评比活动，对多元解纷成绩突出的组织和人员给予奖励，充分调动其工作的积极性、主动性，同时及时清理工作不积极、成效不大的调解员，保持调解人员的活跃度。

## （五）加大宣传引导力度，提高各界参与接受度

健全一站式多元解纷机制，需要调动社会各界和广大群众的积极性和主动性，努力形成人人有责、人人参与、人人共享的生动局面。继续通过新媒体及报纸、期刊、电视等传统媒介，大力弘扬"和为贵"的优良传统，积极引导社会改变"解决纠纷就是到法院打官司"的观念，鼓励引导当事人选择最适宜方式解决纠纷。加大对非诉讼纠纷解决机制的宣传力度，通过典型案例突出其功能、特点及优势，让群众充分了解、自觉认同多元化纠纷解决机制，主动去选择高效、便捷、低成本的方式解决矛盾化解纠纷。

# B.16
# 构建法院判决自动履行正向
# 激励机制的宁波镇海实践

宁波市镇海区人民法院判决自动履行正向激励研究课题组 *

摘　要：　自动履行正向激励机制通过加强法院内部协调，全流程引
　　　　　导督促当事人在法院裁判后、胜诉权益人申请强制执行前
　　　　　主动履行裁判给付义务。该机制还联合相关部门推出大量
　　　　　实在的诚信履行红利来刺激当事人自动履行意愿，推动社
　　　　　会共识形成。实施一年来，取得了良好成效。机制运行过
　　　　　程中，也发现了诸如运行效果还不够理想、不同类案的自
　　　　　动履行率差值较大等问题。应通过打造促进自动履行率提
　　　　　升的外部环境和锤炼促进自动履行率提升的内部要素两方
　　　　　面措施加以完善。

关键词：　自动履行　正向激励　红利清单

依法保障胜诉当事人及时实现权益，是人民法院践行"以人民为中心"
发展思想的题中应有之义。2006 年 1 月在浙江省十届人大四次会议上，浙
江高院就提出了"努力做到不使有诉求的群众因经济困难打不起官司，不
使有理有据的当事人因没有关系打不赢官司，不使胜诉当事人的合法权益因
执行不力、不公得不到保护"三项承诺。浙江高院提出，浙江法院人应当

---

＊　课题组负责人：张军斌，宁波市镇海区人民法院党组书记、院长。课题组成员：刘丽、刘明
奎、柳墒熵。执笔人：柳墒熵，宁波市镇海区人民法院办公室干部。

坚持一诺到底，持之以恒完成三项承诺。当前，虽然"基本解决执行难"的工作目标已经顺利实现，但胜诉当事人的权益及时实现的比例仍然较低，人民群众对合法权益及时实现的获得感还不强。

2019年7月，镇海法院接到一名当事人的电话，称其在办理银行贷款时因存在涉诉信息而受限，希望法院出具履行证明。为切实回应当事人这一司法新需求，镇海法院开出全国首份自动履行证明书，并出台《关于促进当事人自动履行 助力执源治理的意见》，建立了全国首个自动履行正向激励机制，推动从源头上切实解决执行难。这一机制的建立，将会推进社会信用体系建设更加完善，有助于形成正确导向，优化法治化营商环境。经过一年的实践检验，取得了良好成效，得到了最高人民法院、浙江省委、宁波市委和省高院多位主要领导的肯定，并被写入《2020年人民法院工作要点》和全国两会最高人民法院工作报告，由省委改革办作为改革案例在《领跑者》上刊登。

## 一 自动履行正向激励机制的内容和取得的成效

### （一）机制的主要内容

1. 紧密衔接配合，打好引导督促"组合拳"

加强立审执兼顾，全流程引导督促当事人在法院裁判后、胜诉权益人申请强制执行前主动履行裁判给付义务。

一是"立审执破"一体处置。强化前端办案人员的履行意识，随案发放"自动履行告知书""自动履行催告书"等文书，宣传引导自动履行的好处和拒不履行的后果，明确"不履行即违法"。积极引导当事人提出财产保全申请，打消债务人逃避履行债务的侥幸心理。对调解结案的，尽量要求当庭履行，对不能即时履行的，一律增设违约限制条款或担保履行条款。对判决结案的，加强判前说理和心证公开，合理确定履行期限。建立审破衔接机制，加强审理中破产线索筛查，对符合条件的，尽量引导当事人提出破产申请，减少进入执行的案件。

二是法官全程督促提醒。将"办案法官不仅要管判，还要管履行"的理念渗透普及，实行案件"谁办理、谁负责督促履行"机制，通过移动微法院、电话沟通、上门回访等方式，做到每案必提醒、每案必督促，并确定每周五为自动履行固定督促日。结合疫情时期特点，重点强化在线督促，出台工作指引，加大居家庭审督促力度，开展集中督促专项行动，确保督促取得实效。

三是创新智能督促手段。在审判信息系统增加"履行内容"模块，录入裁判文书履行义务人、履行期限、履行内容等信息节点，通过12368短信平台和相关信用平台定点提醒当事人主动履行。

四是善用分类考核激励。将督促履行工作的成效与个人绩效考核挂钩，并适当加大权重。例如：诉前调解案件，将"协议履行完毕"纳入人民调解员"以案定补"标准；诉讼案件，促成当事人自动履行1件，折算办案0.5件。疫情期间，利用钉钉填表功能按周汇总法官督促数据，紧盯"少"数狠抓落实，进一步强化考核推动力。

五是拓宽督促案件范围。坚持先试行后推广的理念，经过半年多的探索实践，于2020年3月正式将自动履行督促工作向刑事、行政非诉领域推开，引入检察院、公安局、司法局以及行政机关等参与主体，推动健全完善民事、刑事、行政一体的全方位自动履行正向激励机制。

2. 凝聚部门合力，打好联合激励"红利牌"

加强与相关部门的协调沟通，形成有效工作合力，联合制发《诚信履行红利清单》等，推动正向激励扩容提质，为引导形成"诚信履行受益"的社会共识提供强大支持。

一是争取多方行动共识。在自动履行正向激励机制实施之初，充分与辖区相关部门进行沟通联动，扩大参与主体力量。首先，与辖区21家银行机构达成共识，为诚信履行当事人提供相关优惠和绿色通道，中国人民银行宁波市中心支行同意将诚信履行名单纳入"普惠金融征信平台"，并向总行申请纳入中国人民银行征信系统。随后，与蚂蚁金服集团对接，确定诚信履行企业名单与"芝麻信用"等网络信用场景挂钩。随着机制的逐步成形，宁波市发展改革委也将镇海法院发布的诚信履行名单纳入了"信用宁波"平台守信红名单。正向激励机制的快速推进得到党委、政府的有力支持，镇海区委书记到镇海法院调研，要求全区各部门支持配合自动履行正向激励工作，区级层面成立工作专班，加快形成推进合力；区信用建设领导小组出台《关于促进当事人自动履行 助推"信用镇海"建设的意见》，明确激励举措；区全面依法治区委员会出台《关于加强综合治理从源头切实解决执行难问题的实施意见》，决定以全区之力争取率先实现切实解决执行难的工作目标，打造自动履行正向激励"镇海样本"。2019 年 9 月 18 日，自动履行正向激励和信用修复机制宁波全市推广现场会在镇海法院召开，现已在全市发文推广。2020 年 7 月 16 日，区委组织召开自动履行正向激励机制和强制执行联动工作推进会，出台《关于统筹推进自动履行正向激励与强制执行联动工作的意见》，成立由区委副书记、政法委书记任组长的工作领导小组，并进一步明确 10 家责任单位以及对应激励举措共 14 项。

二是创新诚信履行"通行证"。为完成履行义务的当事人出具"自动履行证明书"，若同时满足"在全国范围内尚无未履行完毕的被执行案件"，则纳入"诚信履行名单"。名单库实行动态管理，定时推送至"信用宁波""普惠金融平台"和各商业银行。

三是推出诉讼优享服务。为"诚信履行名单库"成员开辟诉讼服务绿色通道和诉讼服务专窗，提供免排队优先立案服务以及依法减免案件受理费、申请财产保全可免予提供担保或降低保证金等待遇。

四是拓展守信应用场景。联合市场监管、财政、税务、金融机构等多个主体力量，为诚信履行的当事人推出行政审批绿色通道、纳入招投标项目评审、给予财政性资金扶持、纳入企业评定和纳税信用评价、给予授信融资支持、视情况减免加处的罚款或滞纳金等激励举措。联合检察、公安、司法等政法机关，将刑事案件财产刑自动履行情况作为认罪认罚案件量刑适当从宽的依据以及减刑、假释的参考因素。

## （二）机制所取得的成效

### 1. 自动履行各项指标显著向好

一是自动履行率环比实现翻番。2019 年上半年，镇海法院自动履行率（自动履行案件数量占有履行内容的生效案件数量的比例）为 16.31%；2019 年下半年，自动履行率提升至 25.19%，2019 年下半年每个月自动履行的案件数平均比上半年多出一倍。2020 年上半年，自动履行率进一步提升至 30.4%，自动履行案件同比上升 120%。

二是自动履行金额比例出现大幅增长。2019 年上半年，镇海法院自动履行金额比例（自动履行案件的标的总额占生效案件标的总额的比例）仅为 2.48%，2019 年下半年，该数据提升至 17.26%，下半年自动履行金额是上半年自动履行金额的 8.42 倍。2020 年上半年，自动履行金额比例为 14.38%，自动履行金额与 2019 年同期相比上升了 132%。

三是申请执行案件数明显下降。2019 年上半年，镇海法院新收首次执行案件 1287 件，2019 年下半年新收 998 件，收案量环比下降 22.46%；2020 年上半年新收 878 件，同比下降 31.78%。其中调解案件的申请执行数下降更为明显，2019 年上半年、下半年调解结案分别为 790 件、924 件，截至 2020 年 6 月 30 日，分别有 349 件、241 件调解案件申请执行，申请执行的比例由 44% 降至 26%。

### 2. 自动履行激励红利持续落地

一是司法红利全面释放。2019 年以来，镇海法院共发放自动履行证明书 990 份，发布诚信履行名单 5 批 370 个主体，包括 106 家企业和 264 名个人，减免诉讼费 9 件 3.2 万元。

二是政策红利逐步兑现。镇海农商银行、宁波银行、杭州银行专门针对诚信履行名单推出"诚信履行贷"金融产品，为诚信履行的当事人提供融资便利及优惠。2019 年以来，已为 30 个主体授信共计 1 亿余元，贷款余额 8642 万元。

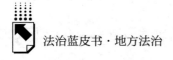

3. 辐射带动效应日益显现

自动履行的社会氛围正在逐步形成。2019 年 11 月，一家企业在了解了自动履行正向激励机制后，在判决履行期限内一次性主动履行 6676 万余元。同时，多家外地企业在镇海法院打完官司后，认为自动履行正向激励机制是镇海良好营商环境的重要体现，在镇海投资创业的信心进一步增强。

## 二 自动履行正向激励机制运行过程中发现的问题及原因

### （一）机制运行过程中存在的问题

1. 机制的运行效果还不够理想

2019 年，镇海法院判决、调解结案的民事案件生效 2779 件，除去无履行内容的案件 204 件，尚余 2575 件，当事人自动履行的案件 548 件，自动履行率 21.28%，自动履行率偏低的状况尚未完全扭转。

2. 不同类案的自动履行率差值较大

2019 年已经自动履行的 548 个民事案件包含 70 个案由。从数量排名前十位的案件数据来看，自动履行率最高的是机动车交通事故责任纠纷，达到 69%，租赁合同纠纷达到 54%，其他 8 类案件均低于 25%（见图 1）。

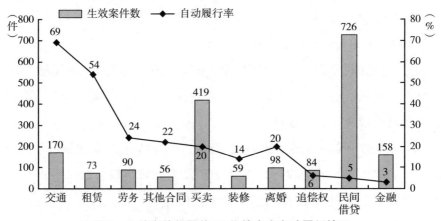

**图 1　生效案件数量前 10 位的案由自动履行情况**

究其原因，机动车交通事故责任纠纷的自动履行率最高，主要得益于机动车的强制保险制度和商业保险制度。自动履行情况表现不佳的金融借款合同纠纷、民间借贷纠纷主要是因为个人和企业的偿债能力有限，但也不排除故意拖欠不还的情况。离婚纠纷自动履行率不高，原因则是裁判或调解没有化解双方矛盾，对抗情绪依然存在。

3. 判决和调解结案的案件自动履行率差距较大

2019 年，镇海法院审理有履行内容的民事案件 2575 件，其中判决 956 件，90 件自动履行，自动履行率 9.41%；调解 1619 件，自动履行 458 件，自动履行率 28.29%。

4. "新手"和"熟手"法官办案的自动履行率差距较大

调查发现，38 岁以下的青年法官和 38 岁以上的年长法官办案的自动履行率存在明显差异。前者平均数为 19.81%，后者平均数为 23.13%，最高达 66.67%。

## （二）制约自动履行率提高的因素

首先，当事人自动履行能力丧失、履行意愿低。受整体经济形势的影响，一部分当事人在经济活动中遭遇失利，客观上丧失了自动履行的能力。同时，也有部分当事人诚信意识缺失，存在能履行却不履行的情况，能躲则躲、能逃则逃，甚至在案件进入强制执行程序后转移财产、逃避执行，严重损害司法公信力。

其次，审执兼顾的工作理念尚未完全树立。一是理念偏差未及时矫正。有的法官思想固化难转变，始终认为法院是审判机关，审判好了就等于工作结束了；有的立审执兼顾意识不够到位，偏重效率先于效果，盲目追求"快审快结""快调快结"，有时反而造成"一个案子变成一串案子"，得不偿失。二是青年法官的司法能力有待提高。目前镇海法院对青年法官的教育培养机制，与青年法官面临的审案形势、不断提高自身审判能力的需求还不够匹配。与"熟手"法官相比，青年法官在挑大梁、接担子，促使"案结事了人和"，实现案件法律效果、政治效果和社会效果有机统一方面仍显不足，存在不小

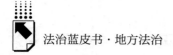

差距，业务能力、职业素养、群众工作能力等各方面都还有很大提升空间。

再次，配套工作不够协调顺畅。一是送达有效性不高造成缺席审理案件多。调查显示，2019 年，镇海法院缺席审理民事案件 916 件，占民事结案总数的 20.00%，仅 32 件自动履行。二是强制执行措施的落实有待强化，罚款拘留措施的执行、提前解除拘留的条件等有待统一明确、严格执行。三是审执兼顾的考核激励效应尚未凸显，考核占比有限、奖金发放和晋升影响不明显，法官的争先意识还未充分激发。

最后，社会合力尚未完全落地。一是政策红利还未充分释放。前期制定的 10 项红利清单中，有很多承诺的红利还未兑现或兑现的程度还不够，还不能真正激发当事人的自动履行意愿。二是信用体系仍待整合完善。虽然前期镇海法院与社会信用体系建设相关部门进行了会晤和磋商，这些部门也承诺给予自动履行当事人一定的福利，但是整体而言，自动履行正向激励机制还未真正纳入社会信用体系建设。三是社会宣传尚未深入人心。大部分当事人对自动履行正向激励机制还处在听闻过、一知半解的状态，到底自动履行能带来什么"真金白银"的好处，还不清楚、不了解，因此在宣传推广正向激励机制、发布报道相关典型案例上，还需要花更多心思、想更多办法。

## 三　完善自动履行正向激励机制的对策

### （一）积极争取，打造促进自动履行率提升的外部环境

提高案件自动履行率、提升社会整体诚信水平是一项复杂的系统工程，必须在"党委领导、政府支持、法院主导、社会参与"的格局中才能完成。

一是加强组织领导，广泛凝聚共识。推进自动履行正向激励工作，必须依靠党委的坚强领导，依靠政府的大力支持，单凭法院一家，再多努力也无法完成。只有党委、政府真正重视这项工作，给区内各部门发出"要认真抓好自动履行正向激励工作"的信号，这项工作才能获得更多关注和更大配合，才能更加迅速、顺利地推广铺开，走上良性循环的轨道。

二是加强互联互动，协同落实激励。以区重点项目改革为支撑，撬动市场监管、财政、税务、金融机构等更多主体，加快细化、持续释放行政审批、招投标项目评审、财政性资金扶持等方面的红利，让自动履行的当事人得到更多的实惠。聚力打破诚信信息"孤岛"现象，加强与信用部门、金融机构等的沟通协作，全面开发大数据分析治理功能，实现信用信息全面互通共享。坚持联席会议制度，定期组织召开自动履行联合激励联席会议，通报各单位联合激励措施落实情况，并及时总结典型经验、健全完善举措制度。

三是加强示范推广，引领形成风尚。联合区委宣传部加快推进诚信履行人员榜进农村文化礼堂、进社区文化中心活动，坚持定期到镇街和村社宣传自动履行正向激励机制，将诚信价值渗透到"熟人社会"的每一个角落。以"宁波帮"诚信文化传承、营商环境最优区建设和文明城市创建活动等为依托，以微信公众号、网媒等为"扩音器"，在更大范围内发挥典型案例引领作用，形成"尊重裁判、崇尚诚信"的社会风尚。

## （二）充分挖潜，锤炼促进自动履行率提升的内部要素

一是与时俱进，转变理念。引导全院干警将提升自动履行率"永远在路上"的认识贯穿始终，树牢"立审执破"一体化理念，进一步规范立案、审判、执行和破产各环节的程序衔接，以依法保障当事人胜诉权益实现为最终目的，持续用力、久久为功，强化纠纷实质化解和裁判给付义务切实履行。

二是规范制度，狠抓落实。不断提高财产保全率，在立案、审判阶段重复告知当事人申请财产保全的"保险"优势以及具体流程、担保方式，吸引当事人及时申请财产保全，减少合法权益受损的可能。完善案件送达机制，积极开拓电子送达方式方法，充分利用村社区干部提升直接送达有效性，降低公告送达率和缺席审判率。进一步加强强制执行力度和训诫劝导工作，深化打击拒执行为专项行动，多向发力促进被执行人树立诚信履行意识。

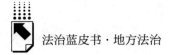

三是以考促行，长效激励。进一步完善法院内部质效评估和考核机制，将胜诉当事人权益是否真正实现作为办案质效评估的标尺，提炼当事人实质自动履行的质效指标，加大对法官督促履行任务的考核权重，从而不断增强法官引导督促履行的本领和能力。

四是类案研判，分类施策。针对民间借贷、金融借款合同等类型案件数量多、当事人自动履行率低等特点，进行总体分析、个案分析、定量定性分析，精准制订提升类案自动履行率方案。充分挖掘机动车交通事故责任纠纷、房屋租赁合同纠纷等类型案件数量大、自动履行率高的成功经验，借鉴融入其他类案的方案规划，制定合理对策，加快补齐短板，全面提升案件整体自动履行率。

# B.17
# 苏州工业园区法院诉源共治联动解纷体系调研报告

苏州工业园区法院诉源共治联动解纷体系研究课题组*

摘　要：　随着社会经济的快速发展，各类民商事纠纷呈现易发、多发态势，成为基层社会治理的重点、群众关注的焦点、矛盾纠纷化解的难点。根据习近平总书记提出的"把非诉讼解决机制挺在前面"要求，贯彻落实十九届四中全会"坚持和完善共建共治共享的社会治理制度"的精神，结合工业园区社会治理的实际情况，苏州工业园区法院以司法担当为己任，深挖当前诉源共治工作的难点与痛点，以解纷队伍职业化培育、诉调对接平台实体化运行、便捷化司法保障机制创新为抓手，联合司法局、街道（社区）、行政职能部门等多个主体，探索构建层级分明、协调联动、便捷高效、线上线下互动的诉源共治联动解纷大体系，形成纠纷有效分流、正确回流与就地化解的良性机制，缓解司法案多人少的突出矛盾，实现社会治理的多赢，努力为社会发展构建更加和谐稳定的环境。

关键词：　诉源共治　联动解纷　诉调对接　繁简分流

---

* 课题组负责人：沈燕虹，苏州工业园区法院党组书记、院长，课题组成员：陈建峰，苏州工业园区法院副院长；赵淑雯，苏州工业园区法院审管办副主任；赵倩雯，苏州工业园区法院立案庭法官助理。

习近平总书记在 2019 年中央政法工作会议上明确提出，"把非诉讼纠纷解决机制挺在前面"。这是适应新时代中国社会主要矛盾变化，推动社会治理创新的重要论断，是深刻把握矛盾纠纷发展与化解趋势，践行新发展理念作出的重大理论创新，为推动多元化纠纷化解体系建设、促进国家治理体系和治理能力现代化指明了方向，提供了根本遵循。

社会经济的快速发展伴随着各类矛盾纠纷的大幅增长，纠纷主体多元、诉求多元、类型多元成为社会治理的新特点，进而造成了司法资源与人民诉求的矛盾。法院长期面临案多人少的困境，当事人则面临化解纠纷的时间成本、金钱成本过高问题。

非诉讼纠纷解决机制不是单一的、静态的，而是以多方参与、协调联动、信息共享、优势互补为动力的综合解纷体系。苏州工业园区人民法院（以下简称"园区法院"）积极参与和构建诉源共治联动解纷体系，以诉源共治中的痛点和难点为突破口，借力信息科技，以职业队伍、实体平台和机制创新为抓手，努力实现"基层自治＋多元共治＋诉源法治"的三治融合，构建起"诉源治理＋前端化解＋终端裁决"的三端保障，让诉源共治圈迸发出"自治力＋公信力＋强制力"的三力实效，进一步推动矛盾纠纷源头治理，实现诉讼纠纷的有效分流。

# 一　司法担当视角下诉源共治的现状和问题

## （一）基层解纷队伍能力不足

随着苏州工业园区城市化进程的发展，辖区街道在家事、商事等方面的纠纷快速增长。通过诉讼程序解决，老百姓既缺乏专业的应诉知识，又面临高额的诉讼费用。同时，街道和社区又具有鲜明的"差序格局"特点[①]，并非所有的纠纷都能通过诉讼获得最佳的解纷效果。如何通过构

---

[①]　费孝通：《乡土中国》，人民出版社，2015。

建便捷高效的非诉讼纠纷解决机制，满足群众的解纷需求成为基层社会治理的难题。

一方面，拥有一支专业的人民调解员队伍是每个基层社区的愿景。但现实中，社区人民调解员、社工等基层调解力量大多未受过专业培训，在调解技巧和操作实务方面经验不足，基层调解缺乏权威性和当事人对调解的信任度是所有基层治理的"痛点"。另一方面，承担基层非诉化解纠纷任务的社区工作者、人民调解员或网格员大多身兼数职，对于纠纷的前端发现、诉源治理往往陷入"发现不及时，处理无效果"的窘境。非职业化和非专业化使得基层解纷队伍难以从源头上迸发活力，成为非诉讼纠纷解决机制的内在障碍。

## （二）联动解纷平台缺位

长期以来，纠纷的非诉讼化解与诉讼化解方式是单向性的引流关系。有些矛盾直接进入法院诉讼程序，或经基层初步化解难以调和而进入司法程序，法院遵循立案登记制的原则受理后进行处理。在此过程中，基层解纷并没有充分发挥作用，法院司法资源与纠纷繁简配置失当。

主要体现在以下几点。一是基层非诉解纷"只引不分"问题。分流工作缺乏制度化和体系化的保障，在解纷能力提升和保障上相对单薄，难以发挥化解矛盾的实效，更多的是"引流"而非"分流"。二是法院"只收不回"问题。法院缺少对纠纷的二次分流，并没有实体化的平台对纠纷进行非诉化解的"回流"，欠缺更精准的案件甄别。同时，对于一些经过基层解纷队伍前期调解但未成功的案件，缺少法院与基层人民调解的沟通平台。信息的不对称性与局域性使得矛盾化解的个人成本、司法成本与社会成本均大幅增加。三是调解员"只调不解"问题。在基层解纷队伍层面，非诉化解与诉讼化解的沟通仅是个案性的，调解员获取司法指导的途径有限，在街道或社区缺少非诉与诉讼解决的对接平台，进而导致基层司法资源有限，司法信息不畅通，就地化解矛盾的效果有限。

### （三）诉调对接机制僵化

基层诉源治理面临的另一大突出问题是群众对人民调解的接受度和信任度不够高，一方面可能对专业性有所质疑，另一方面对人民调解效力不高、存在反复解决的顾虑。这又指向了诉源共治现状的另一个痛点，即非诉化解纠纷的效力问题。在充分彰显基层"自治力"的基础上，如何补强其公信力，如何畅通其获得强制力的路径是迫在眉睫的。

当下诉调对接机制过于僵化。一方面，司法确认制度在实践操作中处于"束之高阁"状态，法院受理的司法确认申请数量不多。另一方面，基层调解结果与法院裁判方向可能出现不一致，在一方当事人未根据人民调解协议自觉履行时，另一方当事人仍需要将纠纷诉及法院解决，非诉讼解纷方式的认可度与信任度又会面临质疑。就实践层面而言，真正能证明一个制度的合理性和正当性的必定是它在诸多具体的社会制约条件下的正常运作，以及因此而来的人们对这一制度事实上的接受和认可[①]。非诉讼纠纷解决机制与诉源共治面临的问题，已昭示着联动解纷体系完善举措迫在眉睫。

## 二 突破诉源共治困境的司法着力点

### （一）"三治"结合的突破口：基层解纷队伍建设

针对上述痛点和难点，要实现诉源共治联动解纷体系"基层自治＋多元共治＋诉源法治"三治结合的效果，需要从三个突破口同时发力，多向赋能。一是激发基层自治的活力，让调解队伍汲取更多的专业调解知识和调解技巧，增强队伍的解纷能力。需要以由内而外的自我提升与由外及里的法治培育为两大抓手，发挥司法资源在基层纠纷人才队伍建设中的优势。二是多元共治的参与，司法力量贯彻和落实"坚持和完善共建共治共享的社会

---

① 苏力：《送法下乡——中国基层司法制度研究》，中国政法大学出版社，2000。

治理"精神，在化解社会矛盾方面集中体现为解纷经验的输出和队伍建设的共同培育。三是紧抓诉源法治的优势，为诉源共治联动体系注入强心剂。充分利用法院在化解矛盾纠纷方面的专业优势和权威性，从解纷力量的源头着手，用"法治"赋能"共治"与"自治"。

### （二）"三端"联合的抓力地：解纷体系联动机制

打破非诉讼纠纷解决与诉讼解纷机制的壁垒，让基层解纷信息、社区资源与司法信息、司法资源实现互联互通，从单向引流转为双向沟通，实现社会治理的共赢，是实现诉源共治联动解纷体系"诉源治理＋前端化解＋终端裁决"三端联合的关键一环。

一方面，个案性的互动应该转为制度性的联动机制，实现司法资源的下沉与社区资源的双向互补。另一方面，诉源共治解纷体系的联动机制需要有实体平台的支撑。实体化办公场所的交叉设置不仅方便人员的沟通、解纷资源的共享，而且有利于群众获得成本最低的解纷途径。

### （三）"三力"保障的着力点：治理体系化示范引领

补强非诉讼纠纷化解成果的效力，应以"公信力"与"强制力"为着力点，需要司法力量形成治理体系化的示范引领。一方面，从现有制度入手，以司法确认为制度支点，从便捷性、实效性和公正性方面完善制度运行，从而为诉调对接、纠纷一次性化解奠定基础。另一方面，调审统一与示范机制的建立是突破人民调解公信力不佳的有力举措。在"理性人"的理论假设基础上，只有让人民群众切实感受到非诉讼化解纠纷方式的经济性和便捷性，才能让基层解纷成为人民群众化解矛盾的得力之选，才能让诉源共治联动解纷体系在社会治理大格局中发挥作用和彰显优势。

## 三 诉源共治联动解纷体系的实践探索

针对上述纠纷化解实践中的难点和痛点，园区法院与多方合力，从人才

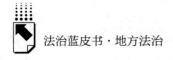

队伍培育、联动机制构建和司法示范保障三方面着手，基本形成了以"一基地、两结合、三保障"为特点的诉源共治联动解纷体系。

### （一）一基地：共建社区治理法治实训基地

苏州工业园区社会事业局、法院共建签约并挂牌启用了苏州工业园区社区治理法治实训基地。该基地是江苏省内第一家由法院和社区管理部门共建的新型法治实训平台，旨在以解纷实务培训带动解纷技能提升，提升基层社区工作者的法治能力，为诉源共治联动解纷体系培养职业化的解纷队伍。

1. 量化课程：专业实训"盘活"学员大脑

社区治理法治实训基地的建立直指基层调解缺乏专业度和权威性的"痛点"，安排社工真正深入法院进行三个月的全脱产学习，通过员额法官"一对一导师制"、"三三二一"量化考核、"每周一讲"等方式，切实增强社区工作者的纠纷调处能力，推动社区治理水平不断提升。

"三三二一"量化考核机制规定社工在实训期间需装订30本卷宗、记录30个庭审、调解20件案件、辅助制作10份裁判文书，对实训内容予以量化考核，让成效看得见、摸得着。"三三二一"抓住了实务训练的关键环节，让社工得以在"真刀实枪"的实战中熟悉司法审判工作，掌握专业的法律知识和调解技巧。

2. 经验输出：法官导师全流程"追踪"辅导

社区治理法治实训基地创新了实训机制，在传统"跟人学"的基础上采用"导师制"，即为每一名参加培训的社区工作者指定一名具备丰富审判经验的员额法官作为培训导师。培训期间，导师负责对社工的日常指导，要求每周至少与所带学员进行一次面对面交流，了解学员一周培训内容的完成情况，随时听取社区工作者对培训的想法，确保培训取得预期效果。

同时，该制度化培训项目创新"每周一讲"课程设置，通过走访、调研倾听基层社区最为切实紧迫的解纷需求，针对这些需求遴选出一批具备专业法律素养和解纷能力的员额法官作为讲师。他们将侧重于婚姻家事、物业纠纷等社区多发、频发的纠纷类型，通过典型案例以案释法，向学员输出多年审判实践总结的宝贵经验。

3. 人才纽带："嵌入"基层网格源头解纷

在实训基地正式挂牌之前，园区法院以加强基层解纷队伍能力建设为着力点，推动诉源治理试运行。2018 年 10 月，园区法院在娄葑、唯亭街道和湖东社工委试点推行了"法治实训"。作为社工"法治实训"计划的 2.0 版，此次设立的社区治理法治实训基地在原有实训基础上赋予其机制保障、平台支撑和品牌效应，标志着社工法治实训向全省首家基层治理法治教育平台转型升级，成为基层社会治理中的重要法治推手。

参与实训的社工从法院的"第二课堂"毕业后，正式成为园区第一批具有法治思维和专业调解技能的复合型人才，牢牢"嵌入"基层社区网格，让矛盾纠纷"不出社区"成为可能。同时，作为联结法院和社区的人才纽带，实训社工队伍的日益壮大也将推动法院与社区矛盾纠纷联调联处机制逐步建立健全。

### （二）两结合：搭建联动解纷工作平台

诉源共治联动解纷体系"两结合"旨在为诉源治理和纠纷化解过程中诉讼与非诉讼的分流对接和源头治理提供实体化平台，打通法院与基层解纷队伍之间的壁垒，让纠纷有效分流，精准回流落到实处，确保解纷效果，实现矛盾化解需求与解纷资源的有效配置。联动解纷工作平台以两条延伸线为支撑，一是非诉讼服务中心向法院诉讼服务中心的延伸，二是法院审务站向辖区内基层非诉讼服务分中心的延伸。

1. 分流对接：诉讼服务中心与非诉讼服务中心相结合

苏州园区法院在本院诉讼服务中心新设非诉讼服务中心，在场所改造、人员配置和职能分工上都进行了调整，为搭建起诉源共治联动解纷体系提供工作平台的实体保障。

一是并设诉讼服务中心与非诉讼服务分中心。对本院现行的诉讼服务中心进行场所改造，设置专门的非诉讼服务办公区域，方便对纠纷进行繁简分流，对简单案件进行非诉解纷方式回流。二是实现诉讼服务中心与非诉讼服务分中心实体平台的人员对接。园区法院与园区司法局合力，形成"内部输入＋外部引进"的人员结构。园区法院与园区司法局共同向社会招聘司法工作办公室辅助人员，派驻园区法院非诉讼服务分中心专职从事民商事纠纷诉前调解工作。使基层非诉讼解纷人员在实操中增加法律知识和调解技巧的同时解决部分简单案件。该举措是向社会吸纳有经验的调解人员，进一步充实非诉化解纠纷的队伍。三是在职能分工方面，作为承接分调裁审、诉调对接的主要庭室，园区法院立案庭积极进行职能转型，在做好立案工作的同时，做好诉讼服务、诉源共治联动解纷的对接与沟通工作。

2. 诉源治理：审务工作站与非诉讼服务分中心一体化运行

在苏州工业园区政法委领导下，园区司法局、法院和区各街道开启非诉讼服务分中心和审务工作站一体化运行，法院在辖区非诉讼服务中心内设置巡回法庭，方便就地开庭，就地化解矛盾。苏州工业园区现已在辖区内的唯亭街道、娄葑街道、月亮湾社区设立非诉讼服务分中心暨审务工作站。

（1）"一庭"资源下沉：实现巡回庭与调解庭的对接

园区法院将司法资源下沉，以审务工作站为抓手，形成巡回法庭与解纷调解庭的联动对接。

一方面，以辖区街道非诉讼服务中心为依托，将巡回法庭设于审务工作站内，对于简单案件或者具有示范效应的案件，最大限度地节约物力、财力和时间耗费，采取巡回法庭就地开庭的方式，方便居民参与庭审，让庭审全程可视，全程公开透明，实现法庭资源下沉。此外，非诉讼服务中心设有非诉讼调解庭，当事人向中心递交调解申请书后，中心会根据申请人实际情况及时以电话或邮件通知调解，达成和解后还会提供电话回访、督促履行等便民利民的"一条龙"服务，且全流程无须缴费。另一方面，巡回庭与调解庭并不是简单的平行并立关系，两者形成了联动的对接机制。巡回法庭对街道的人民调解提供指导和示范，为基层解纷赋强认可度与公信力。调解庭实现对纠纷的第一轮分流，对于未能调解成功从而进入诉讼的案件，提供书面调解说明，为诉讼解纷节约前期的时间成本，明确矛盾争点的同时缩短个案的审理周期，缓解司法资源紧张的问题。

（2）"一员"司法职能：人民调解员和审务助理的结合

非诉讼服务分中心及审务工作站平台的并设模式给人民调解员和审务助理的结合提供可能性。在诉源共治联动解纷体系的制度设计中，法院从这些在基层积累了丰富经验的人民调解员中选聘优秀者，成为法院的基层"审务助理"。身份上的合一性和职责上的多样性将助力打破信息壁垒和减少沟通成本，提高解决纠纷的效率和实效性。一方面，审务助理的身份优势使得人民调解员接触到更多的法律知识和调解技巧，司法信息向基层社区治理的流动将更为顺畅。另一方面，非诉讼服务中心承担着司法触角的功能，在社会治理方面有天然的地域优势和情理优势，能解决法院在司法送达与化解矛盾方面的信息不对称问题，在有效沟通和对接中实现从司法解纷源头出发的实质正义目标。

（3）"一线"诉源治理：信息化科技"嵌入"社区治理

信息化是提升诉源共治联动解纷体系工作实效的重要抓手，这一信息科技线包含远程调解专线与司法确认专线的结合。一方面，信息化的配置可以使司法资源迅速、快捷地向基层延伸，牢牢"嵌入"基层社会治理，让就地化解矛盾、源头化解矛盾成为现实。信息化可以将审务站与法院大本营连接起来，人民调解员如在工作中遇到疑难杂症，可通过审务工作站内的调解专线联通法院，法官即可直接参与调解工作，进行远程调解指导与释法明理。另一方面，工业园区法院创新地将远程司法确认专线嵌入社区审务站，形成了"诉源治理＋司法确认＋信息技术"模式，让群众在"家门口"获得成本最低、时间最快、效果最好的纠纷解决新途径，也让智慧法院成果落地惠民、便民、利民。依托全覆盖的信息化技术，人民调解员可借助审务站的实体平台，通过线上司法确认系统，申请对达成的调解协议进行司法确认，法官远程见证司法确认过程。半个小时的时间就可以让当事人拿到印有调解委员会公章的人民调解协议书以及园区法院出具的电子司法确认决定书。

### （三）三保障：诉源法治与终端裁决保障的机制创新

在搭建起诉源共治沟通对接的实体平台、打造好解纷人才队伍的基础上，仍需要有序与高效的体系运行来盘活和保障制度。纠纷的非诉化解并不意味着其突破了法律的边界，相反，诉源治理可以从法治保障中汲取活力与养分，从司法源头获得权威性的解纷支撑，也让社区化解矛盾在社会治理与法治建设的总框架内。园区法院从司法引领指导的保障角度出发，借力民商事案件繁简分流改革中司法确认的制度优势，通过制度性调裁标准统一与专业性示范引领机制，赋予诉源共治联动解纷体系以活水之源。

1. 打破制度藩篱，激发司法确认活力

司法确认是民事诉讼中一个重要的非诉程序，但长期以来其实际使用率并不高，被"束之高阁"。近年来，纠纷多发，人案矛盾突出，破除解纷资源与司法需求龃龉的路径之一就是从既有制度中寻找到盘活司法资源的突破口。司法确认制度是诉讼与非诉讼解纷方式的连接点，也是赋能诉源共治，使其获得法治动力的有效途径。园区法院以民商事案件繁简分流改革试点工作为契机，借助解纷沟通实体平台，充分激发司法确认制度的活力。

司法确认成为"一站式多元解纷"延伸至社会治理大格局中的重要抓手。一方面，从完善制度本身与提高利用率角度出发，园区法院对参加法治实训的社工进行司法确认的相关培训，同时组织全院干警对改革精神与司法确认制度进行学习。此外，与辖区各司法所形成常态化的司法确认专线联系机制，如娄葑司法所相关工作人员每周二与每周四由专职工作人员来到法院进行对接。另一方面，"司法＋互联网"模式将提高司法确认的效率与制度利用的便捷性。基层调解员可借助审务站的实体平台，立即通过线上司法确认系统，申请对达成的调解协议进行司法确认，法官远程见证司法确认过程，当事人可以在拿到印有调解委员会公章的人民调解协议书的同时拿到园区法院出具的电子司法确认决定书，真正回应了人民群众"多元、高效、便捷"的司法需求。审务工作站就像一个个哨兵岗，布设在最基层，在矛盾纠纷化解的最前端，而司法确认正是司法资源迅速、快捷嵌入基层，助力诉源共治联动解纷体系的有力保障。

2. 自治与法治结合,加强调裁标准统一

园区法院诉调对接和调审统一措施以制度性与专业性两方面为突破口。在制度性方面,园区法院通过定期召开纠纷化解联席会议了解基层解纷的前端困难,给予相关指导并给出法治化的调解方向。通过发布典型案例,定期出版法治白皮书,引领解纷标准,为基层化解矛盾提供一定参照。此外,园区法院还建立了常态化的通报制度,依托信息化手段、网格化机制,进行日常沟通联络,形成矛盾纠纷化解的合力。

在专业性方面,以类案形成经验的输出与调解标准的规范化、客观化。针对非诉讼纠纷化解中高发的道路交通事故损害赔偿纠纷、物业服务合同纠纷以及劳动争议等案件进行联合共治。例如,针对劳动争议案件,园区法院与园区仲裁委合作建立了"深化裁审合作、促进劳资和谐"共建机制。一方面,定期委派仲裁员至法庭参与劳动争议案件的调解工作,了解案件调解和审判的流程和裁判标准。另一方面,定期发布《劳动人事争议仲裁与审判白皮书》,梳理典型案例,公开相关案件的裁判尺度,促进仲裁和审判的尺度统一。

3. 下沉司法资源,形成解纷示范机制

园区法院建立的解纷示范机制有两种典型模式。一是示范调解与巡回法庭的引领性举措。借助诉源共治解纷联动实体平台,让基层调解人员更接近法庭,更深刻地了解法院处理纠纷的模式。对于在审务工作站开展的巡回法庭,社区工作者可以旁观学习,对于观摩过程中产生的疑问可即时提出,即时获得解答。同时,被派驻到法院非诉讼服务分中心的调解员也可以从法官的示范调解中汲取经验,并与社区的其他调解员进行及时分享。

二是以点带面式的示范裁判。对于一些一方当事人人数众多,案件基本事实相似的案件,法院可以通过对一个案件的庭审和裁判,形成示范。在当事人有一定心理预期的基础上,让社区调解人员以更加快捷和经济的方式化解其余的纠纷。例如,在物业纠纷的多元共治体系中,园区法院进行案件繁简分流,加大支付令的适用力度,在减轻诉累的同时给社区调解形成示范效应。在试点运行的一个月内共计收案86件,审结41件,实现了物业费的快

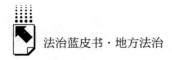

捷"无讼"缴纳。在此基础上，社区充分发挥自治优势，利用信用杠杆平衡服务双方权责。通过对物业服务企业信用评级的方式，倒逼物业服务企业提升服务水平。同时，将个人按时缴纳物业管理费情况纳入个人征信系统，培养业主有偿服务的意识，按时履行义务。

另外，对于物业纠纷的个案，园区法院强化解纷指导，基层解纷队伍形成类型化纠纷的专门调解，并与法院专门审理物业纠纷的法官形成点对点的双向沟通，提升基层解纷的权威性。

## 四 诉源共治联动解纷体系的实践成效

### （一）为诉源共治解纷培育职业化队伍

作为社区治理法治实训基地的前身，园区法院于2018年10月联合各基层社区实施了社工"法治实训"计划。"法治实训"开营以来已为街道、社区的7名社工提供累计长达21个月的法治实训，其中3名社工已经顺利结业回到工作岗位，为辖区居民提供法律咨询200余人次，化解纠纷300余件。

实训基地提供10~90天不等的实训课程，已完成了对43名社区工作者的实训，拟为辖区内的2000余名社工提供轮训。不同于过去的培训模式，深入法院三个月的全脱产学习，从基础装卷，到开庭、调解，社工们不仅能学习专业的法律知识，还能跟随员额法官进行实战演练，纠纷调处能力自然而然得到提高。实践证明，务实性与系统化课程辅导为加持，创新性与标准化解纷知识为保障，可持续性与标准化联动为纽带，园区法院联合其他机关及社会组织培育出一批有活力、有热情、有能力的职业解纷队伍。以诉源共治联动解纷体系为支撑，让"以情动人、以理服人、以法劝人"成为基层非诉讼纠纷解决模式的核心动力。

### （二）为基层社会治理提供更加权威的司法保障

园区法院诉源共治联动解纷体系以提供坚实的司法保障贯穿始终。一是将社区治理法治实训基地设于法院本部，为即将进入基层一线化解纠纷的调解员提供务实、有效的法律知识。二是非诉分中心和审务工作站的一体化运行促进了社区治理与法治保障的深度融合。一方面有利于法院强化基层解纷指导，帮助基层社区提升自治能力。另一方面也有利于法院进一步下沉司法资源，回应基层解纷需求。远程司法确认、远程视频调解、巡回法庭的设置都可以使司法资源迅速、快捷地向基层延伸，不断增强人民群众的获得感和满意度，进一步营造崇尚法治的良好氛围。三是制度化的司法示范机制为基层社会治理提供了持续性与精准性的司法指导。在法院的引领、推动和保障下，用足用活司法确认制度，构建起多元化、立体化和法治化的诉源共治圈。

### （三）为基层群众提供更加便捷高效的解纷途径

诉源共治联动解纷体系以法院的非诉讼服务分中心与"街道非诉讼服务分中心＋法院审务站"作为互联互通的实体平台。选聘优秀人民调解员作为法官的审务助理，有助于辅助法官做好纠纷的源头化解工作。巡回法庭方便就地开庭，就地化解矛盾。铺设连接法院本部的视频调解指导专线，方便法院对社区进行实时的专业解纷指导。"一员、一庭、一线"的解纷联动模式将成为居民家门口成本最低、时间最快、效果最好的纠纷解决选择，它避免了诉讼程序的对抗性、公开性、强制性和高成本的特点，是便民利民的务实举措。

此外，法院把审务工作站直接放在了老百姓"家门口"，将巡回法庭内嵌于非诉服务中心，这为化解矛盾纠纷"不出社区"提供了强有力的司法保障。这是法治化社会治理的积极探索，更是诉源共治以"人民为中心"的体现。

### （四）为矛盾纠纷源头治理提供更加宽广的渠道

诉源共治联动解纷体系以多元共治为契机，不断拓宽矛盾纠纷源头治理的解决渠道。非诉分中心和基层审务工作站的建设将不断扩大非诉讼纠纷解决机制的社会影响力，引导群众自觉把非诉讼纠纷解决方式作为解纷首选，从而从源头上减少诉讼，扭转案件不断上升的势头。在基层解纷的一线，现已形成以社工调解为主、法官指导介入为辅、司法确认赋强的社区调解"一站式服务"模式，形成"诉源治理＋纠纷前端化解＋终端裁决保障"多维社区治理模式，这也缓解了当前法院人案矛盾的紧迫需要，进而为打造高质量司法奠定基础。

在调审统一方面，构建起社区纠纷解决的新型诉讼与非诉对接机制，打造出了富有活力和效率的新型基层社会治理体系，高效化解基层社区纠纷。此外，制度创新与信息技术可谓园区法院诉源共治联动解纷体系的双轮驱动。"智慧审判苏州模式＋社区网格治理＋信息技术赋能"让矛盾纠纷的多渠道源头治理更加便捷和高效。

## 五　实践中存在的问题和困难

### （一）区域发展不平衡，特别程序活力有待挖潜

诉源共治联动解纷体系以自治和法治相结合的"共治"为显著特征。辖区内已设立的非诉讼服务分中心暨审务工作站现有 3 个，各街道、社区等基层机构或组织对构建诉源共治联动解纷体系的态度不一，部分区域因人手、资金等主客观原因尚未参与纠纷治理合作，在实体对接平台的搭建上存在部分缺位，无法形成以点带面式的治理体系。此外，在部分承担解纷职能的基层，街道（或社区）工作人员身兼多职，常规化的社区工作已经占据了其大量时间，没有多余的精力参与法治实训并投入纠纷化解工作。区域发展的不平衡凸显了"短板地区"，并形成了诉源共治联动解纷体系的劣势。

该短板造成的"木桶效应"最直接地体现在法院司法确认工作推进缓慢这一困难上。司法确认连接自治力与强制力，如果基层解纷端的活力不足，司法确认制度无法获得充分的源头性供给，制度也就无法得到有效运用，诉源治理、人案矛盾的解决与纠纷化解成效不佳。

## （二）规范性标准缺位，纠纷得不到精准分流

诉源共治并不是纠纷的无序融合或徒增前置程序，而恰恰是对纠纷本身的统筹和对解纷资源的精准适配。因此，诉源共治联动解纷体系发挥实效的关键在于纠纷的甄别、分流和引导，主要体现在当事人有解纷需求时，法院非诉讼服务分中心对纠纷难易和可化解程度进行识别，进而将更适合非诉化解的纠纷进行回流、引导，由人民调解员提供快速有效的解纷服务。

当前，并没有关于纠纷识别与分流的统一标准，在规范性和精准性方面存在明显短板。法院非诉讼服务分中心的程序分流员往往遵循旧有的诉讼标的额、案件类型进行粗放的甄别，没有精细化的分流标准可供参照，导致诉源共治联动体系中纠纷的有序流动、"各得其所"效果不佳，解纷资源与解纷需求的配置效率不高。在某些案件的处理中，可能会导致当事人无法及时寻求到最适配的纠纷解决路径，一定程度上造成了当事人解纷成本与司法成本的增加。

## （三）非诉调解定位不一，考评激励机制不完善

近些年，随着法治建设的完善、大众权利意识的觉醒，非诉讼纠纷解决方式在社会治理中的占比逐渐减少，诉讼解纷因其权威性与强制性成为纠纷化解的一大选择。对于非诉讼调解方式，无论是社会治理者还是解纷需求者，对其定位都存在不同的态度，对其的关注度、信任度与重视程度都各有差异。社会各方面对多元解纷的认识和履职发展不平衡。因此，对于非诉调解这一解纷方式的考评激励机制不够完善，自然也导致了当前诉源共治联动解纷体系的发展不平衡，处于一种"跛脚"状态。

关于非诉调解在考评激励机制方面的缺位，主要有以下几个方面。一是在宏观层面，对于非诉讼化解纠纷的指标体系定位，在辖区的各个街道、社区以及在落实的具体部门都有所差异。二是在微观层面，对于在基层专职从

事人民调解工作或者派驻到法院非诉讼服务分中心进行非诉调解的工作人员，尚缺乏统一的和完善的激励考核机制，因而也无法从制度层面激发诉源共治解纷体系的人才活力和构建动力。

### （四）信息壁垒阻碍凸显，多部门共享机制不顺畅

在"智慧苏州"模式下，诉源共治联动解纷体系也极大地借力了信息技术的发展，在信息传达、沟通和反馈方面，需要突破互动联通的信息壁垒。当前，各个部门尚且无法做到信息的实时共享和及时传送。例如，法院非诉讼服务中心承担了部分纠纷回流的功能，对于程序分流员分派给辖区人民调解员的案件，在案卷材料交接、纠纷调解进程等方面都存在部分信息滞后，沟通与信息搜集中的大部分人力成本问题可能仍需要大数据和更便捷的信息技术来解决。在信息共享机制无法实现及时、畅通的情况下，诉源共治体系的发展显得有些迟缓。

## 六 进一步完善诉源共治联动解纷体系的建议

### （一）加强党政对诉源共治解纷工作的领导

完善诉源共治联动解纷体系，解决当前区域发展不平衡问题的关键在于整合各种资源优势、多方协作、形成合力。这一完善路径的前提就是加强党政的领导作用，党委、政府的领导、牵头和监督将有力推动诉源治理，保障诉源共治联动解纷体系的实效。只有将诉源共治放入构建和谐社会的大局中进行统筹安排，才能从治本的高度，妥善化解各类社会矛盾纠纷，破解案多人少的司法困境，保障多元化解渠道的畅通、诉源共治体系的良性运转。

具体而言，扩大诉源共治联动解纷体系的维度应从横向与纵向两个角度出发，一是法院与行政机关及各部门建立起横向联动机制，二是法院与街道或社区等基层建立起纵向协调机制。党委政府为助推手，丰富诉源共

治体系的解纷资源，健全诉调对接机制，才能构建起诉源治理和多元解纷的网络体系。

## （二）积极推动纠纷多元化解机制的立法规范工作

多元化解和诉源共治要向纵深发展，需要有自上而下的立法支持，形成规范化和制度化的机制。现阶段，诉源共治尚处于地方探索和发展阶段，事物的发展都是循序渐进的，国家层面的立法可能仍需要在改革与试点成熟的基础上。

相应地，地方立法将成为诉源共治联动解纷体系的强大后盾，可通过立法明确各单位、各部门的基本职责，把纠纷多元化解作为法律规定的权利义务，明确工作的范围、职责、程序，对调解方式的衔接配合予以明确，使纠纷化解的法规更为明确、更符合实际，改变能推则推、能挡则挡的推诿现状。

## （三）构建诉源共治联动解纷的信息化体系

完善诉源共治联动解纷体系的信息化建设是打破联动机制信息壁垒，保证诉源共治便捷性、实效性的重要抓手。"互联网＋""科技化＋"是实现社会治理和纠纷化解"人民性"的有力支撑，可以从以下几个方面着手。一是搭建起覆盖辖区各解纷责任单位的多元化解网络工作平台，健全信息网络。以各级、各类调解组织为基础，形成纵向多级和横向多类的矛盾纠纷信息网络。二是确定信息汇总及交流共享的责任主体并建立常规机制。由牵头部门负责，组织诉源共治联动解纷工作的领导小组成员单位定期进行信息交流、汇总。此外，在各单位确定负责信息共享的对接人员，减少沟通的人力成本，方便解纷信息的及时有效流动。三是科学准确地分析信息，各解纷责任主体在收集、共享信息的同时，都要进行分析评估。法院不仅要充分利用信息技术手段做好及时有效的解纷指导和示范调解，更要对接收到的基层解纷信息进行研判，破解司法送达难问题，进而实现司法实质正义的价值追求。

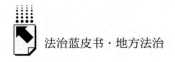

## （四）完善诉源共治联动解纷体系的考评和保障机制

在搭平台、组队伍的基础上，诉源共治联动解纷体系更需要考评监督机制的保障。可以从经费保障、人员考评和检查监督三个角度落实事前、事中和事后三重保障。

首先，要将诉源共治联动解纷体系的运行成本纳入财政预算。任何机制的建立均需要相应的资金保障，纳入财政预算是诉源共治解纷体系得以长效运行的必然要求。建议党委、政府协调相关部门落实好诉源共治经费，尤其是对人民调解的经费保障，提高人民调解员开展工作的积极性。其次，完善对非诉解纷人员的考评和激励机制。对从事人民调解的解纷人员进行分类定级考评，以绩效考核、日常管理、案件分配等方式对人力资源进行合理配置。最后，需进一步完善诉源共治联动解纷的检查督办机制。通过检查督办制度、定期通报分流指派推动社会矛盾纠纷调解工作和调处，加强工作指导和督促检查，亦可根据督查结果，由各解纷责任主体单位向同级党委政府提出奖惩建议。

# B.18
# 法院信息化的评估与展望

## ——以辽宁盘锦地区法院为样本

谷　峰[*]

摘　要： 近年来，辽宁地区各级法院在“一化两中心”（信息化、诉讼服务中心、执行指挥中心）建设方针指导下，大力推进智慧法院建设。盘锦地区着力打造以“服务”为宗旨的智慧法院体系，核心在于为立审执一线办案人员减轻事务性工作压力、为诉讼参与人提高诉讼服务质量和效率。在智慧法院建设过程中，绝大多数软硬件系统满足了办案办公需求，起到了“雪中送炭”的效果，但也有部分系统未能与实际业务衔接。本文以辽宁省盘锦市基层法院的信息化建设为样本，围绕智慧法院的服务对象、运行中的实际效果、智慧法院在各个诉讼流程中的系统应用实例，探讨了智慧法院建设中存在的问题，对法院信息化建设进行展望。

关键词： 智慧法院　法院信息化　诉讼服务

## 一　智慧法院的提出与发展

2016 年 1 月 29 日，最高人民法院信息化建设工作领导小组首次提出建

---

\* 谷峰，辽宁省盘锦市兴隆台区人民法院执行二庭副庭长、诉讼服务中心副主任。

设立足于时代发展前沿的"智慧法院"①。此后，智慧法院被纳入《国家信息化发展战略纲要》和《"十三五"国家信息化规划》。智慧法院概念提出后，各地法院积极组织建设法院信息化系统，从原来的各个基层法院"单兵作战"逐渐转变为以省高级人民法院为数据中心的"集团作战"模式，各项信息化系统从此开启了统一建设标准、统一操作流程和统一管理模式进程。2017年5月11日，全国法院第四次信息化工作会议强调：要统筹兼顾，全面把握智慧法院建设的总体布局。智慧法院建设要以促进审判体系和审判能力现代化，提升司法为民、公正司法水平为目标，充分利用信息化系统，实现人民法院全业务网上办理、全流程依法公开、全方位智能服务。要准确把握智慧法院与人民法院信息化3.0版的关系，深刻认识到信息化是人民法院组织、管理和建设的运行载体，智慧法院是建立在信息化基础上人民法院工作的一种形态，积极促进人民法院工作在智慧法院体系内智能运行、健康发展。要准确把握智慧法院网络化、阳光化和智能化特征，以是否达到"全业务、全流程、全方位"作为评价智慧法院的基本标准和主要依据②。

2018年4月，最高人民法院发布的《智慧法院建设评价报告（2017年)》显示，全国法院网络信息化基础支撑能力指数最高，基本形成以"云网一体化"为纽带的信息基础设施全覆盖格局。至此，全国智慧法院初步形成。

## 二 中国智慧法院服务对象

### （一）诉讼当事人

法院信息化建设步入3.0时代，智慧法院的加速建设给当事人提供了极

---

① 周强：《坚持需求和问题导向 破解难题补齐短板 推进人民法院信息化建设转型升级》，《人民法院报》2016年1月30日，第1版。
② 周强：《加快智慧法院建设 推进审判体系和审判能力现代化》，《人民法院报》2017年5月12日，第1版。

大便利，基本实现了让数据"多跑路"、当事人"少跑腿"的目标。目前，这些便民利民的诉讼服务手段已经在辽宁地区落地实施。

立案阶段，当事人已经可以通过微信小程序进行网上立案，也可以到就近的法院进行跨域立案；可通过微信或支付宝进行"码上缴费"，实现案件费款远程支付。

案件审理阶段，当事人可以用移动微法院或诉讼服务网查询案件进展阶段，也可以通过法院约见系统给法官打电话或者留言。开庭审理时，法院也可以通过网络方式进行在线庭审。领取诉讼文书方面，目前已支持线下跨域领取文书，即当事人可到就近的法院领取异地法院宣判的裁判文书或其他诉讼材料。

司法公开方面，当事人可以通过中国裁判文书网查看与自己案情相关的裁判文书，及时获知自己案件的诉讼风险，也可以通过庭审公开网查看正在公开开庭审理的案件。

案件执行阶段，当事人可以通过执行信息公开网，查询被执行人的失信和限制高消费状态，了解执行案件的进展情况。

## （二）法官

法官应是智慧法院建设中的最大收益者之一，但在智慧法院的建设过程中，目前的技术条件还难以实现法官群体的有效"减负"，审判压力依然是一线法官面临的重要挑战，主要体现在开庭、撰写文书和接待当事人三个方面。

辽宁地区现有的审判流程系统可以提供类案智推功能，即通过当事人名称、诉讼请求、事实和理由、案由的关键词搜索匹配，自动推送类似案件的结案文书，供法官参考。此功能有一定的辅助作用，但是使用率偏低。

## （三）审判辅助人员

智慧法院建设对审判辅助人员的影响较大，很大程度上改变了以往的工作流程和工作模式，如立案人员的立案流程、书记员的送达流程等。

在立案阶段，辽宁地区的立案接待人员可以通过扫描系统和文字识别系

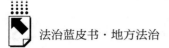

统进行快速立案登记，再通过二维码关联，将信息回填至办案系统，由此减少了立案信息的录入时间和录入工作量，提高了立案效率。案件来源于网上立案的，则可以直接线上缴费完成在线立案程序。

在案件审理阶段，以往审判辅助人员需要制作大量的应诉通知书、举证通知书、开庭传票等等，现在通过审判流程系统可以一键制作格式化文书，并且系统支持自动生成文书，附带自动签章功能，格式化文书的制作效率有所提升。

集成审判流程系统中的短信通知功能，也能高效地把各个流程节点信息即时通知给承办法官、法官助理、书记员和相关管理人员，达到随时可以通过短信查看立案信息、开庭信息和审限信息的目的。

### （四）审判管理人员

智慧法院建设更多地侧重于审判管理，如各个信息集合类的管理平台、各类司法统计报表等等。通过上述平台和系统，审判管理人员可以实现对各项审判指标的考核工作，省去了以往的繁杂计算工作。

## 三 智慧法院在各个诉讼流程中的系统应用实例

### （一）诉讼服务

近年来，辽宁地区法院高度重视诉讼服务中心建设，诉讼服务大厅、诉讼服务网、移动端诉讼服务平台、12368 热线全面推进，诉讼服务中心建设向着"一站通办、一网通办、一号通办"方向大步跃进。

#### 1. 诉前调解

在诉前调解阶段，辽宁地区法院普遍使用的平台有：人民法院调解平台（外网网站）、多元调解微信小程序（当事人使用）、多元调解 App 客户端（调解员使用）。由此，各类角色的人员可以在诉前调解流程上实现无缝对接操作，法院、调解组织、当事人三方共享调解案件信息，可以实现在线调解和在线司法确认功能。网络平台的推广使用，一定程度上促进了多元化解决矛盾纠纷机制建设，降低了部分法院新收诉讼案件数量，减轻了法院的办案压力和当事人的诉累。截至 2020 年 10 月 15 日，盘锦地区某基层法院同期一审收案数量降幅为 16.10%，一审收案数量下降的主要原因就在于诉前调解化解了一部分民事纠纷，进入一审民事诉讼程序的纠纷减少。从诉前调解案件占一审立案数量比重看，辽宁地区为 35.06%，诉前调解这一矛盾纠纷化解方式已经发挥了一定效果。

2. 立案

针对互联网时代微信广泛普及应用的新趋势，中国法院大力建设推广以微信小程序为依托的"中国移动微法院"电子诉讼平台①，设置网上立案系统和跨域立案系统，通过该平台，当事人可以便捷地将立案材料以电子形式传递至受理法院。例如，辽宁地区某法院为应对新冠肺炎疫情，大力推广网上立案，尤其是移动微法院立案，从 2020 年 1 月至 9 月，通过移动微法院，该法院立案部门共计审查民事案件 1404 件，受理 1099 件，通过移动微法院受理的案件占所有线上线下案件的 32.59%。

此外，电子卷宗随案同步生成系统和智能编目系统加速了电子卷宗的深度应用，为后续审判执行工作提供了便利，承办法官可通过内网系统随时查看卷宗材料，无须从大量案卷中寻找纸质卷宗，更可以通过电子卷宗进行裁判文书制作。所谓电子卷宗随案生成，即从立案开始，当事人递交的纸质材料均需通过扫描转仪转变为电子版图片，系统再对电子版图片进行识别，自动转化为带有目录和关键词信息的电子卷宗，法官可以在审判系统内随时查看电子卷宗，并可以随时复制、提取和标记相应文字材料，用以书写和制作文书。由此，法官审理案件可以与纸质卷宗脱离，不用保管纸质材料，所有纸质材料通过审判辅助部门管理即可，直至案件审结归档，完成全流程的无纸化办案。案件材料收转系统（云柜）的应用，降低了立案部门存放卷宗

---

① 陈甦、田禾：《中国法院信息化发展报告 No.4（2020）》，社会科学文献出版社，2020，第 32 页。

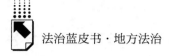

和卷宗流转的风险，通过云柜收转，案件材料能够有序按照规程进行流转。

3. 其他诉讼服务

智慧法院建设中的硬件设备更多用于诉讼服务中心，为当事人提供智能诉讼服务。比如，辽宁地区法院普遍采购的自助立案一体机、自助查询一体机、自助阅卷一体机、庭审直播系统、法官约见系统、院长信箱、诉讼风险评估系统、全域送达一体机、自助复印一体机等等，上述硬件设备在一定程度上满足了当事人的诉讼服务需求。比如，自助查询一体机设备上线后，很多银行和物业公司的案件代理人通过身份证识别即可查询金融借款合同纠纷案件和物业服务合同纠纷案件的基本信息，及时了解承办法官、开庭时间和地点；法官约见系统上线运行后，该系统记录了对外公开的法官办公电话和不对外公开的法官移动电话，当事人可通过该系统给法官打办公电话或向法官手机发送留言信息，缓解了当事人联系法官的压力。以往的阅卷需要线下面对面查看和复印，费时费力，而电子卷宗随案生成后，自助阅卷一体机提高了阅卷效率，当事人通过身份证识别，在诉讼服务中心的设备上进入阅卷系统，即时在设备上浏览或者打印相应的电子卷宗。

## （二）审判

辽宁地区法院的审判流程管理系统已集成了类案智推和文书纠错功能，为裁判文书写作提供便利；在文字录入方面，可以结合庭审语音识别系统进行语音录入操作，完成语音到文字的转换。

## （三）执行

在"基本解决执行难"过程中，最高人民法院建设的"总对总"查控系统最为实用，该系统大大减少了执行办案人员的工作量，办案人员操作电脑即可实现对被执行人账户的查询、冻结和划拨。该系统上线后，执行人员去银行网点办理案件的次数至少降低80%，办案天数至少缩短一个月，银行财产的查控效率至少提高了90%。此外，一案一账号系统也对执行财产的收发进行管控，有效解决了执行款项分散管理的问题。

移动执行 App 的上线，对执行法官在外网环境中实时掌握承办案件信息有重要意义。

### （四）审判管理

在审判管理方面，辽宁地区法院都在深度应用相关平台，如最高人民法院诉讼服务指导中心信息平台、最高人民法院执行指挥平台以及辽宁地区自行开发的"双激励"通报平台。内网环境下公认最有效的沟通软件为内网COCALL，在该软件应用环境下，全国各地的法院工作人员均可发送即时消息、传送文件和图片、发起投票、建立群组聊天室等。

## 四　智慧法院建设未来努力的方向

### （一）改变重建设轻应用的格局

重建设轻应用、重成绩轻质效的现象普遍存在，应用深度与否比软件设备有无与否更加重要。如果采购的设备不能起到便民利民或者提高立审执效率的作用，那就是"花瓶设备"，中看不中用，造成了资源浪费。当然，也有一些实用的软件或设备，因为推广不够，很多潜在的使用者不知道该软件或设备的功能和价值所在，导致了该软件或设备被"晾"在一边。也有好的软件或设备，即使使用者明知它的存在，但不愿接受新鲜事物，不改变传统的工作惯性，导致信息化工作停滞不前。

智慧法院建设应该"以人为本"，建设过程设置"试用期"机制，即系统或设备调试完毕后，应给予试点法院三至六个月的"磨合期"和"系统优化期"。在此期间充分测试系统或者设备，待与实际业务无缝对接并刺激业务需求后，再正式步入"转正期"，全面推广使用。

### （二）建立以实务需求为导向的软件升级机制

辽宁地区智慧法院建设以技术部门为主导，第三方公司提供软硬件服

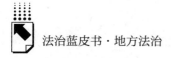

务，在智慧法院建设过程中，还缺乏将技术部门和审判业务部门互联互通的机制。仅靠一对一的客服和运维电话，很难讲清主要问题或主要需求，基层法院的需求很难得到满足，一些系统的流程设置反倒降低了诉讼效率。

智慧法院建设应以需求为导向，着重提升"用户体验"，满足"一线使用者"的升级与更新需求，让更多的"一线使用者"参与软件的升级优化过程，上级法院遴选既了解审判业务又懂得计算机数据业务的人员组成"特种部队"，与一线技术人员组成智慧法院建设升级优化小组，重点收集与反馈智慧法院建设中的矛盾突出点，从司法业务实际出发，有的放矢，高效便捷地解决已知问题并满足日益增长的各项业务需求。

法院应该重点考虑培养信息化建设的复合型人才。司法实践中，既懂得法律业务又懂计算机程序与数据架构的人才凤毛麟角，实际中也没有对应的部门承载该类人才，要么专职审判，要么专职行政后勤，导致这类人才没有相应的岗位载体和职业上升空间，加剧了信息化供给和业务需求对接不顺畅问题。

### （三）提升法院信息大数据服务功能

法院的信息库有很高的学术价值、商业价值和审判执行实务价值。如果能够充分利用各分散系统中的信息，用以架构各种法律辅助平台，其最大受益者首先是法官、司法辅助人员。中国裁判文书网、执行信息公开网的大数据信息已经被多家商业公司使用，并转化产生巨大商业价值，其数据甚至可细化分析每名法官的审判习惯，而法院内网的大数据平台还缺乏这样的精细化服务。内网大数据平台应该找准法官的需求，针对法官的需求开发相应的辅助系统，以服务法官办案为核心，提供各类审判案件的核心数据，积累具有参考价值的案例数据，便于法官辨法析理、统一裁判尺度。

### （四）深度应用辅助系统

很多法官不知道有什么样的系统，或者不知道系统有什么样的功能，即便经常使用的办案流程系统，也有很多功能处于盲区位置或零使用状态，导致了系统利用率较低。比如，电子卷宗随案同步生成系统是实现审判业务无纸化办案的重要系统，但也存在部分干警不适应的情况，很难摒弃传统以纸质卷宗为主的办案模式，一旦脱离纸质卷宗，就会无所适从。"调研发现，部分法院干警曾经遇到操作麻烦就因噎废食放弃信息化手段，也有个别干警仍坚持传统办公办案模式，依靠他人录入系统，目前已经相对成熟易用的文书智能生成、智能阅卷、信息回填等功能甚至在有的地方被弃之不用。这既是技术资源的浪费，也会影响法院信息化建设的长远发展。"① 不可否认，智慧法院建设会给法院运行带来深远影响，如何让干警适应新的工作模式、考核方式，综合利用智慧法院的相关成果提高办案效率，而不是给干警上"夹板"动辄得咎，仍然有很长的路要走。

### （五）建立统一用户信息标识或统一授权的用户信息数据库

以辽宁地区法院为例，与审判、执行和办公业务相关的系统有 30 多个，各个系统相对独立，同一用户在不同系统的用户名不唯一，这就造成了用户名和密码繁多的情况，不利于推广使用。本报告认为，应由最高人民法院或者省高级人民法院出面建立统一的用户信息数据库，该数据库一旦建成，则可以作为各个系统的授权核心，用户只需在内网的系统导航界面登录，即可通过该页面快捷登录其他办案或办公系统，真正实现"一号通办"或"一号统管"。此外，该数据库可以作为人事信息管理系统的数据，各个用户可以修改自己的身份信息，修改后报本院的人事部门审批即可。人事部门亦可以通过该系统导出各类自定义的人事报表数据。通过用户信息数据库的授权登录方式，上级法院可以实时统计各大系统的利用率。可考虑以身份证号码作为用户唯一识别码，以绑定的手机号作为身份验证渠道，并以手机号作为系统登录的用户名，这将大大提高各个系统的使用效率，也便于推广各类新开发的辅助系统。

---

① 陈甦、田禾:《中国法院信息化发展报告》，社会科学文献出版社，2020，第20页。

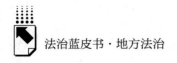

### （六）优化卷宗流转系统并改进卷宗签收方式

现有的云柜流转系统虽然能够满足案件"材料"的流转需要，但仍然有可以优化升级的空间，云柜流转的设计核心在于"案件材料"，而非"案件卷宗"，并且现有的云柜流转系统更多是为了衔接立案与审判工作，后续的分流和归档云柜系统尚不能实现。审判或执行实务中，卷宗的流转可能存在多个节点，如庭室内勤的取卷和分发，执行法官与执行辅助人员的案卷分发，审判法官与助理、书记员的案件分发，归档人员与之前人员的卷宗交接等等，存在多个卷宗流转环节。

二维码卷宗流转技术日臻成熟，在快递行业已得到普遍应用。法院的二维码卷宗流转系统可以参照快递行业，在案号生成后，自动生成一个与案号关联的二维码，二维码应承载当事人的名称和电话信息，并将该二维码附在立案信息表中。立案后，各个卷宗流程节点的交接人，可通过微信小程序进行批量扫描收案，系统上可即时显示签收人和签收时间。系统应附带交接人的电话，便于一键直连电话号码。与此同时，该系统还应包含模糊查询功能，通过模糊检索，实时查看卷宗所在位置以及卷宗流转情况。该系统经过升级后，还应实现长期持有卷宗的报警和提醒功能，告知相关负责人的卷宗滞留情况，并附带统计报表，实时查看各个卷宗持有人的卷宗持有情况。

### （七）建设执行财产的集约统计和提示系统

现有的执行总对总查控系统和执行流程管理系统对接后，针对"总对总"或"点对点"查控系统反馈的执行财产，法官只能通过个案信息一对一浏览案件的被执行人财产信息，如果该法官案件量大，且被执行人的财产信息线索较多，那么法官想浏览所有的正在执行的案件的执行财产，筛查可能活动的银行账户、有查封价值的不动产或者动产，要耗费相当多的时间和精力。

针对上述问题，执行财产集约统计和提示系统就显得尤为必要。现有的技术手段完全可以把个案的被执行人财产信息集约起来，以自定义可视化的方式呈现。比如，在现有的执行系统中新增一个财产信息模块，在该模块可以通过筛选设置，将所有查控后的被执行人银行账户余额大于 500 元或大于标的额 40% 的案件财产信息通过列表显示，以便快速冻结银行账户。如果有不动产或者车辆信息反馈，则直接列出该财产信息的查封状态，这样承办人就可通过一个"操作界面"，全面了解所有正在执行案件的财产反馈信息，以便快速实施强制措施。

对多个案件、多个被执行人、多个财产类型进行冻结或查封时，承办人对各案件财产采取的强制措施到期时间统计难，通过该财产信息模块，在冻结或查封届满前 15 日，对财产信息模块下即将到期的财产进行列表提示，并通过手机短信形式，给办案法官发送强制措施期限即将届满的短信，以便快速进行续冻或续封。

## （八）建设内网"搜索引擎"与"文库"

各家法院几乎都有自己的内网域名和网站，但内网的互通性与信息的共享性却较差，究其原因是地域性网关的限制和没有统一的信息公开发布渠道，导致内网无法建立类似百度那样的搜索引擎，进而无法通过模糊搜索查询有参考价值的文件或案例观点。很多审判人员在撰写疑难案件的判决时，多数是参考外网、微信公众号等获得的消息，内网的使用率较低。但相对封闭的内网环境、相对封闭的信息平台、相对狭窄的信息发布渠道，导致不少"学者型"或者"技术型"法官只能通过内部刊物发表文章，好的文章或者案例观点石沉大海，起不到应有的"审判执行实务价值"，导致资源严重浪费。

查论文一般上"知网"，查法律文书则上"中国裁判文书网"，如果未来的法院内网能有一个类似"知网"的内网平台，集合各个法院人员发布的文章、案例观点和经过人工筛选的典型案例，供大家查阅、学习和分享，并可以通过搜索引擎，快速查找所需要的文献资料或规范性文件，则可以大大提高法律文书写作效率，也能提高全国法院人员的业务交流频率。

## （九）建设法院版自定义的 Word 和 Excel

最高人民法院已经制定了基本的文书样式，但普及程度还不高，究其原因还是文书制作人员并不能熟练应用 Word 排版格式，智慧法院建设中往往忽略这类需求，即协助法官制作统一的文书样式，包含基本内容和格式。未来，智慧法院建设可为法官提供以下数据服务。比如，个性化、定制化的 Office 套件，定制版的 Word 可以集成基本文书样式、自动排版、文书纠错、自动填充（文书落款）、日期计算、诉讼费计算等等功能，通过导入案件信息的方式，可批量生成撤诉裁定等简易类文书，也可在文书样式库中，通过搜索一键选择相应的文书样式，并生成该样式文书模板。在格式化文书批量制作方面，现阶段尚缺乏一套全国通行的自定义文书批量生成系统，尤其在集约送达的大背景下，如果能够通过案件信息的导出和导入，通过内网软件批量制作、生成并送达文书，则可以大大提升文书制作效率。

智慧法院建设可以为审判管理人员提供定制化的 Excel，该版本的 Excel通过插件可以集成个性化的统计报表，导入数据后一键生成，通过内网服务器供整个法院系统使用。由此摆脱现有审判系统的开发限制，进而快速、精准、低成本地打造可视化大数据。

智慧法院建设任重而道远，还需要经过实践的检验，需要通过时间来证明哪些软硬件符合司法实务需要。各类信息集成平台的搭建，实时可视化平台的构造，将加速淘汰"累赘"软硬件，进一步抓住重点，"取其精华、去其糟粕"，引领智慧法院走向光明未来。

# 高 峰 对 话

**High-Level Talk**

　　**编者手记：**2019 年 12 月 5 日，由中国社会科学院法学研究所主办、广东省广州市中级人民法院和中国社会科学院国家法治指数研究中心承办的"新时代司法与国家治理研讨会暨法治蓝皮书《中国司法制度发展报告No. 1（2019）》发布会"在广州成功举行。来自 15 个省（自治区、直辖市）的法学院校、科研机构和法院、检察院、公安机关、司法行政机关等法律实务部门的 150 余名代表参加会议。会上发布了法治蓝皮书《中国司法制度发展报告 No. 1（2019）》，系全国首部司法制度方面的蓝皮书。随后的"围绕市场主体需求，优化法治化营商环境"高峰对话环节，围绕法治在优化营商环境中的地位与作用、司法对地方经济社会发展和优化营商环境的推动作用、深化"放管服"改革等话题，进行了充分交流，参会代表就大家关心的话题进行了互动。本部分，即"围绕市场主体需求，优化法治化营商环境"高峰对话环节的实录整理。在实录基础上，文稿经各位对话人审阅和蓝皮书工作室编辑整理而成。审阅编辑中，工作室最大限度保留了发言原貌。

# B.19
# "围绕市场主体需求 优化法治化营商环境"高峰对话

主持人：**王祎茗**　中国社会科学院法学研究所助理研究员、法学博士
对话人：**过亦林**　上海市人民政府办公厅政务公开办公室主任
　　　　**吴筱萍**　广东省广州市中级人民法院党组成员、副院长
　　　　**高　翔**　重庆市高级人民法院研究室主任
　　　　**王长青**　山西省工商联副主席、山西天星能源产业集团有限公司董事长
　　　　**王　兵**　北新集团建材股份有限公司董事长
　　　　**吕艳滨**　中国社会科学院法学研究所法治国情调研室主任、研究员
点评人：**李　林**　中国社会科学院学部委员、法学研究所研究员
　　　　**胡云腾**　最高人民法院审判委员会原专职委员、第二巡回法庭原庭长、中国法学会案例法学研究会会长

**主持人王祎茗：**大家好！欢迎来到中国社会科学院国家法治指数研究中心"王牌栏目"——法治化营商环境高峰对话。这个栏目是"王牌栏目"，上一场对话，也即首次对话，我们请到了三位互联网法院的院长，对话不仅对司法界，而且对 IT 界也产生了非常大的影响。下面我为大家介绍今天到场的各位嘉宾。他们是：上海市人民政府办公厅政务公开办公室主任过亦林，广东省广州市中级人民法院党组成员、副院长吴筱萍，重庆市高级人民法院研究室主任高翔，山西省工商联副主席、山西天星能源产业集团有限公司董事长王长青，北新集团建材股份有限公司董事长王兵，中国社会科学院

法学研究所法治国情调研室主任、研究员吕艳滨。

让我们用掌声欢迎他们的光临！

下面言归正传。2017 年进入中国公众视野的世界银行营商环境评估报告，在国内反响非常强烈。从 2017 年到 2019 年短短三年间，中国的排名已迅速从第 78 位上升到了第 31 位。2019 年 10 月，国务院出台了第一部关于营商环境的行政法规——《优化营商环境条例》，给了市场主体极大信心和鼓舞。习近平总书记说，"法治是最好的营商环境"。关于营商环境的对话已经开展了很多场，但关于法治和营商环境的专题讨论开展得应该不多，本次对话具有一定的开创意义。首先，有请吕艳滨主任从研究者的角度，同时也是法治化营商环境评估团队代表的角度，为我们谈谈法治和营商环境的关系。

**吕艳滨**：感谢主持人！

各位领导、各位专家，企业最关注营商环境。为什么关注？因为企业希望以最小的成本获得最大的收益。

过去，企业可能更关注硬件方面，比如一个地方的交通便利程度、资源富集程度；然后可能关注软件方面，比如能不能给予企业土地、税收等优惠。但后来发现这些都不那么稳定。可能今天答应给企业各种优惠，明天就发生变化；今天把企业引进去了，明天态度就有转变。所以，现在企业更关注的是什么？是一种制度化、法治化的环境。

一个企业家、一个正常的企业，特别希望看到一种规范、可预期、透明、便利的环境。在这样的环境里，企业什么时间能完成某个事项、进行下一步投资活动，都是可预期的，而且每一个步骤、过程都会相对稳定。因为政府部门、法院等会给企业充分预期，所有市场主体的回报与风险往往都是可以预测的，而且由于规范、透明，其在这个环境下也都会得到平等对待。

现在世界银行开展营商环境评估，以及各地努力开展营商环境优化工作，恰恰契合了中国全面依法治国和全面深化改革的方向。正是这种契合，中国的营商环境评价结果实现了从前几年的不理想到突飞猛进变化。所以，法治化、制度化的营商环境，是政府部门、法院及其服务对象、广大企业的

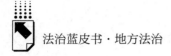

共同追求。

**主持人王祎茗：**确如吕老师所言，近年来中国立法机关、行政部门、法院以及其他国家机关在优化营商环境上做了很多工作！相信在座的各位领导已跃跃欲试，要向大家展示他们的工作成果了。但别急，我们还是从用户导向出发，请在座的两位企业家谈谈感受。想问问两位企业家：近几年来，在你们企业经营过程中，有没有感受到中国营商环境有什么明显变化？有没有一些具体事例跟我们分享？我们请山西天星能源产业集团有限公司王长青董事长和我们分享。

**王长青：**地方政府重视营商环境就是重视发展。实践证明，在地方市场经济发展过程中，产业是发展之基石、财富之源泉，而企业是产业的主要载体。一个地方的发展与兴衰，产业是决定性因素，企业家是推动力量。强化"产业第一"本质上是强化"发展第一"，谋求创新和发展必须大力培育企业，特别是优秀企业。市场实践证明，各地的厂商总是愿意去珠三角，为什么？华东地区长三角的经济发展很快，为什么？我的总结是，它们的营商环境特别好。欠发达地区为什么差？一定是营商环境差。所以，我认为营商环境对一个地区来讲至关重要。

营商环境也是一种生产力。国家层面和各级政府不断出台一系列"重商"举措，如今中国企业的价值越来越被重视，企业家越来越受尊重。企业发展过程中再也不像过去那样一定要搞关系、看眼色，终于可以把更多精力用于专心修炼"内功"上。在某种意义上，中国的营商环境已进入最好时代，企业家也由此迎来最好时代，值得庆贺，更值得珍惜。

以上是我对营商环境的认识。

接下来我想谈一谈优化营商环境所带来的影响。习近平总书记在民营企业座谈会上的讲话和在十九届四中全会上的讲话，对营商环境的改变是巨大的、带来的影响也是巨大的。

首先，各级领导对营商环境的认识不一样了，都在抓，而且相继出台了一系列支持企业发展的好政策。以检察院为例，为保证企业正常生产经营，最高人民检察院提出，要坚持宽严相济，慎重逮捕涉嫌犯罪的企业管理者，防止"案件办了、企业垮了"，防止因执法办案不当加剧企业生产经营困难，对法定代表人涉嫌违法但仍在正常生产经营的企业，要依法慎重使用查封、扣押、冻结等强制措施，不轻易查封企业账册，不恣意扣押企业财物。

其次，从企业角度看，企业是市场主体，企业活力直接决定市场活力和经济发展动能。企业负担轻才更有活力。面对成本上升困境，企业不是孤身奋战，国家一直在想尽办法帮企业大力减负。近年来，中国深入推进简政放权、放管结合、优化服务，持续清理规范涉企经营服务性收费，就是降低市场交易成本、增强企业竞争力的重要举措。

最后，我想谈谈民营企业营商环境的特征。民营企业在发展中，概括起来的社会贡献是"56789"。大家都知道，就不展开讲了。民营企业是我们国家经济力量的重要组成部分，如果不把民营企业作为抓手，我们是发展不了的。民营企业发展的市场环境涉及方方面面，我认为最重要的有三个方面。

第一个是政策环境。有没有好的政策？现在的政策对民营企业是特别利好的。比如，在营造企业家健康成长环境和弘扬优秀企业家精神方面，《中共中央　国务院关于营造企业家健康成长环境　弘扬优秀企业家精神　更好发挥企业家作用的意见》正式公布，中央首次以专门文件明确企业家精神的地位和价值。随后，习近平总书记在十九大报告中指出，要激发和保护企业家精神，鼓励更多社会主体投身创新创业；要打破行政性垄断，清理废除妨碍统一市场和公平竞争的各种规定和做法，支持民营企业发展，激发各类市场主体活力；要构建"亲""清"新型政商关系。好的政策环境，对企业的鼓励跟支持是不一般的，企业可以在这个地方开花结果。在很差的政策环境下，企业肯定成长不起来。

第二个是我们的政务环境。政府能不能给企业提供快捷、优良的服务，是企业最关心、最需要的。政府职能部门要持续推进"放管服"改革，该给企业的给企业，该压缩的压缩，该简化的简化，真正给企业营造一个宽松、充满活力的发展空间，杜绝多部门执法、重复执法情况。

第三个是法治环境。"法治是最好的营商环境"，法治环境与企业家息息相关。社会主义市场经济本质上是法治经济，我们要进一步打造稳定公平透明、可预期的营商环境，加快建设开放型经济新体制。推动经济持续健康发展，必须在营商环境建设中更好地发挥法治的引领和规范作用，为各类市场主体投资兴业提供坚强的制度保障。把平等保护贯彻到立法、执法、司法、守法等各个环节。平等是法治的内在价值，优化营商环境，就要依法平等保护各类市场主体的产权和合法权益，坚持内外资企业一视同仁、平等对待。所以说我觉得政府这几年出台的一些政策是利好，我们能感受到，相信政府会一如既往地把营商环境作为抓手。

**主持人王祎茗：**谢谢王长青董事长。下面有请北新集团建材股份有限公司王兵董事长。

**王　兵：**首先感谢田禾老师给我一个机会来学习。在座的都是法律专家以及法院、检察院的领导，在做这个公司前，我在另外的上市公司做过两年法务工作，工作中也碰到过"执行难"问题，亲自体验过投资维权、债务纠纷、破产清算等问题，我深知你们开展工作的难度。

刚才广州中院王勇院长的演讲让我印象很深刻。为什么广东经济发达？就是在于思路和创新。刚才王勇院长的演讲，含有很多互联网、新技术、新媒体、新功能、新方法等元素。这真的让我们感觉到司法的进步、法律的进步。

我的第一个感受是司法这些年变化和进步很大。

一个特别大的亮点是最高人民法院巡回法庭建设，是一个非常大的进步，打破了地方保护主义。营商环境优化中，非常重要的一个方面在于破除诉讼中的地方保护主义。一些地方存在招商引资进来后"关门打狗"的现象，部分地方法院难免存在一定的地方保护主义倾向。巡回法庭为企业参加诉讼创造了一个非常好的宏观环境。

第二个亮点是专门性法院建设。比如，知识产权法院、海事法院，对知识产权纠纷、涉外纠纷进行专业裁判，这是一个非常大的进步。

刚才各位专家、各位领导的演讲，以及前面提到的巡回法庭、专门性法院建设，让我切实感受到司法在大踏步前进。特别是刚才发布的蓝皮书，能有一个独立的第三方机构对依法治国进行指数评定，是一个非常好的机制设计。企业管理讲的就是考核测量，首先要有一个制度、工具。通过法治指数进行第三方评估就是非常好的制度、工具，可以形成一个良性循环，推动司法进步。以上是我的第一个感受。

我的第二个感受就是，依法治国是最大的营商环境。

营商环境涉及两个方面。一是规则透明。立法者、执法者、守法者都知道规则什么样子，因为规则是公开透明的。二是预期要清晰。不管是招商引资还是经济运行，预期很重要。现在很多人的问题是不知道未来预期是什么。依法治国体系，包括法治指标体系的建立，能让企业、企业家对未来、对规则有明确的预期。这一点也是今天论坛举办的一个重要意义。

第三个感受，是关于自由裁量权。

不管是多么完备的法律体系，都存在法官自由裁量权。怎么解读它、执行它，体现了一个国家依法治国的精神。

到底法律怎么用、用哪一条，法律冲突不可避免，对于同一个法律条文，不同时期、不同人从不同角度，会有不同理解，这个过程中法院自由裁量权就很大。营商环境建设的"最后一公里"就在于自由裁量权。解决自由裁量权问题需要公开公平公正，方法就是网上公开。只要公开透明，很多问题都可以解决。

**主持人王祎茗：**两位企业家对营商环境的改善都有切身体会。下面就请三位领导来介绍一下当地在优化营商环境方面所采取的一些举措。首先请世界银行评估对象之一上海的过主任来谈谈。

**过亦林：**非常感谢中国社会科学院法学研究所的邀请，非常荣幸能来参加这个会。跑来一看，政府部门就我跟北京两家，真的很荣幸。在座的很多都是法院、检察院的领导和法律专家，还有我们中国社会科学院、各个大学的大咖教授。

广州确实是改革开放的前沿阵地，第一部政府信息公开地方立法是2001年广州市政府出台的。今天听了王院长介绍，我发现广州法院的司法公开也是值得我们学习的，做得非常好。

言归正传。刚才两位企业家都谈到了营商环境，特别强调了公开透明。2019 年国务院出台《优化营商环境条例》，2020 年 1 月 1 号施行。整个条例共 72 条，其主旨即为营商环境优化。营商环境范围非常广，我主要想从公开透明角度谈一谈我的一些想法。对营商环境来说，公开透明确实非常重要。政务公开是法治政府的一项基本制度，是中央的一个重要要求。习近平总书记讲，政务公开是法治政府的一项制度建设，要把制度贯穿到政务运行的全过程，权力运行到哪里，公开和监督就要延伸到哪里。

营商环境范围非常广，刚才讲到最重要的还是透明。透明有多种，在《优化营商环境条例》里提到了五个公开，就是决策公开、执行公开、管理公开、服务公开、结果公开。其基本理念和总体要求，是要以公开为原则、不公开为例外。

第一个就是决策公开。决策公开是非常重要的。政府出台政策，政策内容要让老百姓知道。在这方面，上海采取了一系列措施，如邀请企业家、人大代表、法学专家参加市政府常务会议。2019 年 8 月 16 号，上海第一次邀请企业家参加市政府常务会议，听取企业家意见。意见都提得非常好。这也是上海市自新中国成立以来第一次邀请企业家列席市政府常务会，市长非常重视，社会反响也比较好。在市政府带动下，上海 16 个区县均邀请企业家代表列席政府常务会议。这是 2019 年具有突破意义的一项举措。在决策公开方面，这是非常重要的一项内容，也是条例提出的一个要求。只有决策公开，听取老百姓、企业家意见，才能知道他们在想什么、需要什么。

第二个，可能监督机制的公开透明更加重要。政府部门管理什么、监督什么，要公开透明。监督内容不告诉企业家，怎么监督监管？这也是条例提出的一项要求。上海在这方面出台了一系列相关政策。比如，监管措施都在网上，在一网通办中国上海发布，全部向社会公开。

我们的产业政策也向社会公开。上海经信委公布了产业政策地图，上海有几个高新区、产业园区，哪些产业园区需要什么样的企业进去，都向社会公开。上海在推进这方面工作。

**主持人王祎茗：**过主任作为长三角的带头老大——上海的代表，已经在一开头就盛赞广州。下面请广州中院的吴院长来介绍广州法院在优化营商环境方面有哪些举措。

**吴筱萍**：各位老师、各位专家，大家好！我是广州中院的吴筱萍。借这个机会，在这里汇报一下，这两三年来法院在一线对优化营商环境的一些思考和探索。

习近平总书记说要建设一流的营商环境。什么叫一流的营商环境？我想就是努力实现市场化、法治化和国际化。作为法院，在"三个化"里头，首先最直接相关的就是法治化。当然，市场化和国际化也跟法院工作息息相关。

这"三个化"决定了法院在优化营商环境工作中承担着重要责任，起着重要作用。这两三年来，广州中院在优化营商环境方面进行了一些积极探索。第一个是做好优化营商环境日常工作，第二个是做好营商环境考评工作。

做好日常工作，更多是要充分发挥审判职能作用，维护经济社会发展环境。怎样履行法院的审判职能？审判执行是法院的第一要务。首先要做好刑事审判工作。一是依法打击刑事犯罪，给市场主体更多安全感，包括要严格区分经济纠纷和经济犯罪。刚才山西的王总也讲到这一条。这一项工作涉及公安机关、检察院、法院，尤其是法院。法院守护着公平正义的"最后一道防线"，在判断是经济犯罪还是经济纠纷上要发挥更重要的作用。

在民事方面，要平等地维护各方权益。除此之外，要加强执行工作，使合法权益得到兑现。还有一个，破产审判也非常重要。广州中院在三年前成立了清算与破产审判庭，这应该是在全省、全国为数不多的一个破产审判专业部门。

广州中院破产审判庭到这个月 29 号就是整整三周年。三年以来，这个部门共审理企业破产和清算案件 2100 多件，让 399 家国有"僵尸企业"有序地退出了市场，清理了 100 多亿元债务，盘活了广州中心城区 50 多万平方米的土地资源，还协助有关部门安置了 15000 多名下岗工人。

当看到这些数据，我觉得我们付出的很多努力和汗水都是值得的。经过最高人民法院的必要性和可行性审查后，上个星期最高人民法院批准广州中院正式挂牌成立广州破产法庭。破产审判在经济发展中会起到相当大的作用，也是不可缺少的。因为在经济运行中，总有一些企业经营不下去，法院可以通过司法处置程序让它们退出市场。还有一些可能经营不太好，通过破产重整给它们一次重组和重生的机会。这对社会非常有意义。这是广州中院为优化营商环境所做的一些具体工作。

另外，我也想借这个机会汇报一下广州中院为优化营商环境所做的一些具体工作。

世界银行对营商环境的考评一共设置了12个一级指标，其中"执行合同""办理破产"指标是和法院职能息息相关的。另外，"中小投资者保护""获得信贷"指标是由其他职能部门牵头，但法院也要参与。我想重点介绍一下广州中院在"执行合同"和"办理破产"这两个指标考评上所做的一些工作。

这两个指标中的"执行合同"，大家可能觉得"执行合同"只是跟法院执行工作有关。实际上"执行合同"考察的是以中小企业为主体的案件从立案到审判到执行的全过程，甚至有些可能要到破产审判阶段。这个过程又涉及司法效率、信息化应用程度等一些二级指标、三级指标考核。为做好这两项工作，广州中院主要做了四个方面工作。

第一是成立工作专班。法院的事务性工作非常多，设立专班非常重要。广州中院除了"基本解决执行难"工作专班，也有司法处置"僵尸企业"工作专班、优化营商环境工作专班。这些专班班长都是"一把手"。我们把这两项指标的迎接考评工作纳入了"一把手"工程。

第二是完善司法制度。尤其在破产审判这块，大家都知道破产审判是法院审判工作里的新兴领域，相关法律法规还存在空白。在这样的情况下，需要实务部门自己出台一些工作制度和机制，对空白领域作一些补充和完善。比如，广州中院出台了关于设置国有破产企业绿色通道的工作意见。有了这个工作意见，就可以对三无"僵尸企业"的破产案件进行批量受理、批量审理、批量审结，为批量化办理破产审判案件提供了依据。

第三是完善联动机制。联动机制非常重要。广州"基本解决执行难"的联动机制成员单位有 50 多个。除此之外，广州市司法处置国有"僵尸企业"联动机制，总召集人是广州市委常委、政法委书记。我们在跟很多法院同人交流怎样做好破产审判工作的时候，大家都觉得联动机制非常重要。因为破产清算中很多工作要靠破产管理人推进，而破产管理人到相关部门调取材料和证据时，部分部门不一定配合。所以在某种程度上，联席会议制度对加快案件办理具有非常重要的作用。我相信，联席会议制度对下一步形成处置"僵尸企业"合力将会发挥更加重要的作用。

第四是办案的提质增效。很多考核项目都涉及时间成本。审判执行工作，最关键的是要有司法效率。案件能不能在法定期限里办结，直接影响到考评的最后结果。广州中院是一个案件大院，两级法院 2018 年新收案件总量突破了 40 万件，2019 年到现在按 11 个月算，收案量已经达 54 万件。要确保这些案件在法定期限办结，对广州法院确实是一个很大的挑战。执行法官 2018 年人均结案已达到 600 多件。2019 年 1～11 月，执行法官人均办案已经达到 720 件。大家可能会问，广州中院是怎样把这些案件办结的？我想主要是三个方面：一是依托司法体制改革，二是依托信息化建设成果，三是靠法官辛勤工作。

因为时间问题，我点到为止。以上就是我们广州中院在优化营商环境方面所做的一些努力，也是我自己的一些体会，谢谢！

**主持人王祎茗：**谢谢吴院长。政府通过提供优质服务，让企业可以善始，法院通过破产审判等一系列制度，让无以为继的企业得以善终。这些都是法治给予企业的关怀。其实我们中国社会科学院法学研究所也有一个指标体系。2019 年 8 月，我们和重庆高院联合推出了中国首个法治化营商环境司法评估指标体系。下面请重庆高院高主任为大家介绍。

**高　翔：**谢谢主持人！首先，非常荣幸有机会和各位专家、领导，还有各位同人一起交流法治化营商环境建设相关问题。

刚才主持人已经给我分配了任务、设置了话题，就是法治化营商环境司法评估指数体系建设。世界银行的营商环境评价，被视为营商环境评价领域的一个风向标，引起了国内外广泛关注。中国的全球排名也在不断跨越式快速提升。

在这个背景下，重庆高院和中国社会科学院法学研究所，和田老师、吕老师通力合作，构建了重庆法院的法治化营商环境司法评估指数体系。今天这个机会非常难得，和各位领导、专家分享一下我们的一些初衷、设想和考虑。

这个指标体系设立的背景是我想和各位专家分享的第一个方面内容。

第一，它是落实习近平总书记重要指示的一项举措。总书记在2019年初的中央全面依法治国委员会第二次会议上提出了一个重要论断，就是"法治是最好的营商环境"。作为司法机关，应该在审判活动中严格落实总书记的重要指示。

第二，学习国际先进营商环境建设经验，主要就是对标世界银行营商环境评价体系。如果仔细分析世界银行评价体系，会发现一个让法律人非常欣喜的现象，就是世界银行的指数体系中60%左右的内容和法治相关，其中又有接近30%的内容和司法审判相关。所以在整合世界银行营商环境评估报告中的法治元素，尤其是司法元素的基础上，结合中国实践进行了一定自主创新。这是第二个背景。

第三，这也是深化司法体制综合配套改革的一个具体举措。最高人民法院的"五五改革纲要"中有一条提出，要探索构建法治化营商环境的司法评估指数体系。我们跟中国社会科学院的合作应该是在全国首家法院建立了指数体系，既是对最高人民法院"五五改革纲要"的具体落实，也是营商法治领域的先行先试。

第四，把它作为一个工作指引。人民法院参与营商环境法治化构建，更多在于在一个个具体案件办理中准确地理解和适用法律，准确地认定事实，依法、平等、全面地保护市场主体的民事权益，这是根本。这个工作要求，需要一定的机制来保障和落实。我们注意到，企业家、市场主体关注的，不是司法机关或者行政机关出台了多少制度，而是制度的获得感，也就是制度的实施问题。比如，有多少制度得到了落实、落地程度如何、执行程度如何，这是他们非常关注的问题。我们建立这么一个指数体系，目的不是为了评价而评价，这只是一个手段。我们是想建立一种日常性工作指引，通过这种工作指引，引导法官在审判中提升效率，提升司法质量，增强市场主体在民商事诉讼过程中的获得感，这是一个基本考虑。

接下来跟各位专家分享的第二个方面内容，是指标体系的内容。

这个指标体系最初设计了四级指标。其中，一级指标包括五个方面，具体为平等保护、公正裁判、司法效率、司法便民以及公正廉洁。这五个方面代表了法治化营商环境的核心要素，也就是我们所追求的核心要义，或者说是要达到的价值导向或目标。在这五个核心一级指标之下，我们建立了四级指标体系，其中二级指标 12 个、三级指标 26 个、四级指标 65 个。对于 65 个四级指标，我们对每一个指标进行了相应的赋分，如一个指标是 1 分或者 0.5 分。通过对 65 个四级指标的测评，来实现对法治化营商环境中司法工作部分的初步评价。上述是这个评价指标主要的内容体系设计。

想和各位专家、领导分享的第三个方面内容，是司法评估指标体系的特色，或者说它承载了怎样的法治精神。我们概括为"三个转变"。

第一个转变是从对公权力运行的评估转向对私权利保障的评估。之前公权力机关运行方式是评价的重点，更多考虑如何规范公权力运行。当然，这是法治国家的一个重要因素——规范公权力。但在营商环境建设中，更多应关注市场主体的获得感——法治获得感、在诉讼中的诉讼获得感。我们指标体系的设置，一定程度上借鉴了世界银行的理念，充分考虑了市场主体对参与诉讼活动的评价。

第二个转变是从单一评价转向多元评价。之前很多评价体系具备合理性，但可能也有一些值得进一步完善的地方。比如，可能单一考虑如何培育先进典型，忽略面上的提升。对民营企业而言，它们不仅需要经典案例的答案、经典案例的示范，更需要司法质量面上的提升。因为虽然有办得很好的典型案件，但如果有一个案件办得很差，对当事人、市场主体来说都是一场灾难。这是在指标设计中应予关注的一个问题，就是既要注重先进典型的打造，又注重面上工作的整体提升。所以我们在指标设计中，既激励法院树立

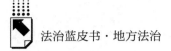

先进案例、事例，更注重日常工作评价。

第三个转变是更加关注制度运行效果。制度非常重要，但制度的生命在于实施。建立再多的法治化营商环境制度，如果仅仅是制度层面的理论宣示或者口号宣示，它不会起到作用。所以我们不仅要求建立各种司法便民利民制度，而且非常关注制度实施。如果仅有制度而没实施，是不会得到肯定性评价或者100%的肯定性评价的。

第四个方面的内容是如何确保指标体系的科学性。一是得到中国社会科学院法学研究所法治国情调研室的大力支持和通力协作，也是智力指导和支持。我们和田主任、吕主任的团队建立了非常密切的合作关系，我们的评估工作也是全部交给了其团队进行。田老师和吕老师的团队不仅参与和指导我们的指数设计，更多是在评估过程中独立地进行第三方评价，确保评估的中立性、客观性和权威性。二是在评估方式上，注重采取多元化评估方式。比如，案例评价、主客观相结合评价等，尽量采用丰富的评价方式。三是在具体实施方面，采取了先行试点再逐步推广的方式。我们在重庆法院初步选择了六家法院——一个中院、五个基层法院进行先期试点。2019年底或者2020年初，中国社会科学院团队对这六家试点法院进行第一轮初期测评并形成评估报告，再进一步完善指标。我们准备在2020年推广到整个重庆法院。在此希望各位领导和专家多多关注我们重庆法院的法治化营商环境司法评估指数，为我们多提宝贵意见，谢谢！

**主持人王祎茗：**谢谢！作为研究团队的代表，我对这个指标体系是相当熟悉的。但是我想代表各位观众问一下吕老师，在世界银行报告出来以后，各地都在对标对表世界银行评估指标体系，在这个前提下，我们这个指标体系有什么不同寻常的意义吗？

**吕艳滨：**在回答这个问题之前，我先谈一点感想。刚才听了五位的介绍，先想到了两点。

一个是刚才讲到的政策环境。过主任讲到了政策公开，通过会议开放向群众公开政策制定过程，通过民营企业家参与政策制定，政府、领导可以倾听企业诉求、化解企业之忧、采纳企业建议。这就体现了共建共治共享的治理理念，这是一种特别好的方式。另一个，刚才吴院长讲到广州中院建立了广州破产法庭，这是内设机构改革的一种创新。这体现了什么精神呢？就是市场导向、用户导向，实际上就是司法为民。这恰恰是现在营商环境建设过程当中非常亮丽的两个点。

我们和重庆高院今年（2019年）初开始合作，研发设计营商环境司法保障指数。

首先，我们一开始磨合了好几次，形成了一个共识，就是世界银行评价指标体系是一个非常有代表性、有影响力的标准，但是我们拿这样一个"体检表""指挥棒"，简单地套用评价法院的时候，就会遇到一些问题，因为它的内容涵盖不了公权力机关，特别是法院工作的方方面面。刚才高主任讲了，我们希望法院的各方面都要有提升，企业才会有获得感。因为一个案子判得有问题，对于一个企业就是100%的受损。营商环境评估既要接轨世界，又要立足于中国实际。所以，指标特别强调对中国司法制度运行状况的评价，这是第一个原则。

其次，这个指标评价强调的是一种客观评价，客观地观测司法制度运行得怎么样。可能有一些评估是去搞问卷调查，以问卷调查为主，去对企业家进行问卷调查。比如说，问两位王总，你对法院满不满意？王总说我没打过官司，因为打官司的是我的法务部门、是我的律师，赢了可能就满意，赢得多就满意得多，输了肯定不满意。这种评价不能客观地反映法院工作实际情况。所以双方最后形成一个共识：以客观评价为主，以法院实际运行情况为主，以客观数据为主。

最后，法院提供的司法保障好不好，从法院的角度是要推动法院工作，但从中国社会科学院法学研究所作为第三方的角度，我们希望建立一个法院和企业、公众有效沟通的桥梁，建立一个法院和学者有效沟通的桥梁。我们希望能够站在企业角度，分析企业需要什么样的司法，也就是用户导向，我们要去了解企业对司法运行机制的需求。司法权力运行、制度设计，包括一些立法要向这个方向转变。

只有做到这几个方面，再加上刚才过主任讲的几个注意的方法，才能确保这个评估能够更高于、更优于世界银行的评估，才能更接地气，才能真正促进各地营商环境提升，也才能真正为全国的司法保障提供一个诚信样本。

**主持人王祎茗：**谢谢吕老师！刚才高主任和吕老师都提到了一个词叫用户导向。下面还是问问我们的用户，两位企业家，在你们心中，理想的营商环境是什么样的？跟你们心中理想的营商环境相比，行政部门和法院工作中还有哪些薄弱环节？还有哪些地方可以更进一步着眼着力？

**王　兵：**这个主题特别好，论坛主题叫"围绕市场主体需求，优化法治化营商环境"。营商环境有个定义，就是法治化。这个需求我觉得也要加个定义，叫作正当需求。以市场主体的需求来说，其实有些是不正当的，我们保护的应当是正当需求。比如前段时间有个地方一个未成年儿童杀害了另外一个未成年儿童，如果《未成年人保护法》过度保护了施害者，这是有问题的。现在的未成年人营养好，互联网发达，十岁什么都懂了。法律保护的应该是正当需求，所以这个主题是非常重要的主题。对于法治化的营商环境而言，就是要处理好三个关系：一是企业跟国家机构的关系，二是企业跟企业的关系，三是企业跟人的关系。

企业跟国家机构的关系，我刚才也汇报了，核心就是规则明确、预期清晰。首先行使自由裁量权要符合常识，符合大众的、人民的情感以及价值观的基本判断，然后要公开、公正、透明。现在互联网工具这么发达，完全可以做到。

企业和企业的关系其实也是重点。比如说假冒伪劣产品，伤害企业的不光是差的规则或营商环境，事实上基本都是企业伤害企业，有很多不法企业制造假冒伪劣产品。中国的制造业、经济为什么出现困难？很大的因素是企业同质化，假冒伪劣盛行，产品没有核心竞争力。国外很多中小企业为什么能生存？因为每一个中小企业有独特的产品和技术、独特的细分市场。中国的企业就是你干这个我也干这个。我到一个地方，和市长一起考察，参观当地的工业园，工厂里面大摇大摆地使用着我的品牌，有改用英文的，甚至还有完全一模一样的。我就说，你作为市长，他们干这个事你别给我看行不行？他说企业要生存发展啊，我说难道发展就靠这种做法吗？有人说中国没有契约精神，为什么？因为企业签个合同随便签了，不想执行就再找人来弄。企业和企业的关系是很重要的。一些企业不依照法律法规办事，搞假冒伪劣，国家标准不执行，合同得不到有效履行，导致法院执行难，这些都是不可思议的事情。

企业和人的关系。再强势、再好的企业也要保护职工权益，职工也得遵守企业规则，这是双向的。我们拆迁的时候遇到拆迁户，怎么保护他们的权利？我主张中国搞集体诉讼制度，这是能够保护弱势群体的，但要防止现在全世界盛行的民粹主义。怎么防止网络暴民、民粹主义以及他们的滥诉，这个也是很重要的。营商环境建设要处理好企业和人的关系，既要维护好每个个体，包括消费者、职工等，同时也要防止对企业过度干预，造成过多负担，导致物极必反。

只有摆正这三个关系，才能维护好市场主体的正当需求，推动营商环境法治化。这是我作为市场主体一员的期待和发出的呼吁，谢谢大家！

**主持人王祎茗：** 下面请天星集团王长青董事长。

**王长青：** 关于企业对营商环境的获得感，我的感受是：第一个是我们政策好，第二个是效率高，第三个是支持力度大，第四个就是法治环境在企业生产经营过程中是保障公平正义的，有的方面可能偏向我们企业家，但绝不能违法。我从几个层面讲。

第一，我们期待政府要在政策环境上下功夫，研究企业所思所想，让政策惠及企业的生产经营，惠及企业家。政府部门要进一步解放思想，该下放的权力要下放，也需要向发达地区政府学习。然后是积极支持。民营企业在发展过程中难免有些困难需要解决，要旗帜鲜明地关心支持它们。这是我想说的第一个问题。

第二，政府政策应当具有连续性。一些政策制定后有没有连续性，企业很困扰。在项目推进中，我遇到过因政策缺乏连续性导致企业综合投资"短命"的情况。政府过去有不诚信的地方，说话不兑现，甚至新官不理旧事。诚信不仅是对企业家提出的要求，也是对政府提出的要求，要进一步加强诚信政府建设。

第三，要宽容企业家。我建议对过去几十年的案子进行评估，这是对民营企业公正司法的表现。企业在发展过程中难免有失败，甚至出现偏激或犯一些错误。但要认真分析研究怎么宽容企业家的失败，重新给他们机会。这需要政府部门思考。

优化营商环境和市场环境是一个持久问题，只要社会存在，营商环境就必然存在。一定要建立长效机制，要评价，也要对民营企业和政府提出要求，对破坏营商环境的行为进行追责。

**主持人王祎茗：**政府和法院的领导，对两位企业家的诉求有什么回应？

**过亦林：**好的，我先来回应。我前面讲营商环境很重要，制定法律法规、政策的时候要听取企业家意见，在监管方面要公开透明。刚才两位企业家讲的，我觉得就是在服务企业方面要更便捷透明，这里面包括审批制度改革。政府在服务企业方面做得好的还是广东，广东省的政务服务排名全国第一。这次国家电子政务考核中广东省政府排名第一。浙江、江苏做得也很好。我们上海是学广东的，我们大数据中心办公厅分管的副主任，上个星期就带了四个处长专门到广东学习。虽然在广州讲政务服务有点班门弄斧，但我还是想谈一谈我的想法。

第一，政务服务非常重要，也是落实以人民为中心的理念的要求。这里很重要的是行政审批制度改革，这个很关键。对企业来说，时间就是生命、时间就是金钱，有时候时间决定了一个企业的成败。在这次审批制度改革中，上海提出"双减半"，即时间减半、提交的材料减半，大幅缩短审批时间，尤其在建筑领域的改革力度非常大。审批改革明年还会有更大的力度。

第二，推一网通办。一网通包括个人主页和企业主页，我们主要推企业主页。企业主页包括企业的照片、营业执照，所有东西全在里面。下次再来审批，不会再要求提供奇葩证明，也不要那么多照片，以后就很方便。

第三，明年还要加强政策解读。要真正明确企业享受什么样的政策，哪些政策对企业有利，哪些政策企业可能要关注，这个非常重要。今年在政策解读上投入的力度非常大，尤其是总书记交给上海的三大新任务，我们进行了全方位、立体化解读。我们明年会像淘宝一样，在企业家个人主页上对相关政策进行全面推送、精准推送。比如说，你是要办出口的，那么有关出口的政策就大量地、有选择地推送给你。如果是搞文化产业的企业，就对文化产业相关政策进行精准解读并全部推送给企业。这样的服务对企业营商环境建设有更好的促进作用。刚才长青董事长也讲到，企业关心政府政策的连续性，我觉得这个很重要。政府不应该因为地域划分、政策调整、人事变动、职能调整等原因把原来对企业的承诺、签的协议废掉。条例里边也专门提到这一条，这个非常重要。为什么企业会反感呢？这可能跟一些地方的营商环境有关系，先拍脑袋再拍胸脯再拍屁股，最后企业来了没有法律保障，也没有其他保障，甚至企业进来之后"关门打狗"，或者政策不兑现。如果不按法治要求公开承诺的东西，我觉得企业家还是不要去这种地方。

**主持人王祎茗：**有请吴院长。

**吴筱萍：**接着过主任的话，其实我很想去上海的，上海的经验很好。我最近在北京参加了多次营商环境方面的学习和培训，上海的经验确实是行之有效的。

广州中院采取了很多措施，但概括为一点就是法院参与营商环境建设，更多是要充分发挥审判职能作用，为市场主体提供安心、安身、安业的投资和创业环境。应该围绕这个中心开展工作。

关于案件量的问题，我还想再简单说几句，高效办结案件是非常重要的。第一，它涉及市场主体能不能在诉讼活动中拥有更多获得感。如果案件总在法定期限内无法办结，或者不能高效办结，市场主体很难有获得感。第二，从考评角度说，它直接涉及我们的考评指数，即司法效率方面的评分。如果案件长时间无法办结，司法效率得分是要打折的，所以高效办结案件非常重要。广州中院党组为落实习近平总书记"努力让人民群众在每一个司法案件中感受到公平正义"的要求，针对广州法院收案量大的现状，要求把广州中院从"案件大院"建设成为"审判强院"。这意味着不仅要办案数量，更要办案质量。为此我们出台了一系列措施，这个就不展开了。

期望今后早日实现"审判强院"目标，提高执行效率，在破产这个新兴审判领域，尤其在个人破产、跨境破产等方面作出更多探索，在营商环境

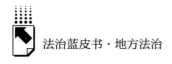

建设上有更多作为。我就补充这么多。

**主持人王祎茗：**谢谢吴院长！请高主任回应。

**高　翔：**好的！刚才两位企业家的发言让我很受启发，也很受教育，有两个观点与各位一起分享。

第一，就是第一位企业家提到的，非常期待市场规则具有可预期性。我觉得这对审判机关而言，是应尽之责，而且这有非常重要的作用。从国家法律制度层面而言，社会主义法制统一是题中应有之义。对司法机关而言，法律适用统一就是社会主义法制统一在审判领域的具体体现，所以法律适用统一应该是法院努力去做的一项工作。尤其是在司法体制改革的背景下，胡专委一直带领我们做这项工作，最高人民法院也持续出台了很多文件，但法律适用统一还需要持续努力，久久为功。首先要统一法院内部不同裁判观点，在法院内部实现裁判规则统一。对市场主体而言，裁判规则在某种程度上代表了市场规则。一个案件，尤其是利益冲突非常明显的案件，就要看法院最后怎么判。确定了利益分配规则，确定怎样的裁判规则，这些规则是否稳定、持续、可预期，这是一项需要持续做的工作。它不仅对法院内部法律适用标准统一有意义，更大的价值是对于市场主体而言，统一裁判规则能引领市场交易规则，尤其是对一些利益冲突比较明显的案件。我觉得我们审判机关还是应该勇于裁判，通过经典案例、典型案例来确立规则。

第二，刚才第二位企业家提到规则的不连续性，部分公权力机关可能或多或少存在一些问题。对于法院而言，有的情况会反映在民商事诉讼过程中。民商事诉讼应该严格按照相关法律法规进行裁判。2017年出台的《民法总则》，设定了六大原则，包括民事法律行为效力的规定、违约规定，等等。只要法官准确理解法律、适用法律，我觉得就可以做到平等地对待所有的市场主体。

**主持人王祎茗：**这个话题，大家都有一肚子的话要说。不仅台上各位嘉宾觉得意犹未尽，我们台下的观众也坐不住了。下面我们有请两位重量级的观众——中国社会科学院法学研究所李林学部委员和最高人民法院胡云腾专委发表高见。

**李　林**：我觉得今天对话的形式非常好：需求方、供给方、第三方、第三方桥梁（平台），通过敞开心扉的直接对话，充分表达各自的看法和诉求，然后打通法治供给和法治需求的"产业链"。在这个高端平台上，在面对面的交流对话中，各方把最真实的诉求、看法和心得讲出来，无论达成共识或者暂时没有共识，我们都在朝着培育良好的法治营商环境这个共同目标向前推进。我觉得这种高峰对话——确定一个共同关心的主题，大家畅所欲言、交流沟通、互相启发、求同存异——非常好，应当使之制度化、常态化，持续举办下去。这是我想讲的第一点感受。

第二点，听了前面几位发言者的高论，非常有启发。我的深切感受是，在当代中国的国情和实践中，营造良好的法治化营商环境，其基本条件和主要顺序应当是：第一是观念，第二是政府，第三是政策，第四才是法治。如果把这个顺序颠倒过来，一定会出问题。如果在某些人的观念中，非公经济、民营企业永远是"小三"、是配角，如果只有在国家经济形势不好的时候，有关方面才想起非公经济、民营企业的存在和贡献，才重视法治化营商环境建设，才让非公经济、民营企业的代表到这个论坛或者其他平台上去发言讲话，那么，"市场经济就是法治经济"就会成为实用主义、功利主义的牺牲品，法治化营商环境就会成为"消防灭火、病危急救"之用的权宜之计。所以，观念是第一位的。

第二是政府。政府在市场经济营商环境建设中的地位和角色非常重要。我们观察一下世界经济和法治的历史，2008年美国的金融危机，还有20世纪二三十年代美国的经济危机，有多少是法治（司法）导致的？这些金融或经济危机爆发与否，法律、法治、法院等只能是某种条件、某种环境，是一个配角。相对于政府而言，法治只能是市场经济的"婢女"。我们绝不能把法治配角和政府主角的关系搞错了，否则后果会很严重。

第三是政策。在中国，市场在资源配置中的决定性作用还未得到充分发挥，而政府通过政策这只"看得见的手"配置资源，对市场经济的影响巨大。大家仔细想一想，中国的楼市涨价、股票涨跌、猪肉价格高企、"蒜你狠"等经济现象变化万千、价格起伏不定，有多少是由法律、法治、法院、检察院、律师、法学家造成的？在世界和中国的经济面前，法治既阻止不了楼市的暴涨，也避免不了股市的狂跌，甚至遏制不了经济危机的爆发。所以，当市场不能在资源配置中起决定性作用的时候，是政府和政策在支配经济、左右市场。我们对法治在市场经济中的"环境"地位和"最后一道防线"作用，一定要有清醒认识。

在功能定位的合理排序上，依次应当是观念、政府、政策，最后才轮到法治，不能本末倒置。如果市场经济是一个体系，观念、政府、政策和法治都为其服务。一旦市场经济生病了，法院、检察院基本上只能相当于"医院"，是"最后一道防线"，只有观念、政府、政策这三条防线出了问题，防不住了，才到法院、检察院"医治"。然而，一个健康和谐的社会，一个成熟发达的市场经济，应该是"病人"最少的社会和市场，到医院和法院去寻求救治和救济，应当是不得已而为之的最后选择。

刚才几位的精彩发言，都讲到了市场化、法治化、国际化的问题，这个排序很重要，一定不能搞错。发展市场经济，首先必须是市场化，而不是法治化。建设良好的营商环境，首先应当把市场的还给市场，把社会的还给社会，把企业的还给企业。政府要有所为，更要有所不为：有所为，就是企业、社会和市场需要或者要求政府做的，政府积极去做；政府之手千万不要乱伸，政府绝不能乱作为或者不作为，否则，会把市场搞乱、把经济搞垮。由此可见，市场化程度越高，法治化才越有着力点。反之，如果经济不是市场化，而是行政化、官僚化，那么，法治跟进的力度越大、法治化的程度越高，市场经济的整体营商环境可能会越糟糕。因此，既需要在中观和微观层面大力改善法治化营商环境，更要关注宏观战略和全局层面的法治环境，重点关注观念、政府、政策领域的市场化及其法治化问题。在优化市场经济营商环境方面，法治必须积极作为，法治也大有可为，但是，法治必须保持其谦抑性和保守性，永远不要勉为其难、越俎代庖。

谢谢大家！

**主持人王祎茗：**下面有请胡云腾专委。

**胡云腾专委：**能够参加这个高峰论坛，非常感谢！这几位法院同志的讲话，确实让我很受启发。我想提一些建议。

第一个建议，是关于成果发布。我们不能做得简单、急促，你们现在已经做得很不错，也越来越好了，但是还要做得更好，要把法治、司法中一些深层次的东西讲一讲，要有建议、有呼吁，帮我们解决一些问题。不是给法院、给检察院解决问题，是给企业、给老百姓解决问题。这是提高报告质量的建议。

第二个建议，是关于营商环境。世界银行是以北京和上海这两个城市为样本，可能将来它要扩大范围，我预计一个在直辖市，一个在一线城市。世界银行的评价对象是否扩大，你们现在就要意识到这个问题，我觉得非常重要，这个会开得非常必要。

对企业家我也提个建议。实际上刚才你们已经讲了营商环境最重要，我也专门写过文章讨论什么对民营企业最重要，是财产的安全、人身的安全。只要你守法，你就天不怕地不怕，这才是最大的环境、最好的环境。但是法院没有程序权，像李林讲的，所以你们要呼吁法院怎么能够在一开始就保护你们，这才能从根本上解决你们的问题。还有破产的问题，刚才吴院长讲了，现在破产在世界银行评估中权重很大、贡献率很高，下一步要解决怎么破产的问题。不仅解决企业死亡、关门、再生的问题，还要让它重新嫁接、重组焕发青春，继续作出贡献。怎么与解决执行难结合起来，还需要研究。高翔刚才讲了一个非常重要的观点，世界银行现在的评估不是看出了多少部法律、多少个司法解释，就看最后出了多少这种案子，出了多少实际效益。所以将来搞评估的时候，要坚持案例导向，用案例来评价我们的法治、推动我们的法治。

这些就是我的一点评论，请在座的各位批评指正。

**主持人王祎茗：**谢谢。不管大家多么依依不舍，这个环节也不得不结束了。在最后阶段，我希望还是把话筒交给我们在座的各位嘉宾，让他们每人用一句话来寄语未来中国的营商环境。

**吕艳滨：**优化营商环境，靠政府、靠司法机关、靠企业，也靠我们大家。

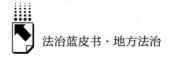

**高　翔：** 法治化营商环境只有更好，没有最好。

**吴筱萍：** 让公平正义的阳光照耀和温暖营商环境的方方面面。

**过亦林：** 用总书记的一句话，权力运行到哪里，公开和监督就延伸到哪里。

**王长青：** 营商环境既是生产力，也是软实力。

**王　兵：** 法治化的营商环境不仅是地方经济发展的关键，也是应对全球贸易新形势和大国复兴的关键。

**主持人王祎茗：** 最后我有四句话祝愿各位来宾。祝愿我们的企业有钱赚，祝愿我们的政府有税收，祝愿我们的法院少收案，祝愿各位嘉宾能够得到真真切切的实惠。高峰对话到这里圆满结束！谢谢大家！

# Abstract

Annual Report on Rule of Law in Local China No. 6 (2020) reviews the practices and experiences of the construction of local rule of law in China in such fields as local people's congresses, the law-based government, judicial construction and building of a law-based society against the background of the advancement in depth and breadth of ruling the country by law in a comprehensive way and the unprecedented severe and complex situation at home and abroad.

The General Report gives a systematic review of local explorations in and practices of legal reform through the country, focusing on hot issues, analyzing existing problems, and looking at the prospect of future development.

This volume of the Blue Book on the Local Rule of Law in China features a series of new reports, including reports on legislative transparency, and evaluation report on the annual report on the construction of the law-based government, evaluation report on publicity of inspection and supervision information in Guizhou Province, fair competition review of normative documents in Beijing, opening procuratorial affairs in Jiangsu Province, and relatively centralized management of criminal and criminal activities in Zhangzhou city, and explores reform measures and summarizes experiences in dealing with difficult problems faced by the local rule of law in such areas as reviewing of the legitimacy of administrative decision making, examination and approval service reform and standardization of administrative reconsideration.

Issues such as the professional lender, co-governance from the source of litigation and execution of judgment concern the protection of the lawful rights and interests of the great masses of people and are the key indicators of local governance capacity. Basing itself on the reality at the frontline, this volume analyzes and summarizes sample practices relating to the above issues.

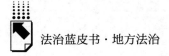

**Keywords**：Local Rule of Law；Ruling the Country by Law；Judicial System Reform；the Law-Based Government

# Contents

## I  General Report

**Abstract:** Since 2019, the local rule of law has continued to advance steadily despite many challenges and impacts. The construction of people's congress, government services, judicial services, people's livelihood protection, legalized business environment and grassroots governance have been significantly strengthened. Local legislation, law enforcement and supervision, judicial construction, and the rule of law society have achieved remarkable results. The prevention and control of epidemic diseases and various natural disasters and emergencies have become an important content, and the restoration of order and the protection of rights can be well considered. In the future, on the basis of

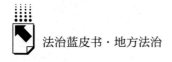

summing up experience and clarifying problems, the top-level design should be strengthened and the supporting system should be improved to promote the local rule of law to be more perfect.

**Keywords**: Local Rule of Law; Local Legislation; the Law-Based Government; Judicial Construction; Social Governance

# Ⅱ  Law Index

B. 2  Assessment Report on Transparency of Local Legislation in China (2019)
  —*An Examination Based on the Websites of Standing Committees*
    *of Provincial-Level People's Congresses*
  *Innovation Project Team on Rule of Law Indices, CASS Law Institute / 028*

**Abstract**: In order to accurately evaluate the transparency of local people's congress legislation, promote local scientific legislation, democratic legislation and legislation according to law, and promote the continuous improvement of local legislative system, this article evaluates the portal websites of the standing committees of the people's congresses in 31 provinces, autonomous regions and municipalities. The evaluation found that the local people's congress has made significant progress in the construction of the law database, interpretation of the law, legislative evaluation, and the completion of the legislative plan, but there are still problems in terms of laws and regulations publicity, democratic legislation and legislative summary. This article suggests that the standing committee of local people's congress should further improve the awareness of publicity, change the concept of publicity, further strengthen learning and reference, improve the level of publicity, further conduct public inspection and unify the standards of publicity.

**Keywords**: Local People's Congress; Open Legislation; Transparency

B. 3 Third-Party Assessment Report on the Release of the "Annual Report on the Construction of Government under the Rule of Law"

*Innovation Project Team on Rule of Law Indices, CASS Law Institute* / 042

**Abstract:** In order to systematically and comprehensively evaluate the preparation and release of the annual report on the construction of the government under the rule of law, the Innovation Project Team on Rule of Law Indices, CASS Law Institute have conducted a third-party evaluation of the annual report on the construction of the law-based government for the fourth consecutive year since 2017. The 2020 assessment found many bright spots. The evaluation objects generally released annual reports, and the proportion of timely releases increased compared with the previous year. Some evaluation objects set up annual report columns, and the standard reaching rate of some evaluation objects and the overall indicators of some evaluation objects are higher. However, some issues found in this year's assessment still require government agencies to pay attention. Such as failure to publish on time, the main channel and name of the publishing body are not unified, lack of content, or the same level, need to be taken seriously and corrected as soon as possible. In the future, the compilation of the annual report on the construction of the law-based government should follow the path of institutionalization and standardization, strictly implement the release responsibilities, and clarify specific standards.

**Keywords:** the Rule of Law Indices; the Law-Based Government; Annual Report on the Construction of Government Under the Rule of Law

B. 4 Evaluation Report on Publicity of Discipline Inspection and Supervision Information in Guizhou Province

*Rao Liangcan* / 065

**Abstract:** In order to further promote the information disclosure of the commission for discipline inspection and supervision, this article is composed of eight indicators including the "open platform", "organizational structure", "departmental revenue and expenditure", "system regulations", "work report", "notification and exposure", "patrol and rectification" and "social participation" The indicator system evaluated the information disclosure work of Guizhou Provincial and 10 prefecture level discipline inspection commissions. The evaluation found that the construction of the open platform is relatively complete and the information is updated in a timely manner. the basic information of the discipline inspection commission, and the supervision commission, the organizational structure and the leading group was fully disclosed, the information in the reporting field is updated in a timely manner, and the supervision and reporting channels are smooth. We also found problems and put forward suggestions.

**Keywords**: the Commission for Discipline Inspection and Supervision; Information Disclosure; Official Website

# Ⅲ Law-Based Government

B. 5 Practice of Promoting Fair Competition Review by Beijing Municipal Bureau of Finance

*Working Group on Promoting Fair Competition Review of*
*Beijing Municipal Bureau of Finance / 078*

**Abstract**: The Fourth Plenary Session of the 19th Central Committee of the Party clearly pointed out that the fundamental status of competition policy should be strengthened and a fair competition review system should be implemented. In order to promote the optimization of the business environment, the Beijing Municipal Bureau of Finance has actively strengthened the fair competition review work, the drafting department and the review department "dual check", professional institutions and the rule of law work "dual intervention", incremental policy and stock policy "dual control", and the system construction and practical operation "dual advancement" have achieved certain results. In order to better implement the fair competition review work and embed the fair competition review system in the financial policies and measures, the Beijing Municipal Bureau of Finance, in combination with fiscal work practices, recommends detailed economic activities, encouragement of application, strengthened solicitation of external opinions, and proposed exception application guidelines To strengthen the effectiveness and binding force of fair competition review.

**Keywords**: Fair Competition Review; Administrative Normative Documents; Business Environment

## B. 6 Qingdao's Exploration on the Legality Review of Major Administrative Decisions

*"Research on the Legality of Major Administrative Decisions"*

*Research Group of Qingdao Judicial Bureau* / 089

**Abstract**: In recent years, Qingdao Judicial Bureau has given full play to the role of legitimacy review. It has gradually formed measures such as the implementation of major administrative decision-making plan management, the establishment of special decision-making legal review institutions, the implementation of major administrative decisions in towns and streets, and the guidance and supervision of administrative law enforcement actions. Fully centralized, full coverage, and fully connected as the main features of a legal decision-making work system. However, in practice, there are still problems in the initiation and legality review of major administrative decision-making, the scope of major administrative decision-making matters, public power intervention, the rule of law thinking of administrative law enforcement personnel, and the ability of basic-level major administrative decision-making legality reviewers to perform their duties. In this regard, improvements should be made in terms of safeguarding public rights, exerting judicial functions, strengthening public power constraints,

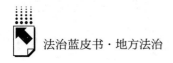

and enhancing legal thinking.

**Keywords**: Major Administrative Decision-Making; Legality Review; the Right to Propose; Full Synchronization

B. 7   The Third Round of Examination and Approval Service

　　Reform Practice of Yinchuan "1230" Mode　　*Jing Sheng* / 103

**Abstract**: Yinchuan City fully implements the decisions and deployments of the Party Central Committee and the State Council on deepening the reform of "delegation, management, and service" and optimizing the business environment, focusing on the "no business with license", "long project approval cycle", "difficulty in real estate registration", "running back and forth" and other difficulties, actively promoting the third round of approval service reform with "1230" as the main contents on the basis of "one acceptance", "one seal approval" and "integrated approval". After unremitting efforts, Yinchuan City has realized enterprise establishment in one day on average, the real estate registration in two days on average, project approval to the construction permit in 30 workdays, and strives to achieve the goal of moving from "at most one run" to "no run" for the masses, becoming one of the cities with the shortest time to start a business, the highest efficiency in real estate registration, and the fastest project approval speed in the country.

**Keywords**: Business Environment; Public Affairs Service; Approval Service

B. 8   The Practice of "One Thing" Scene-Style in the Whole Life

　　Cycle of Government Affairs in Jiangbei, Ningbo *Ge Liming* / 112

**Abstract**: Exploring and promoting the in-depth integration of the whole life cycle "one thing" scene-style government affairs disclosure and efficient government services is the internal requirement for the State Council's in-depth development of " simplification of administration, decentralization with its integration, and optimization of services" . This quest and promotion is also an innovative measure for dissolve "different worries" from the masses to enterprises when they come to the government for help, and an effective way to continuously improve the sense of gain and happiness of the masses and enterprises in reform. This article provides a deep explanation of the background of government affairs disclosure, and the significance of promoting the reform of " decentralization, management and service" . It summarizes the main practices of the in-depth integration of the whole life cycle " one thing" scene-style government affairs disclosure and efficient government services of Jiangbei District, Ningbo. Its initial results and basic experience will be analyzed in this paper in order to provide innovative ideas for the construction of a transparent government which also under the rule of law.

**Keywords:** Government Service; "One Thing" Scene-Style; Government Affairs Opening

B. 9    The Attribution of Tax Revenue and Its Legal Logic in the
        Undertaking of Industry in Xiong'an New District

*Li Daqing / 122*

**Abstract:** In the framework of the coordinated development of Beijing − Tianjin − Hebei, Xiongan New District is the main undertaking site for related industries. In the process of enterprises transferring from the place of moving out to the place of moving in, the ownership of tax revenue will inevitably change. According to the basic principles of the fiscal and taxation law and the practice of China's tax-sharing system of fiscal management, the attribution of local tax revenue should be handled in accordance with the territorial principle, unless the industry undertaking has other special reasons to change the application of the territorial principle. The coordinated development of Beijing – Tianjin – Hebei is centered on the relief of Beijing's non-capital functions. he relocation of enterprises is a kind of relief and "burden reduction" for Beijing. The tax benefits directly related to the coordinated development should not be separated from the enterprises, but should fall into the immigration area with the enterprises, so as to ensure the legalization of finance and taxation matters in the industrial transfer.

**Keywords**: the Coordinated Development of Beijing – Tianjin – Hebei; Xiong'an New District; The Attribution of Tax Revenue

B. 10　A sample of the Standardization Construction of Administrative Reconsideration in Jiashan, Zhejiang Province

*Project Team of the Judicial Bureau of Jiashan County,*

*Zhejiang Province* (*Administrative Reconsideration Bureau*) / 134

**Abstract**: Guided by Xi Jinping Thought on Socialism with Chinese Characteristics for a New Era, Administrative reconsideration Bureau of Jiashan County fully implemented the spirit of the Central Committee and thoroughly implemented the Opinions of the People's Government of Zhejiang Province on Deepening the Reform of Administrative Reconsideration System, Implementation Plan of Standardization Construction of Administrative Reconsideration in Zhejiang Province, and insisted on reconsideration for the people, orderly promoted the standardization of administrative reconsideration. However, it should also be noted that new features, new normals and new challenges have emerged in the work of administrative reconsideration and responding to lawsuits. In particular, the number of cases has increased sharply, and the reconsideration cases of information disclosure have become the focus, resulting in "confrontational" administrative reconsideration, "group trend" and "opinion leaders". In this regard, it is necessary to take the opportunity of continuously promoting the standardization construction to promote the substantive resolution of administrative disputes.

**Keywords**: Administrative Reconsideration; Standardization Construction; Substantive Resolution of Administrative Disputes

# IV   Judicial Construction

**Abstract**: The procuratorial organs of Jiangsu Province conscientiously implement the central government's decisions and arrangements of promoting sunshine justice, take the lead in establishing procuratorial portal website cluster in Jiangsu, setting up procuratorial public evaluation index system, strengthening the disclosure of judicial process, results and important case information, promoting the interpretation of law by cases, strengthening the normalization and institutionalization of news release, focusing on improving the level of procuratorial work, and constantly improving the procuratorial work credibility

**Keywords**: the Publicity of Procuratorial Affairs; Website Cluster; News Release; Interpretation of law by Case

**Abstract**: To solve the plight of dealing with "black" and evil cases, courts of Zhangzhou City have carried out a pilot project over relatively centralized jurisdiction. The article focuses on the establishment and operation of "1 + 4" mechanism system, and examines the main measures and implementation of the mechanism construction one by one. Through the investigation, we found that the mechanism innovation has made a great achievement in improving the efficiency of

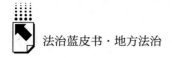

handling cases, forging professional talent team, breaking the difficulties in special struggles, and consolidating and expanding the achievements of struggle. To overcome the existing shortcomings and difficulties, we need to construct and improve the connection mechanism between investigations and trials, strengthen and optimize personnel allocation and assessment methods, and expand the effectiveness of the centralized jurisdiction mechanism. On this basis, we should further explore and promote the practice of relatively centralized jurisdiction, integrate and push forward the specialization of judicial team, modernization of municipal social governance and perfection of criminal jurisdiction system.

**Keywords**: Cases Involving Crime and Evil; Relatively Centralized Jurisdiction; the Connection Mechanism among Investigations, Prosecutions and Trials

B. 13　The Trial Practice of Professional Lenders in Courts of
Jincheng City　　　　*Project Team of Professional Lending Trial* / 177

**Abstract**: In recent years, with the increasing number and scale of professional lenders in private lending brought to the two levels of courts in Jincheng, the negative effect of professional lending has amplified, which caused a negative impact on local economic development and business environment construction. To promote professional lenders develop healthily and orderly, suppress and eliminate its chronic diseases, courts in Jincheng City explore ways to improve the value guidance of civil and commercial trial and play a great role in education and warning, which have carried out innovation and reform in the trial practice of professional lenders.

**Keywords**: Private Lending; Professional Lenders; Legal Liability

B. 14    Reflection and Improvement of the Review Procedure

of Civil Retrial Application                    *Liu Jialiang* / 189

**Abstract**: The review procedure of civil retrial application is the pre-procedure of the retrial of a case. There is a serious shortage of legislative supply for the review procedure of civil retrial application in China. With the continuous improvement of the People's ability and level of judicial supervision, the number of civil retrial applications has increased substantially year by year. But there are many practical problems, it is urgent to reconstruct the legislation. It is suggested that a complete set of review procedures should be reconstructed, and the export should be appropriately tightened through the trial procedure, so as to realize the effective unification between the parties' legal needs for applying for retrial and the stability of the effective judgment of the people's court, and to lay a solid foundation for the function of civil trial supervision procedures.

**Keywords**: Civil Retrial; Application for Civil Retrial; Review Procedure; Legislative Supply

B. 15    Review and Prospect: Practice in Jiangxi on the Construction of

One-Stop Multiple Dispute Resolution Mechanism

*Project Team of No. 1 Case Filing Chamber of the*

*High People's Court of Jiangxi Province* / 200

**Abstract**: The people's court is an important subject of social governance. Recently, in light of the situation that the cognizance quantity within jurisdiction has been gradually rising, The High People's Court of Jiangxi Province gives full play to the functions of the trial, adheres to the thought of "four mergers and three separations", meanwhile, pushes ahead comprehensive the one-stop multiple dispute resolution mechanism construction in the provincial court, realizes "four transformations" and formed "three models", finds out a new path of multiple dispute resolution which integrates both time features and the characteristics of Jiangxi Province, dispute resolution presents a good situation of "three rise and three fall", the experience of Jiangxi province is a valuable reference for the one-stop multiple dispute resolution mechanism of dispute resolution's further soundness, on the basis of empirical research, this report analyses five relations which influences the soundness of the mechanism, and puts forward suggestions on further improvement.

**Keywords**: One-Stop Multiple Dispute Resolution Mechanism; "Four Mergers and Three Separates"; Five-Dimensional Support

B. 16    The Practice of Ningbo Zhenhai People's Court in Construction of PositiveIncentive Mechanism in Autonomous Fulfillment of Adjudication

*Project Team on the Practice of Ningbo Zhenhai People's Court in Construction of Positive Incentive Mechanism in Autonomous Fulfillment of Adjudication / 217*

**Abstract**: The autonomous fulfillment of positive incentive mechanism strengthens the court's internal coordination, and guides and urges the party to actively perform the payment obligations of the judgment after the court has made a judgment and before the successful party applies for enforcement in the whole procedure. Furthermore, this mechanism cooperates with relevant departments to launch a multitude of real integrity performance bonus to stimulate the willingness of the party to perform automatically and promote the formation of social consensus. It has achieved good results in one-year practice; however, there are problems shown during the operation of this mechanism such as insufficient operation and the huge discrepancy of autonomous fulfillment rate in various kinds of cases, which should be improved by creating an external environment and by cultivating an internal factor that promote the increase of the autonomous fulfillment rate.

**Keywords**: Autonomous Fulfillment; Positive Incentive; Bonus List

## B. 17 Suzhou Industrial Park People's Court's Investigation Report on Sources of Litigation, Joint Governance and Dispute Settlement System

*Project Team of Suzhou Industrial Park People's Court's Research*

*on Sources of Litigation, Joint Governance and Dispute*

*Settlement System / 227*

**Abstract**: With the rapid development of social economy, various civil and commercial disputes are prone to occur easily and frequently, which has become the key point of grassroots governance, the focus of people, and the difficulty of resolving disputes and contradictions. Corresponding to the requirement, proposed by Secretary – General Xi Jinping, that non-litigation dispute settlement mechanism should be brought to the front; implementing the spirit of the fourth plenary session of the 19th Central Committee of the Communist Party of China, which is to "uphold and improve the social governance system of co-construction, co-governance and sharing", Suzhou Industrial Park People's Court combining with actual situation of the social governance in industrial park bravely undertakes its responsibility in administration of justice and delves into difficult problems in the work of co-governance of the source of litigation. In conjunction with judicial bureaus, sub-districts (communities), administrative functional departments, and other subjects, professionalizing dispute-resolution team which aims at cultivating a litigation-meditation docking platform and making judicial guarantee mechanism innovation convenient, Suzhou Industrial Park People's Court explores the establishment of a clear-cut, coordinated linkage, convenient and efficient, online and offline interactive system of co-governance and joint dispute resolution and forms an effective and correct dispute resolution system that the benign mechanism

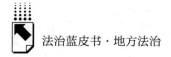

of return and on-site resolution, and alleviates the prominent contradiction of the number of cases outweighing the number of judicial people, to realize the multiplicity of social governance, and to strive to build a more harmonious and stable environment for social development.

**Keywords**: Joint Governance of Sources of Litigation; Co-work Resolving Dispute; Connection between Litigation and Mediation; Separation of Complicated and Simple Cases

## B. 18   The Evaluation and Prospect of Court Informatization in China: Taking the Practice of Grassroots Courts in Panjin City of Liaoning Province as a Sample   *Gu Feng* / 245

**Abstract**: In recent years, courts at different levels in Liaoning Province have vigorously advanced the construction of smart court in accordance with the guideline of "Informatization and Construction of Two Centers (litigation service center and enforcement command center)". Currently courts in Panjin City are also in the process of building a service-oriented smart court system, the core purpose of which is to reduce the routine work pressure of case-handling personnel in the frontline of case filing, trial and enforcement work and improve the quality and efficiency of litigation services to participants in proceedings. In this process, most software and hardware systems of the courts have been able to meet the demands of the handling of cases and official business and produced the effect of "offering timely help and support to those in need", although some of the systems have failed to link themselves up with practical work. This article takes the practice of the grassroots courts in Panjin City of Liaoning Province as a sample to explore the existing problems in the construction of smart courts in China in such aspects as service objects, actual effect in the operation and examples of system application in various litigation processes, and looks into the future prospect of court informatization in China.

**Keywords**: Smart Court; Informatization; Litigation Service

# V  High-Level Talk

**Editor's note:** The seminar about justice and state governance in the new era and judicial blue book The Development Report on Judicial system No. 1 (2019), hosted by CASS Law Institute and undertook by the Intermediate People's Court of Guangzhou City and CASS Nation Rule of Law Indice Research Center, was successfully held on December 5, 2019. More than 150 representatives from legal practice department of 15 provinces (autonomous region, municipality directly under the Central Government) participated in the press conference, including law school, scientific research institution and people's court, procuratorate, and prison administration departments. Released in the conference, The Development Report on Judicial system No. 1 (2019) is the first blue book regarding judicial system in China. Focusing on the needs of market entity and optimizing the law-based business environment, the attendees had a full communication on "the position and effect of rule-of-law in optimizing business environment, the promotion brought by administration of justice in local socioeconomic development and optimization of business environment, and the reform aimed at streamlining administration and decentralizing powers, combining decentralization with appropriate control, and optimizing services. The representatives communicated with audiences for common concerns. This section is the documentary file of dialogue in high level talk around the theme that "focus of the needs of market entity and optimization of the law-based business environment". The manuscript was reviewed by the interlocutors and edited by the Blue Book Studio. During the review and editing, the studio retained the original appearance of the speech to the maximum.

# 中国皮书网

（网址：www.pishu.cn）

发布皮书研创资讯，传播皮书精彩内容
引领皮书出版潮流，打造皮书服务平台

## 栏目设置

◆ **关于皮书**

何谓皮书、皮书分类、皮书大事记、
皮书荣誉、皮书出版第一人、皮书编辑部

◆ **最新资讯**

通知公告、新闻动态、媒体聚焦、
网站专题、视频直播、下载专区

◆ **皮书研创**

皮书规范、皮书选题、皮书出版、
皮书研究、研创团队

◆ **皮书评奖评价**

指标体系、皮书评价、皮书评奖

◆ **互动专区**

皮书说、社科数托邦、皮书微博、留言板

## 所获荣誉

◆ 2008 年、2011 年、2014 年，中国皮书
网均在全国新闻出版业网站荣誉评选中
获得"最具商业价值网站"称号；
◆ 2012 年，获得"出版业网站百强"称号。

## 网库合一

2014年，中国皮书网与皮书数据库端口
合一，实现资源共享。

# 权威报告·一手数据·特色资源

# 皮书数据库
## ANNUAL REPORT(YEARBOOK)
## DATABASE

## 分析解读当下中国发展变迁的高端智库平台

### 所获荣誉

- 2019年，入围国家新闻出版署数字出版精品遴选推荐计划项目
- 2016年，入选"'十三五'国家重点电子出版物出版规划骨干工程"
- 2015年，荣获"搜索中国正能量 点赞2015""创新中国科技创新奖"
- 2013年，荣获"中国出版政府奖·网络出版物奖"提名奖
- 连续多年荣获中国数字出版博览会"数字出版·优秀品牌"奖

### 成为会员

通过网址www.pishu.com.cn访问皮书数据库网站或下载皮书数据库APP，进行手机号码验证或邮箱验证即可成为皮书数据库会员。

### 会员福利

- 已注册用户购书后可免费获赠100元皮书数据库充值卡。刮开充值卡涂层获取充值密码，登录并进入"会员中心"—"在线充值"—"充值卡充值"，充值成功即可购买和查看数据库内容。
- 会员福利最终解释权归社会科学文献出版社所有。

数据库服务热线：400-008-6695
数据库服务QQ：2475522410
数据库服务邮箱：database@ssap.cn
图书销售热线：010-59367070/7028
图书服务QQ：1265056568
图书服务邮箱：duzhe@ssap.cn

社会科学文献出版社 皮书系列
SOCIAL SCIENCES ACADEMIC PRESS (CHINA)

卡号：464657288261
密码：

# S 基本子库
## SUB DATABASE

### 中国社会发展数据库（下设 12 个子库）

整合国内外中国社会发展研究成果，汇聚独家统计数据、深度分析报告，涉及社会、人口、政治、教育、法律等 12 个领域，为了解中国社会发展动态、跟踪社会核心热点、分析社会发展趋势提供一站式资源搜索和数据服务。

### 中国经济发展数据库（下设 12 个子库）

围绕国内外中国经济发展主题研究报告、学术资讯、基础数据等资料构建，内容涵盖宏观经济、农业经济、工业经济、产业经济等 12 个重点经济领域，为实时掌控经济运行态势、把握经济发展规律、洞察经济形势、进行经济决策提供参考和依据。

### 中国行业发展数据库（下设 17 个子库）

以中国国民经济行业分类为依据，覆盖金融业、旅游、医疗卫生、交通运输、能源矿产等 100 多个行业，跟踪分析国民经济相关行业市场运行状况和政策导向，汇集行业发展前沿资讯，为投资、从业及各种经济决策提供理论基础和实践指导。

### 中国区域发展数据库（下设 6 个子库）

对中国特定区域内的经济、社会、文化等领域现状与发展情况进行深度分析和预测，研究层级至县及县以下行政区，涉及地区、区域经济体、城市、农村等不同维度，为地方经济社会宏观态势研究、发展经验研究、案例分析提供数据服务。

### 中国文化传媒数据库（下设 18 个子库）

汇聚文化传媒领域专家观点、热点资讯，梳理国内外中国文化发展相关学术研究成果、一手统计数据，涵盖文化产业、新闻传播、电影娱乐、文学艺术、群众文化等 18 个重点研究领域。为文化传媒研究提供相关数据、研究报告和综合分析服务。

### 世界经济与国际关系数据库（下设 6 个子库）

立足"皮书系列"世界经济、国际关系相关学术资源，整合世界经济、国际政治、世界文化与科技、全球性问题、国际组织与国际法、区域研究 6 大领域研究成果，为世界经济与国际关系研究提供全方位数据分析，为决策和形势研判提供参考。

# 法律声明